Beck-Rechtsberater

Ratgeber Wohngeld

dtv

Beck-Rechtsberater

Ratgeber Wohngeld

Was Mieter und Eigentümer wissen sollten

Von Hubert Fröba
Regierungsdirektor im Bayerischen
Staatsministerium des Innern

1. Auflage

Deutscher Taschenbuch Verlag

Im Internet:

dtv.de

beck.de

Originalausgabe
Deutscher Taschenbuch Verlag GmbH & Co. KG,
Friedrichstraße 1a, 80801 München

Druck und Bindung: Druckerei C. H. Beck, Nördlingen
(Adresse der Druckerei: Wilhelmstraße 9, 80801 München)
Satz: ottomedien, 64289 Darmstadt
Umschlaggestaltung: Agentur 42 (Fuhr & Partner), Mainz,
unter Verwendung eines Fotos von GettyImages
ISBN 978-3-423-50671-7 (dtv)
ISBN 978-3-406-57321-7 (C. H. Beck)

9 783406 573217

Vorwort

Nach der Neustrukturierung der Sozialleistungen durch das Vierte Gesetz für moderne Dienstleistungen am Arbeitsmarkt vom 24. 12. 2003, das auch als „Hartz IV“-Gesetz bekannt ist, wird Wohngeld – seit dem 1. 1. 2005 – nur noch an einen relativ geringen Teil der Bevölkerung geleistet. Während im Jahr 2004 bundesweit noch rund 3,5 Millionen Haushalte Wohngeld erhielten, waren es im Jahr 2008 nur noch rund 500.000 Haushalte. Im Jahr 2009 werden rund 800.000 Wohngeldempfängerhaushalte erwartet. Das erscheint gegenüber der Gesamtzahl der Haushalte in der Bundesrepublik Deutschland – im Jahr 2005 wurden 39,18 Millionen Haushalte gezählt – immer noch sehr gering. Wer aber meint, dass sich der Verwaltungsaufwand für die Bewilligung von Wohngeld nicht mehr „lohnt“ und das Wohngeld abgeschafft und der Geldbetrag in andere Haushaltstöpfe eingebracht werden sollte, muss auch daran denken, dass dann immerhin eine hohe sechsstellige Zahl bedürftiger Haushalte in der Bundesrepublik Deutschland die Miete oder Belastung für ihren Wohnraum kaum mehr in vollem Umfang tragen könnte. Nicht zuletzt Vermieter und Geldinstitute würden Mindereinnahmen auf Dauer nicht hinnehmen wollen. Eine Lösung für dieses Problem wäre sicher schwer zu finden.

Dieser Ratgeber will helfen, bei Erfüllung der gesetzlichen Voraussetzungen, den Anspruch auf die wohnungsrechtliche Subvention und Sozialleistung „Wohngeld“ geltend zu machen und notfalls auch durchzusetzen. Er wurde in dem Bemühen erstellt, möglichst viele und vor allem die üblichen wohngeldrechtlichen Fragen allgemein verständlich zu beantworten. Soweit Sie noch spezielle Fragen haben: Sie haben Anspruch auf Beratung über Ihre Rechte und Pflichten nach dem Wohngeldgesetz. Ihre Wohngeldbehörde berät Sie.

Da bisher keine bundeseinheitlichen Antragsmuster für das Wohngeld existieren, verwenden die Länder jeweils eigene Vordrucke. Die einzelnen in diesem Ratgeber ausschnittsweise dargestellten Fragen zum Wohngeldantrag werden grundsätzlich inhaltsgleich in den Antragsvordrucken der meisten Länder verwendet.

München, im April 2009 *Hubert Fröba*

Inhaltsübersicht

Inhaltsverzeichnis

Abkürzungsverzeichnis

ALG	Arbeitslosengeld
AufenthG	Aufenthaltsgesetz
Art.	Artikel
AsylbLG	Asylbewerberleistungsgesetz
BauGB	Baugesetzbuch
BEG	Bundesentschädigungsgesetz
BEEG	Bundeselterngeld- und Elternzeitgesetz
BGB	Bürgerliches Gesetzbuch
BKGG	Bundeskindergeldgesetz
Buchst.	Buchstabe
d.h.	das heißt
EStG	Einkommensteuergesetz
FELEG	Gesetz zu Förderung der Einstellung der landwirtschaftlichen Tätigkeit
f.	folgende
GG	Grundgesetz
ggf.	gegebenenfalls
Hs.	Halbsatz
i.d.R.	in der Regel
i.S.	im Sinne
i.V.m.	in Verbindung mit
KVLG	Gesetz über die Krankenversicherung der Landwirte
LAG	Lastenausgleichsgesetz
LPartG	Lebenspartnerschaftsgesetz
LStR	Lohnsteuerrichtlinien
MuSchG	Mutterschutzgesetz
MuSchV	Mutterschutzverordnung
Nr.	Nummer
o.g.	oben genannte
S.	Seite, Satz
s.	siehe
SGB I	Erstes Buch Sozialgesetzbuch – Allgemeiner Teil

SGB II	Zweites Buch Sozialgesetzbuch – Grundsicherung für Arbeitsuchende
SGB III	Drittes Buch Sozialgesetzbuch – Arbeitsförderung
SGB IV	Viertes Buch Sozialgesetzbuch – Gemeinsame Vorschriften für die Sozialversicherung
SGB V	Fünftes Buch Sozialgesetzbuch – Gesetzliche Krankenversicherung
SGB VI	Sechstes Buch Sozialgesetzbuch – Gesetzliche Rentenversicherung
SGB VII	Siebtes Buch Sozialgesetzbuch – Gesetzliche Unfallversicherung
SGB VIII	Achtes Buch Sozialgesetzbuch – Kinder- und Jugendhilfe
SGB IX	Neuntes Buch Sozialgesetzbuch – Rehabilitation und Teilhabe behinderter Menschen
SGB X	Zehntes Buch Sozialgesetzbuch – Sozialverwaltungsverfahren und Sozialdatenschutz
SGB XI	Elftes Buch Sozialgesetzbuch – Soziale Pflegeversicherung
SGB XII	Zwölftes Buch Sozialgesetzbuch – Sozialhilfe
sog.	sogenannte
StGB	Strafgesetzbuch
SVG	Soldatenversorgungsgesetz
u.a.	unter anderem
USG	Unterhaltssicherungsgesetz
UVG	Unterhaltsvorschussgesetz
vgl.	vergleiche
WoFG	Wohnraumförderungsgesetz
WoGG	Wohngeldgesetz
WoGV	Wohngeldverordnung
WoGVwV	Wohngeldverwaltungsvorschrift
z. B.	zum Beispiel
ZDG	Zivildienstgesetz

Einführung

Sprichwörtlich „ein Dach über den Kopf“ und damit einen Raum zum Wohnen zu haben, ist ein existentielles (Ur-)Bedürfnis jedes Menschen. Auf europäischer Ebene wird es bereits als soziales Grundrecht auf der Grundlage des europäischen Sozialmodells und als wesentliches Element der Menschenwürde bezeichnet. Doch ist der Wohnraum im Laufe der Zeit zum Wirtschaftsgut geworden. Heute kostet Wohnen oft viel Geld, vor allem in Ballungsräumen. Diejenigen, die lediglich über ein geringes Einkommen verfügen, können ihre Wohnkosten vielfach ohne finanzielle Hilfe nicht tragen. Ohne entsprechende Unterstützung droht ihnen im Extremfall die Räumung ihrer Wohnung oder gar die Obdachlosigkeit.

In solchen Fällen hilft daher regelmäßig der Staat durch eine „soziale Förderung“, zu der auch das **Wohngeld i. S. des Wohngeldgesetzes** zählt. Davon zu unterscheiden ist übrigens das oft als „Wohngeld“ bezeichnete Hausgeld, das der Eigentümer einer Eigentumswohnung aufgrund eines Wirtschaftsplans als monatlicher Vorschuss an den Verwalter der Wohnungseigentumsanlage zu zahlen hat.

Die Hilfen des Staates zu den Kosten von Unterkunft und Heizung des Wohnraums sind vielfältig. So werden insbesondere im Rahmen der Sozialhilfe, der Grundsicherung im Alter und bei Erwerbsminderung oder des Arbeitslosengeldes II Leistungen für Unterkunft und Heizung regelmäßig sogar in Höhe der tatsächlichen Aufwendungen erbracht, soweit diese angemessen sind. Empfänger dieser Leistungen benötigen allerdings insoweit keine zusätzliche Hilfe in Form des Wohngeldes mehr, sie sind deshalb zur Vermeidung von Doppelleistungen vom Wohngeld aus öffentlichen Kassen ausgeschlossen.

Seit der sog. Föderalismusreform I, die am 1. 9. 2006 in Kraft getreten ist, hat der Gesetzgeber das Wohngeldrecht ausdrücklich unter dem Katalog des Art. 74 Abs. 1 Nr. 18 Grundgesetz (GG) eingereiht und damit deutlich gemacht, dass er das Wohngeld, das einfachgesetzlich, also im Rang unter dem Grundgesetz steht, zwar nach wie vor noch als Sozialleistung definiert, aber nunmehr grundsätzlich als **wohnungsrechtliche Subvention** sieht. Mit dieser Grundgesetzänderung ist klargestellt, dass Wohngeld **keineswegs eine Fürsorgeleistung** ist; denn die öffentliche Fürsorge – wie z. B. die Sozialhilfe – ist ausdrücklich in Art. 74 Abs. 1 Nr. 7 GG genannt und setzt nur dann ein, wenn alle anderen Möglichkeiten der Selbst- und Fremdhilfe den Bedarf für die Deckung des Existenzminimums nicht mehr ausgleichen können. Der Gesetzgeber hätte durchaus die Möglichkeit, das Wohngeldrecht aus dem unübersichtlichen und komplizierten Sozialgesetzbuch herauszulösen und durch einfache und klare wohnungsrechtliche Regelungen, die auch der Bürger versteht, zu ersetzen.

Personen, die über ein niedriges Einkommen verfügen, aber auch noch nicht fürsorgebedürftig sind, erhalten unter bestimmten Voraussetzungen zur wirtschaftlichen Sicherung ihrer Wohnung Wohngeld. Wohngeld wird für die gemietete Wohnung, aber auch für eine im Eigentum stehende, selbst genutzte Wohnung geleistet.

Wohngeld ist keine Vollhilfe. Wohngeldberechtigten wird, sofern sie eine **bestimmte Einkommensgrenze** nicht überschreiten, vom Staat lediglich ein **Zuschuss** zu den Aufwendungen (einschließlich der Heizkosten) für den selbstgenutzten Wohnraum geleistet. Den größeren Teil der Miete und Belastung muss der bedürftige Haushalt stets selbst tragen. Wer die Einkommensgrenze überschreitet, bedarf nach Meinung des Gesetzgebers keiner solchen staatlichen Hilfe. Dabei darf nicht übersehen werden, dass der (Bundes-) Gesetzgeber mit Zustimmung der (die Hälfte der Ausgaben) mitfinanzierenden Länder das Wohngeld zum 1. 1. 2009 insgesamt kräftig erhöht und den Kreis der Mieter und Wohnraumeigentümer mit niedrigem Einkommen somit deutlich erweitert hat. So sind die durchschnittlichen Wohngeldzahlungen um etwa 60 % gestiegen. Erstmals werden ab 2009 auch Heizkosten (pauschal) bezuschusst.

Das Wohngeld ist auf die **individuelle Situation des jeweiligen Haushalts** zugeschnitten. Es ist abhängig vom Gesamteinkommen, von der zu berücksichtigenden Miete oder Belastung und von der Zahl der zu berücksichtigenden Mitglieder im Haushalt.

Der offizielle aktuelle Text des Wohngeldgesetzes in flüssig lesbarer Form findet sich erfahrungsgemäß nur zum Zeitpunkt der Neufassung des Gesetzes im Bundesgesetzblatt Teil I (vgl. Gesetz zur Neuregelung des Wohngeldrechts und zur Änderung des Sozialgesetzbuchs vom 24.9.2008, Bundesgesetzblatt I, Nr. 42, S. 1856). Aufgrund der vielen Änderungen des Wohngeldgesetzes (seit 1.1.1981 wurde es mehr als 60-mal geändert und neugefasst) ist es für den Interessierten schwierig, die Übersicht zu behalten und den aktuell geltenden Inhalt des Gesetzes zu verwenden. Auch der Text des Wohngeldgesetzes in diesem Buch (siehe **Anhang**) ist nur eine Momentaufnahme. Nicht zuletzt aufgrund der Verweisungen des Wohngeldgesetzes auf andere Gesetze wie z.B. dem Einkommensteuergesetz und der Änderungen dieser Gesetze, dürfte die nächste Änderung des Wohngeldgesetzes schon bald wieder anstehen. Relativ aktuelle Gesetzestexte enthalten insbesondere spezielle Loseblattsammlungen oder Taschenbücher der Verlage. Das Wohngeldgesetz in der jeweils aktuellen Fassung ist auch im Internet zu finden.

Das zum 1.1.2009 in Kraft getretene, neu gefasste, und mit den Gesetzen vom 22.12.2008 und 28.3.2009, Bundesgesetzblatt I, S. 2963 bzw. 634, 642, schon wieder geänderte Wohngeldgesetz enthält viele Neuerungen gegenüber dem vorher geltendem Recht. Es sieht auch eine sprachliche Gleichbehandlung von Frauen und Männern vor. Freilich hat der Gesetzgeber aus „optischen Gründen“ auch weitgehend neutrale Begriffe gewählt: Haushaltsmitglied, wohngeldberechtigte Person, antragstellende Person, ausländische Person usw. Männliche Begriffe wurden nur ausnahmsweise beibehalten: Arbeitgeber, Dritte, Wohnungsinhaber usw. Gleichwohl und selbstverständlich: Das Wohngeldgesetz ist auf Frauen und Männer unterschiedslos anwendbar. Allerdings sind die Voraussetzungen für den tatsächlichen Erhalt von Wohngeld vielfältig!

Im Internet finden sich vor allem auf den Seiten der Kommunen Hinweise zur Möglichkeit der Beantragung von Wohngeld. Viele Seiten enthalten auch Links auf die Internet-Seiten der jeweils zuständigen Landes- und Bundesministerien (z. B. www.bmvbs.de), die ebenfalls grundsätzliche Hinweise zum Wohngeldrecht enthalten. Vereinzelt finden sich auch „Wohngeld-Rechner“, die angesichts der Kompliziertheit und Komplexität des Wohngeldrechts zwar nicht immer ganz genau, aber oftmals doch in etwa den nach Antragstellung zu erwartenden Wohngeldbetrag errechnen.

Teil I. Was ist Wohngeld?

1. Allgemeines

a) Begriff

Wohngeld ist ein **staatlicher Zuschuss zum Wohnen**, der vom Bund und von den Ländern zu jeweils 50 % getragen wird. Wer für eine angemessene, selbst genutzte Wohnung Aufwendungen erbringen muss, die ihm nicht in vollem Umfang zugemutet werden können, hat grundsätzlich ein Recht auf Wohngeld. „Grundsätzlich" bedeutet hier, dass es entweder Ausnahmeregelungen gibt oder noch bestimmte Voraussetzungen erfüllt werden müssen. Das Wohngeld dient im Wege der staatlichen Subjektförderung und Sozialleistung unmittelbar Mietern und Eigentümern von Wohnraum sowie gleichgestellten Personen, die ihre Miete oder Belastung oder entsprechende Aufwendungen nicht in vollem Umfang tragen können. **Zweck des Wohngeldes** ist die wirtschaftliche Sicherung angemessenen und familiengerechten Wohnens. Berücksichtigt wird also die individuelle Leistungsfähigkeit „des Haushalts", aber auch die Angemessenheit der Ausgaben für den Wohnraum; so wird eine relativ teuere (Luxus-) Wohnung allenfalls im kleinen Rahmen bezuschusst. Wer die gesetzlichen Voraussetzungen für Wohngeld erfüllt – dazu gehört neben der generellen Wohngeldberechtigung vor allem, dass rechtzeitig ein entsprechender **Antrag** gestellt wurde –, hat einen **Rechtsanspruch** auf Wohngeld; Wohngeld ist kein Almosen des Staates.

Der Begriff „**Wohngeld**" entstand aus der Absicht des Staates heraus, bedürftigen Bürgern „Geld zum Wohnen" zu geben. Konkret wird der Begriff Wohngeld beispielsweise in § 26 Abs. 1 SGB I genannt. Dabei sind die Wurzeln des heutigen Wohngeldes zwischenzeitlich verschüttet. Bereits im Jahr 1938 wurde Mietbeihilfe gewährt. In den Jahren 1960 bis 1963 ist die eigentliche Wohngeldgesetzgebung der Bundesrepublik Deutschland entstanden. Bundesweit einheitliches Wohngeldrecht schuf das Wohngeldgesetz vom 1.4.1965, welches 1970 durch das verbesserte Zweite Wohngeldgesetz abgelöst worden ist. Die nach dem ehemaligen Bundesbauminister *Paul Lücke* benannte Gesetzgebung wollte die auf die seinerzeitige Liberalisierung des Wohnungsmarktes zurückzuführenden Mieterhöhungen sozial abfedern. Das Motiv lautet heute nicht viel anders: Wohngeld hilft den einkommensschwachen Mietern und Eigentümern von Wohnraum, die Wohnkosten zu tragen. Wer allerdings anderweitig Zuschüsse oder gar vollen Kostenersatz für seinen Wohnraum erhält, ist vom Wohngeld ausgeschlossen; s. dazu ab S. 19 in Teil II Nr. 4.

Nach dem aktuell geltenden Wohngeldrecht wird das Wohngeld als Zuschuss zur Miete (**Mietzuschuss**) oder zur Belastung (**Lastenzuschuss**) für den selbst genutzten Wohnraum geleistet.

b) Höhe

Die Höhe des Wohngeldes richtet sich nach drei Berechnungsgrößen:

(1) der **Anzahl der zu berücksichtigenden Haushaltsmitglieder** (§§ 5 bis 8 WoGG),

(2) der **zu berücksichtigenden Miete oder Belastung** (§§ 9 bis 12 WoGG) und

(3) dem **Gesamteinkommen** (§§ 13 bis 18 WoGG).

Seit 1.1.2001, geringfügig geändert seit 1.1.2009, wird das Wohngeld nach der mathematischen Formel

$$1{,}08 \cdot (M - (a + b \cdot M + c \cdot Y) \cdot Y) \text{ Euro}$$

berechnet, die (zwar kein normaler Mensch versteht, aber) – fein austariert – so gestaltet ist, dass das Wohngeld:

- bei gegebener Miete (bzw. Belastung) und gegebenem Einkommen mit zunehmender Haushaltsgröße steigt,
- bei gegebener Haushaltsgröße und gegebener Miete (bzw. Belastung) mit höherem Einkommen sinkt,
- bei gegebenem Einkommen und gegebener Haushaltsgröße mit höherer Miete (bzw. Belastung) steigt.

Wohngeldtabellen, aus denen für jeden Einzelfall der konkrete Wohngeldbetrag zu entnehmen wäre, sind nicht Bestandteil des Wohngeldgesetzes, jedoch – auf der Grundlage der vorgenannten mathematischen Formel berechnet – im Bundesanzeiger und im Internet u. a. unter www.bmvbs.de veröffentlicht; sie sind für Haushalte von 1 bis 5 zu berücksichtigenden Haushaltsmitgliedern im **Anhang** dieses Buches abgedruckt.

Versuchen Sie folgende Beispiele in den entsprechenden Wohngeldtabellen abzulesen:

Beispiel 1: Ein-Personen-Haushalt (Rentnerin), wohnhaft in Berlin, Mietenstufe 4, Rente 700 Euro, nur Krankenversicherungsbeiträge, Miete 370 Euro ohne Heizkosten

Lösung: Monatliches Gesamteinkommen: **622, 35 Euro**
Zu berücksichtigende Miete: 358 Euro Höchstbetrag + 24 Euro Heizkostenbetrag = **382 Euro**
Wohngeld nach der Formel (bzw. Wohngeldtabelle): **128 Euro**

Beispiel 2: Fünf-Personen-Haushalt (Wohngeldberechtigter ist ein ehemaliger Soldat, der sich als Beamter in Ausbildung befindet), wohnhaft in Dresden, Mietenstufe 3, Monats-Einkommen brutto 1.460 Euro, nur Krankenversicherungsbeiträge, Miete 650 Euro ohne Heizkosten

Lösung: Monatliches Gesamteinkommen: **1.245 Euro**
Zu berücksichtigende Miete: 638 Euro Höchstbetrag + 24 Euro Heizkostenbetrag = **662 Euro**
Wohngeld nach der Formel (bzw. Wohngeldtabelle): **314 Euro**

Keinesfalls werden bei der Wohngeldzahlung die vollen Kosten für den Wohnraum übernommen. Wurde das Wohngeld rechtmäßig geleistet, muss es jedoch nicht an den Staat zurückgezahlt werden; es ist kein Darlehen, sondern eine Subvention des Staates für seine insoweit bedürftigen Bürger. Haushaltsrechtlich wird etwas missverständlich von einem „verlorenen Zuschuss" des Staates gesprochen, weil er den ausgezahlten Betrag nicht mehr zurückerhält. Steuerrechtlich gesehen entsteht dem Empfänger des Wohngeldes ein Vermögensvorteil, den der Staat als Zuschussgeber zur Förderung des auch in seinem Interesse liegenden Zwecks (nämlich, dass seine Bürger „ein Dach über dem Kopf haben") dem Zuschussempfänger zuwendet. Der Staat hat das Wohngeld folgerichtig **steuerfrei** gestellt.

c) Zuständigkeit

Zuständig für die Bewilligung des Wohngeldes sind, je nach den landesrechtlichen Vorschriften, die Gemeinde-, Stadt-, Amts- oder Kreisverwaltungen. Welche **Wohngeldbehörde** für Sie zuständig ist, erfahren Sie bei der Gemeinde- oder Stadtverwaltung und im Internet auf der Webseite Ihrer Landesregierung.

Die zuständige Wohngeldbehörde ist, sofern ein **Antrag** ordnungsgemäß gestellt wurde, und wenn alle gesetzlichen Voraussetzungen erfüllt sind, verpflichtet, das Wohngeld zu berechnen, zu bewilligen und im Regelfall auf das Konto der wohngeldberechtigten Person (das ist der neutrale Begriff für die weibliche und die männliche Form des Wohngeldberechtigten) zu überweisen. Errechnet sich kein Wohngeld oder wird das Wohngeld aus anderen Gründen nicht bewilligt, erhält die antragstellende Person einen Ablehnungsbescheid. Wie man sich gegebenenfalls gegen die Ablehnung eines Antrags auf Wohngeld wehren kann, ist in Teil VII Nr. 3 ab S. 86 beschrieben.

d) Bewilligungszeitraum

Wohngeld wird grundsätzlich für **zwölf Monate** bewilligt (Regelbewilligungszeitraum). In Fällen, in denen die Berechnungsgrößen (s. S. 2) voraussichtlich weitgehend gleich bleiben, kann der **Bewilligungszeitraum** für das Wohngeld durchaus auch 18 Monate umfassen. Ist zu erwarten, dass sich die maßgeblichen Verhältnisse vor Ablauf von zwölf Monaten erheblich ändern, wird der Bewilligungszeitraum grundsätzlich verkürzt, in bestimmten Einzelfällen geteilt. Für die Zeit nach Ablauf des festgesetzten Bewilligungszeitraums ist ein erneuter, rechtzeitig zu stellender Antrag auf Wohngeld erforderlich. Es empfiehlt sich, den Weiterleistungsantrag schon vor Ablauf des Bewilligungszeitraums zu stellen (Näheres ab S. 7).

Der Bewilligungszeitraum beginnt immer am Ersten eines Monats und regelmäßig am Ersten des Monats, in dem der Wohngeldantrag gestellt wird.

Das Wohngeld wird **monatlich im Voraus** auf ein Konto eines Haushaltsmitglieds bei einem Geldinstitut im Inland gezahlt – unabhängig davon, ob das Haushaltsmitglied bei der Berechnung des Wohngeldes berücksichtigt wurde oder vom Wohngeld ausgeschlossen war. Das Konto muss im Antrag auf Wohngeld angegeben werden.

2. Rechtsgrundlagen

Nach dem in Art. 20 Abs. 1 GG verankerten Verfassungsgrundsatz ist die Bundesrepublik Deutschland nicht nur ein demokratischer, sondern auch ein **sozialer Bundesstaat**. In Art. 20 Abs. 3 GG ist bestimmt, dass die Bundesrepublik Deutschland auch ein **Rechtsstaat** ist; er muss neben Rechtssicherheit besonders auch Gerechtigkeit gewährleisten. Hintergrund ist die Auffassung, dass der Staat u. a. für sozial gerechte Lebensverhältnisse zu sorgen hat und den Bürgern, die nicht aus eigener Kraft ein menschenwürdiges Leben führen können, Hilfe geben soll.

Zur Verwirklichung sozialer Gerechtigkeit und sozialer Sicherheit hat insbesondere das Recht des Sozialgesetzbuches mit seinen bisher zwölf Büchern **Sozialleistungen** gestaltet. Daneben gewährt der Staat bestimmte Subventionen für den Bau oder die Modernisierung von Wohnraum, beispielsweise für den sozialen Wohnungsbau. Das **Wohngeldgesetz** ist ein besonderer Teil des Sozialgesetzbuches (§ 68 Nr. 10 SGB I). Wer für eine angemessene Wohnung Aufwendungen erbringen muss, die ihm nicht zugemutet werden können, hat ein **Recht auf Zuschuss zur Miete oder zu vergleichbaren Aufwendungen** (§ 7 SGB I). Doch lesen Sie bitte genau: Das genannte soziale Recht auf Zuschuss für eine angemessene Wohnung wird gleichzeitig durch die Kriterien der Angemessenheit und der Zumutbarkeit wieder eingeschränkt (vgl. dazu die Teile III bis V dieses Buches).

Das **Wohngeldgesetz** (WoGG) in der seit 1. 1. 2009 geltenden Fassung ist im **Anhang** abgedruckt.

Zur Konkretisierung bestimmter Regelungen des Wohngeldgesetzes über die zu berücksichtigende Miete oder Belastung wurde die **Wohngeldverordnung** erlassen; sie wurde ebenfalls zum 1. 1. 2009 umfassend geändert und im Bundesgesetzblatt bekannt gemacht (vgl. **Anhang**).

Für die Wohngeldbehörden hat die Bundesregierung mit Zustimmung des Bundesrats eine **Allgemeine Verwaltungsvorschrift** (WoGVwV) zur Durchführung des Wohngeldgesetzes erlassen; sie richtet sich primär an die Verwaltung und dient der Auslegung und dem Vollzug des Wohngeldgesetzes, soll also sicherstellen, dass Wohngeldgesetz und Wohngeldverordnung von den Wohngeldbehörden bundesweit einheitlich ausgelegt bzw. angewandt werden; sie hat zwar keine unmittelbare Außenwirkung, aber doch mittelbare Wirkung für den Bürger. Verwaltungsgerichte, die ggf. über einen Wohngeldfall zu entscheiden haben, sind allerdings nicht daran gebunden.

3. Wohnraum

Wohngeld wird nur für **selbst genutzten Wohnraum** geleistet.

Wohnraum i. S. des Wohngeldgesetzes sind Räume (oder auch nur ein Zimmer), die vom Verfügungsberechtigten (z. B. vom Vermieter) zum Wohnen bestimmt und hierfür nach ihrer baulichen Anlage und Ausstattung tatsächlich geeignet sind. Darunter sind nicht nur Mietwohnungen, Eigentumswohnungen oder der Eigenwohnraum in Ein- oder Mehrfamilienhäusern, sondern auch Wohnräume in (Wohn-) Heimen i. S. des (Bundes-) Heimgesetzes oder entsprechender Gesetze der Länder, zu verstehen.

Jedenfalls muss die Haushaltsführung auf eine gewisse Dauer möglich sein, der Wohnraum also zumindest mit einer Kochgelegenheit ausgestattet und sanitäre Einrichtungen vorhanden sein. Ein einfacher Kellerraum oder ein Dachverschlag erfüllen diese Voraussetzungen nicht. Zum Wohnen bestimmt sind auch nicht Geschäftsräume und Notunterkünfte. Demgegenüber können im Einzelfall bestimmte zur Unterkunft benutzte Einrichtungen wie z. B. ein Übergangswohnheim oder ein Frauenhaus ausnahmsweise als Wohnraum angesehen werden. Unter bestimmten Voraussetzungen wird sogar ein Wohnschiff als Wohnraum anerkannt.

Steht etwa ein Zimmer einer größeren Wohnung leer oder wird es nicht genutzt, hat das keinen Einfluss auf die Leistung des Wohngeldes. Wird allerdings ein Teil der Wohnung ausschließlich gewerblich oder beruflich genutzt, bleibt dieser (An-) Teil bei der Miete oder Belastung außer Betracht.

Wohngeld wird unabhängig davon geleistet, ob der Wohnraum des Antragstellers öffentlich gefördert, steuerbegünstigt oder frei finanziert ist. Wer beispielsweise eine sog. preisgebundene Sozialwohnung bewohnt, kann nicht nur in den „Genuss“ der billigeren, subventionierten Miete kommen, sondern womöglich auch Wohngeld hierfür erhalten; allerdings wird dann nur diese niedrigere Miete zugrunde gelegt. Zu den Voraussetzungen für die Wohngeldberechtigung und zum Ausschluss vom Wohngeld siehe besonders Teil II ab S. 11.

4. Formen des Wohngeldes

Das Wohngeldgesetz sieht zwei Formen des Zuschusses vor:

(1) den **Mietzuschuss** für Mietwohnungen und vergleichbaren Wohnraum und

(2) den **Lastenzuschuss** für im Eigentum stehenden Wohnraum.

5. Antrag auf Wohngeld

Ein Antrag auf Wohngeld ist notwendig!

Antrag auf Wohngeld kann jeder stellen, der das fünfzehnte Lebensjahr vollendet hat und wohngeldberechtigt ist.

In bestimmten Fällen kann auch der Träger einer Sozial- bzw. Transferleistung (z. B. die ARGE nach dem SGB II) für den Wohngeldberechtigten den Antrag auf Wohngeld stellen.

Wohngeld wird **nur auf schriftlichen Antrag** der wohngeldberechtigten Person geleistet. Der Antrag auf Wohngeld muss **rechtzeitig** gestellt und **vollständig** ausgefüllt werden. Erforderlichenfalls berät Sie die Wohngeldbehörde – sie ist dazu verpflichtet.

Soweit **Nachweise** gefordert werden, müssen Sie diese dem Antrag beifügen bzw. unverzüglich der Wohngeldbehörde vorlegen. Dies gilt beispielsweise für eine Verdienstbescheinigung oder für

Angaben zu Aufwendungen für die Erfüllung gesetzlicher Unterhaltspflichten.

Etwaige **Kosten**, die im Zusammenhang mit der Stellung des Wohngeldantrags entstehen, müssen Sie selbst tragen; sie werden von der Wohngeldbehörde auch nicht erstattet. Zur Kostenfreiheit eines Widerspruchs gegen den Wohngeldbescheid der Wohngeldbehörde und zur Kostenpflicht eines Gerichtsverfahrens vor dem Verwaltungsgericht s. Teil VII ab S. 86.

Jeder Erstantrag, Erhöhungsantrag und Weiterleistungsantrag soll auf einem **amtlichen Vordruck** gestellt werden.

> In jedem Bundesland werden andere amtliche Vordrucke verwendet!

Dieses Buch enthält Beispiele von Fragen, wie sie in den einzelnen Antragsvordrucken gestellt werden können.

Die Gemeinde-, Stadt-, Amts- oder Kreisverwaltungen halten dazu regelmäßig die entsprechenden Formblätter bereit. Antragsvordrucke sind aber beispielsweise auch im Internet auf den Seiten vieler Gemeinden und Städte oder des zuständigen Landesministeriums oder Senats zu finden, oftmals können Sie auch am Bildschirm ausfüllt und dann ausgedruckt werden.

> Füllen Sie den Antrag und etwaige Anlagen dazu nach bestem Wissen und Gewissen aus. Jede Falschauskunft, auch bei der Antragstellung, kann den Tatbestand einer Ordnungswidrigkeit erfüllen und mit einem Bußgeld geahndet werden! In schwerwiegenden Fällen kann der Tatbestand des (versuchten) Betruges nach § 263 StGB erfüllt sein!

Es ist zwar selbstverständlich, dass ein **Wohngeldantrag grundsätzlich bei der zuständigen Wohngeldbehörde** (ggf. über die jeweilige Wohnsitzgemeinde) einzureichen ist. Der Antrag wird aber in begründeten Ausnahmefällen auch von allen anderen Sozialleistungsträgern und allen Gemeinden entgegengenommen und unverzüglich an die zuständige Wohngeldstelle weitergeleitet. In manchen Ländern ist es sogar vorgeschrieben, den Antrag bei der Gemeinde einzureichen, in der sich die Wohnung befindet, für die Wohngeld beantragt wird. In all diesen Fällen gilt der Wohngeldantrag als zu dem **Zeitpunkt** gestellt, in dem er bei einer dieser Stellen eingegangen ist.

In bestimmten Ausnahmefällen kann der Antrag auf Wohngeld zunächst formfrei auf einem anderen Schriftstück als einem amtlichen Formular gestellt werden. Damit ist der Beginn des Bewilligungszeitraums im Antragsmonat sichergestellt; eine E-Mail genügt wegen der fehlenden Authentizitätssicherung allerdings nicht. Zum Zweck der Überprüfung aller Voraussetzungen für den Erhalt der Leistung wird die Wohngeldbehörde allerdings regelmäßig noch die amtlichen Vordrucke übersenden und um Ausfüllung bitten. Wenn Sie die notwendigen Angaben und die geforderten Unterlagen nicht rechtzeitig einreichen, kann Ihnen die Wohngeldbehörde das Wohngeld wegen fehlender Mitwirkung versagen.

Zu beachten ist, dass der Bewilligungszeitraum immer am **Ersten eines Monats** beginnt, regelmäßig ist das der Erste des Monats, in dem der Wohngeldantrag gestellt worden ist. Das gilt z.B. auch dann, wenn die Wohnung, für die Wohngeld beantragt wird, erst während des Antragsmonats bezogen wird. Treten die Voraussetzungen für die Bewilligung des Wohngeldes erst in einem späteren Monat ein, beginnt der Bewilligungszeitraum am Ersten dieses Monats.

Beispiel: Frau B beantragt am 12. 3. Mietzuschuss ab 1. 5., weil ihr befristetes Arbeitsverhältnis am 30. 4. endet und nicht verlängert wurde. Wird Wohngeld bewilligt, beginnt der Bewilligungszeitraum am 1. 5.

Können Sie **ohne Verschulden** erst verspätet Wohngeld beantragen, ist Ihnen auf Antrag „Wiedereinsetzung in den vorigen Stand" nach § 27 SGB X zu gewähren.

Beispiel: Die alleinstehende Frau C zieht am 1. 5. um. Um Wohngeld zu erhalten, müsste sie spätestens am 31. 5. Antrag auf Wohngeld stellen. Sie erleidet am 3. 5. einen schweren Unfall und kann den Antrag auf Wohngeld erst Ende Juni stellen. Sie kann deshalb einen Antrag auf „Wiedereinsetzung in den vorigen Stand" nach § 27 SGB X stellen und – wenn alle Voraussetzungen vorliegen – schon für Mai Wohngeld erhalten.

Grundsätzlich kann ein **Erhöhungsantrag** (s. dazu Teil VIII ab S. 91) während eines laufenden Bewilligungszeitraums nur von der wohngeldberechtigten Person gestellt werden. Zieht die wohngeldberechtigte Person während des Bewilligungszeitraums aus oder stirbt sie, kann der Erhöhungsantrag auch von einem anderen Haushaltsmitglied gestellt werden, wenn dieses dem Grunde nach wohngeldberechtigt ist (s. Teil II ab S. 11).

Das Wohngeldgesetz sieht Regelungen für die Fälle vor, in denen ein Antrag auf Wohngeld vor dem Zeitpunkt des Inkrafttretens von Änderungen dieses Gesetzes gestellt, darüber aber erst danach entschieden wird. In solchen Fällen wird für die Zeit bis zum Inkrafttreten der Änderungen des Gesetzes nach dem bis dahin geltenden („alten") Recht, für die darauf folgende Zeit nach dem neuen Recht entschieden.

Beispiel: Antrag auf Wohngeld am 15. 12. Inkrafttreten der Änderung des Wohngeldgesetzes zum 1. 1. des Folgejahres. Es bleibt regelmäßig beim Bewilligungszeitraum von zwölf Monaten, gerechnet ab 1. 12. Für die Zeit vom 1. 12. bis 31. 12. gilt noch das Wohngeldgesetz in der in diesem Zeitraum geltenden Fassung, also „altes Recht", vom 1. 1. des Folgejahres an bis zum Ende des Bewilligungszeitraums (hier: 30. 11. des Folgejahres) gilt aber das geänderte Wohngeldgesetz.

Teil II. Wer ist wohngeldberechtigt?

1. Wohngeldberechtigte

Die „**wohngeldberechtigte Person**“ ist der Inhaber des Wohngeldanspruchs. Das entspricht dem Grundsatz des Wohngeldrechts, keine Einzelansprüche für alle Haushaltsmitglieder zu bestimmen. Zum Wohngeldanspruch „der Höhe nach“ siehe Teil III, S. 33.

Sind **mehrere Personen** eines gemeinsamen Haushalts Mieter oder Eigentümer dieses Wohnraums und sind sie zugleich Haushaltsmitglieder (vgl. S. 13), ist **nur eine** dieser Personen wohngeldberechtigt. In diesem Fall haben nämlich diese Personen die wohngeldberechtigte Person zu bestimmen. Ergänzend dazu wird vom Gesetz vermutet, dass die antragstellende Person – wenn sie wohngeldberechtigt ist – von den anderen Haushaltsmitgliedern als wohngeldberechtigte Person bestimmt worden ist. Gehen etwa zwei Anträge gleichen Inhalts bei der Wohngeldbehörde ein, gilt die Vermutung folgerichtig zu Gunsten der antragstellenden Person des zuerst eingegangenen Antrags.

Haben beispielsweise „Mann und Frau“ eine Wohnung zusammen gemietet, ist nur einer von beiden als Wohngeldberechtigter bzw. Wohngeldberechtigte und damit als Antragsteller bzw. Antragstellerin festzulegen. Liegt der Antrag auf Wohngeld der Wohngeldbehörde vor, darf sie davon ausgehen, dass der Antragsteller bzw. die Antragstellerin Anspruchsinhaber bzw. Anspruchsinhaberin ist.

Wohngeldberechtigt ist nur, wer den Wohnraum selbst bewohnt. Bestehen Zweifel darüber, ob eine Antrag auf Mietzuschuss oder ein Antrag auf Lastenzuschuss zu stellen ist, gibt jede Wohngeldbehörde nähere Auskunft.

Mietzuschuss wird geleistet an:

- Mieter von Wohnraum (Wohnung, Zimmer),
- Untermieter von Wohnraum,
- Inhaber einer Genossenschaftswohnung,

- Inhaber einer Stiftswohnung,
- Inhaber einer Dienstwohnung,
- Inhaber einer Werkdienstwohnung,
- nicht nur vorübergehend aufgenommene Bewohner eines Heimes (oder einer stationären Einrichtung) i. S. des Heimgesetzes oder entsprechender Gesetze der Länder,
- mietähnlich Nutzungsberechtigte (Inhaber eines mietähnlichen Dauerwohnrechts),
- Bewohner einer Wohnung im eigenen Mehrfamilienhauses (Haus mit drei und mehr Wohnungen), die ausnahmsweise wie Mieter behandelt werden.

Das gilt jeweils auch, wenn das Gebäude, in dem sich der selbst genutzte Wohnraum befindet, teilweise gewerblich, selbstständig oder landwirtschaftlich („gemischt“) genutzt wird.

Lastenzuschuss wird geleistet an:

- Eigentümer eines Eigenheims,
- Eigentümer einer Eigentumswohnung,
- Eigentümer eines gemischt genutzten Gebäudes mit Ausnahme eines Mehrfamilienhauses (siehe unter „Mietzuschuss“),
- Eigentümer eines landwirtschaftlichen Betriebs (Wohn- und Wirtschaftsteil getrennt),
- Inhaber eines eigentumsähnlichen Dauerwohnrechts,
- Erbbauberechtigte,
- Wohnungserbbauberechtigte,
- sog. wirtschaftliche Eigentümer von selbst genutztem Wohnraum (mit Ausnahme eines Mehrfamilienhauses) mit Anspruch auf Übereignung des Gebäudes oder der Wohnung bzw. der Einräumung des Erbbaurechts.

Wohngeldberechtigt ist ausnahmsweise auch, wer zwar selbst eine Transferleistung (wie z. B. Grundsicherung im Alter und bei Erwerbsminderung oder ALG II) erhält und deswegen vom Wohngeld ausgeschlossen ist, aber mit mindestens einem zu berücksichtigenden Haushaltsmitglied eine Wohn- und Wirtschaftsgemeinschaft führt (s. dazu S. 13 ff.). Darüber hinaus besteht aber kein Ausschluss vom Wohngeld, wenn jemand zwar eine Transferleistung wie z. B. ALG II beantragt hat oder empfängt, durch die Leistung von Wohngeld jedoch seine Hilfebedürftigkeit vermieden oder beseitigt werden kann. In diesen Fällen werden übergangsweise beide Leistungen bewilligt, das Wohngeld aber, sofern die andere Sozialleistung bereits erbracht ist, dem anderen Sozialleistungsträger erstattet.

Ausländische Personen sind nach bestimmten Maßgaben nur wohngeldberechtigt, wenn sie sich im Bundesgebiet tatsächlich aufhalten und ein Aufenthaltsrecht nach dem Freizügigkeitsgesetz/EU, einen Aufenthaltstitel oder eine Duldung nach dem Aufenthaltsgesetz, ein Recht auf Aufenthalt nach einem völkerrechtlichen Abkommen, eine Aufenthaltsgestattung nach dem Asylverfahrensgesetz, die Rechtsstellung eines heimatlosen Ausländers i. S. des Gesetzes über die Rechtsstellung heimatloser Ausländer im Bundesgebiet haben oder aufgrund einer Rechtsverordnung vom Erfordernis eines Aufenthaltstitels befreit sind. Ausländische Personen sind alle Personen, die nicht die deutsche Staatsangehörigkeit besitzen (§ 2 Abs. 1 AufenthG).

Nicht wohngeldberechtigt sind ausländische Personen, die durch eine völkerrechtliche Vereinbarung (z. B. nach dem Zusatzabkommen zum NATO-Truppenstatut oder dem Wiener Übereinkommen über konsularische Beziehungen) von der Anwendung deutscher Vorschriften auf dem Gebiet der sozialen Sicherheit befreit sind.

2. Haushaltsmitglieder

Das Wohngeldgesetz unterscheidet zwischen zu berücksichtigenden und vom Wohngeld ausgeschlossenen Haushaltsmitgliedern.

Haushaltsmitglieder sind grundsätzlich die wohngeldberechtigte Person und die Personen, die mit der wohngeldberechtigten Person in einer **Wohn- und Wirtschaftsgemeinschaft** leben. Darüber hinaus muss der Wohnraum, für den Wohngeld beantragt wird, der jeweilige **Mittelpunkt der Lebensbeziehungen** sein (Einzelheiten s. S. 14 und 15). Sie als Antragstellerin bzw. Antragsteller müssen also gegenüber der Wohngeldbehörde erklären, wo sich Ihr Lebensmittelpunkt und der Lebensmittelpunkt der anderen als Haushaltsmitglieder bezeichneten Personen befindet.

Personen haben grundsätzlich in derjenigen Wohnung ihren **Mittelpunkt der Lebensbeziehungen**, die von ihnen vorwiegend sowohl in beruflicher als auch privater Hinsicht genutzt wird. Mittelpunkt der Lebensbeziehungen einer verheirateten oder eine Lebenspartnerschaft führenden Person, die nicht dauernd getrennt lebt, ist die vorwiegend benutzte Wohnung der Familie bzw. Partnerschaft. Mittelpunkt der Lebensbeziehungen einer minderjährigen Person ist regelmäßig die Wohnung der Personensorgeberechtigten.

Beispiel: Schreinergeselle M (17 Jahre) möchte „selbständig" sein und zieht in eine kleine Wohnung in Völklingen, wo er schon bisher während der Woche gearbeitet hat. Nur an den Wochenenden kehrt er zurück in das „Hotel Mama" in Saarbrücken. Sein Lebensmittelpunkt befindet sich nun in Völklingen.

Der Mittelpunkt der Lebensbeziehungen befindet sich immer nur in einer bestimmten Wohnung. Bei einem **Umzug** im Laufe, also nicht zum Ersten eines Monats, ist jedoch ein Wohngeldantrag ab Einzug in die neue Wohnung auch bereits für den laufenden Monat möglich, auch wenn für diesen Monat bereits für die andere Wohnung Wohngeld geleistet wurde. Wohngeld kann in diesem Monat sowohl für die bisherige als auch für die neue Wohnung in Betracht kommen.

Beispiel: S wohnt bis 14. 4. in Essen und erhält dort für den gesamten Monat April noch Wohngeld (weil Wohngeld für Monate berechnet und ausgezahlt wird). Aus beruflichen Gründen zieht er am 15. 4. nach Hamburg und beantragt auch dort noch im April Wohngeld. S erhält, wenn alle sonstigen Voraussetzungen erfüllt sind, für April sowohl in Essen als auch in Hamburg Wohngeld.

Eine **Wohngemeinschaft** liegt vor, wenn Personen Wohnraum gemeinsam bewohnen. Eine Wohngemeinschaft liegt nicht vor, wenn ausschließlich Nebenräume gemeinsam genutzt werden.

Eine Wohngemeinschaft zwischen Ehegatten oder Lebenspartnern besteht nicht, wenn einer der Ehegatten bzw. Lebenspartner auf Dauer Heimbewohner ist.

Sind beide Ehegatten bzw. Lebenspartner Heimbewohner in derselben Einrichtung, können sie eine Wohngemeinschaft bilden; die Regel wird das aber nicht sein, da sie wie andere Heimbewohner auch in getrennten Zimmer wohnen und deshalb grundsätzlich getrennt wohngeldberechtigt sind.

Eine **Wirtschaftsgemeinschaft** liegt vor, wenn Personen sich ganz oder teilweise gemeinsam mit den Gütern des täglichen Lebensbedarfs versorgen und in diesem Sinne „aus einem Topf" wirtschaften. Eine Wirtschaftsgemeinschaft wird gesetzlich vermutet, wenn Personen in einer Wohngemeinschaft leben.

Keine Wirtschaftsgemeinschaft führen beispielsweise Ehegatten, die zwar noch in derselben Wohnung wohnen, aber dauernd getrennt leben. Eine Klage auf Scheidung oder Aufhebung der Ehe muss nicht erhoben worden sein.

Muster:

Haushaltsmitglieder (mit Lebensmittelpunkt in dem Wohnraum, für den Wohngeld beantragt wird):

	Name, Vorname (Rufname) ggf. Geburtsname	Geburtsdatum, Geburtsort	Familienstand (z. B. ledig, verheiratet) und Geschlecht	Staatsangehörigkeit	Verwandtschaftsverhältnis zur antragstellenden Person	z. Zt. ausgeübte Tätigkeit
1	Antragsteller/ Antragstellerin: *Max Fehn*	*1.2.76*	☒ männlich ☐ weiblich	*deutsch*		*Maurer*
2	*Marlene Fehn*	*2.3.81*	☐ männlich ☒ weiblich	*deutsch*		*Näherin*

Haushaltsmitglied ist die **wohngeldberechtigte Person** nur dann, wenn die Wohnung, für die sie Wohngeld beantragt, der Mittelpunkt ihrer Lebensbeziehungen ist.

Muster:

Wohnraum, für den Wohngeld beantragt wird:

Wo befindet sich der Mittelpunkt Ihrer Lebensbeziehungen?: (Straße, Hausnummer, Stockwerk, ggf. Wohnungsnummer, Postleitzahl, Ort, ggf. Telefonnummer):	seit wann?
Handelsstr. 8, 20359 Hamburg	*15. 6. 2001*

Nicht anspruchsberechtigt auf Wohngeld ist insoweit, wer seinen Mittelpunkt der Lebensbeziehungen in einer anderen Wohnung bzw. in einer anderen Gemeinde oder Stadt hat, also nur vorübergehend von seinem eigentlichen Wohnort abwesend ist.

Haushaltsmitglied ist auch, wer

(1) als Ehegatte eines Haushaltsmitglieds von diesem nicht dauernd getrennt lebt.

(2) als Lebenspartner oder Lebenspartnerin eines Haushaltsmitglieds von diesem nicht dauernd getrennt lebt.

(3) mit einem Haushaltsmitglied so zusammenlebt, dass nach verständiger Würdigung der wechselseitige Wille anzunehmen ist, Verantwortung füreinander zu tragen und füreinander einzustehen (Personen einer Verantwortungs- und Einstehensgemeinschaft).

Eine **Verantwortungs- und Einstehensgemeinschaft** ist eine auf Dauer angelegte Lebensgemeinschaft, die daneben keine weiteren Lebensgemeinschaften gleicher Art zulässt. Sie zeichnet sich durch eine innere Bindung aus, die ein gegenseitiges Einstehen füreinander begründet und damit über eine reine Wohn- und Wirtschaftsgemeinschaft hinausgeht. Die Verantwortungs- und Einstehensgemeinschaft muss nach verständiger Würdigung einer Ehe oder Lebenspartnerschaft ähnlich sein.

Ein wechselseitiger Wille, Verantwortung füreinander zu tragen und füreinander einzustehen, wird vom Gesetz vermutet, wenn Partner

(1) länger als ein Jahr zusammenleben

(2) mit einem gemeinsamen Kind zusammenleben

(3) Kinder oder Angehörige im Haushalt versorgen oder

(4) befugt sind, über Einkommen oder Vermögen der anderen zu verfügen.

Die volle Beweislast für das Nichtbestehen einer Verantwortungs- und Einstehensgemeinschaft liegt bei den Personen, welche die Wohnung

gemeinsam bewohnen. Die bloße Behauptung ist für den Nachweis, dass eine Verantwortungs- und Einstehensgemeinschaft nicht besteht, nicht ausreichend.
In Wohngemeinschaften von Senioren, Berufstätigen oder Auszubildenden, in therapeutischen Wohngemeinschaften sowie in Wohnformen für Behinderte und Pflegebedürftige ist in der Regel davon auszugehen, dass zwischen den miteinander Wohnenden keine Verantwortungs- und Einstehensgemeinschaft besteht.

(4) mit einem Haushaltsmitglied in gerader Linie oder zweiten oder dritten Grades in der Seitenlinie verwandt oder verschwägert ist.

Verwandte in gerader Linie sind:
- Urgroßeltern,
- Großeltern,
- Eltern,
- Kinder,
- Enkel,
- Urenkel,
- Kinder des Lebenspartners oder der Lebenspartnerin nach dem LPartG.

Verschwägerte in gerader Linie sind:
- Schwiegereltern,
- Schwiegerkinder (z. B. Schwiegersohn),
- Stiefkinder.

Verschwägerte zweiten und dritten Grades der Seitenlinie sind die Verwandten zweiten und dritten Grades des Ehegatten, z. B.:
- Schwägerin oder Schwager.

(5) ohne Rücksicht auf das Alter Pflegekind eines Haushaltsmitgliedes ist.

Pflegekinder sind Personen, mit denen das Haushaltsmitglied durch ein familienähnliches auf längere Dauer angelegtes Pflegeverhältnis verbunden ist, sofern ein Obhuts- und Pflegeverhältnis zu den leiblichen Eltern nicht mehr besteht.

(6) Pflegemutter oder Pflegevater eines Haushaltsmitgliedes ist.

Pflegeeltern sind Personen, die Kinder anderer Eltern (Pflegekinder) in ihren Haushalt aufnehmen und insbesondere berechtigt sind, das Kindergeld nach § 62 EStG oder nach § 2 Abs. 1 Nr. 2 BKGG zu erhalten.

Voraussetzung für den Status als Haushaltsmitglied ist für die vorgenannten Personen jeweils, dass sie **mit der wohngeldberechtigten Person** in einer Wohn- und Wirtschaftsgemeinschaft leben, **und** der Wohnraum, für den Wohngeld beantragt wird, auch **ihr** Mittelpunkt der Lebensbeziehungen ist.

Besonderheit: Haben nicht nur vorübergehend getrennt lebende Eltern das **gemeinsame Sorgerecht für ein Kind** und halten sie für die Betreuung dieses gemeinsamen Kindes **zusätzlichen Wohnraum** bereit, ist das Kind – wenn es annähernd zu gleichen Teilen betreut wird – bei beiden Elternteilen Haushaltsmitglied. Unter zusätzlichem Wohnraum ist grundsätzlich ein zusätzliches Zimmer zu verstehen, das allerdings nicht ausschließlich für den Aufenthalt der Kinder vorgehalten werden muss; es kann selbstverständlich auch noch anderweitig genutzt werden. Ausnahmen sind möglich.
Die Wohngeldbehörden erkennen regelmäßig eine Betreuung zu gleichen Teilen an, wenn der Betreuungsumfang des einen Elternteils mindestens halb so groß ist wie der des anderen (mindestens also $^1/_3$ zu $^2/_3$).

Beispiel: Ein Kind wohnt von Montagmittag bis Freitag früh bei der Mutter und – nach der Schule – von Freitagmittag bis Montag früh sowie in den großen Ferien beim Vater. Das Kind wird bei beiden Elternteilen als Haushaltsmitglied berücksichtigt.

Betreuen die Eltern **mehrere Kinder** nicht zu annähernd gleichen Teilen, ist bei dem Elternteil mit dem geringeren Betreuungsanteil nur das jüngste dieser nicht zu annähernd gleichen Teilen betreuten Kinder Haushaltsmitglied. Für Pflegekinder und Pflegeeltern gilt dies entsprechend.

Beispiel: Getrennt lebende Eltern zweier Kinder halten jeweils zusätzlichen Wohnraum für beide Kinder vor, die Kinder wohnen jedoch nur samstags oder sonntags beim Vater. Das jüngere Kind zählt dennoch auch beim Vater als weiteres Haushaltsmitglied.

Muster:

Betreuen Sie als nicht nur vorübergehend getrennt lebender Eltern- oder Pflegeelternteil ein oder mehrere Kinder, für die Sie das gemeinsame Sorgerecht haben und halten Sie dafür besonderen Wohnraum bereit?

☐ nein ☒ ja

Wenn ja, von welchem anderen Eltern- oder Pflegeelternteil erfolgt zu welchem Anteil die Betreuung?

Name, Vorname *Max Vollauf*	
Für welche Kinder?	Kind Name, Vorname, geb. am *Felix Vollauf* *06.07.1998*
Zu gleichen Teilen?	☐
Zu geringeren Teilen?	☒ Antragsteller(in) *65 %*
Bitte geben Sie die Anteile in „Prozent" oder „Tagen pro Monat" an!	anderen Elternteil *35 %*

Ausländische Personen sind nur Haushaltsmitglieder, wenn sie die gesetzlich bestimmten Voraussetzungen der Wohngeldberechtigung für Ausländer erfüllen (s. o. S. 13).

3. Zu berücksichtigende Haushaltsmitglieder

Bei der Berechnung des Wohngeldes sind Haushaltsmitglieder nur dann zu berücksichtigen („zu berücksichtigende Haushaltsmitglieder"), wenn sie **vom Wohngeld nicht ausgeschlossen** sind (s. dazu im Folgenden).

4. Ausschluss vom Wohngeld

a) Transferleistungen

Vom Wohngeld grundsätzlich ausgeschlossen sind Antragsteller bzw. Empfänger von folgenden **Transferleistungen**:

- Arbeitslosengeld II und Sozialgeld nach dem SGB II, auch wenn diese Leistungen nach § 25 SGB II als Vorschuss auf die Leistungen der Rentenversicherung weiter erbracht werden,
- Hilfe zum Lebensunterhalt oder Grundsicherung im Alter und bei Erwerbsminderung nach dem SGB XII,
- Zuschüsse für Auszubildende zu den Kosten für Unterkunft und Heizung nach § 22 Abs. 7 SGB II,
- Leistungen der ergänzenden Hilfe zum Lebensunterhalt oder andere Hilfen in einer stationären Einrichtung, die den Lebensunterhalt umfassen, nach dem Bundesversorgungsgesetz (BVG) oder einem Gesetz, das dieses für anwendbar erklärt,
- Übergangsgeld und Verletztengeld in Höhe des Arbeitslosengeldes II nach dem SGB VI bzw. SGB VII,
- Leistungen in besonderen Fällen und Grundleistungen nach dem Asylbewerberleistungsgesetz (AsylbLG),
- Leistungen der Kinder- und Jugendhilfe nach dem SGB VIII, wenn alle zum Haushalt gehörenden Personen zu den Empfängern dieser Leistung gehören.

Muster:

Erhält eine der unter Nummer [4] genannten Personen eine der folgenden Leistungen oder ist eine solche beantragt? ☐ **nein** ☒ **ja**

Wenn ja, wer und welche Art der Leistung?
(bitte ankreuzen und ggf. den entsprechenden Bescheid beifügen!)

Name, Vorname
Heidelinde Merz

☒ Arbeitslosengeld II ☐ Sozialgeld nach SGB II ☐ Zuschuss für Unterkunft an Auszubildende nach SGB II ☐ Vorschuss auf Leistung der Rentenversicherung i. H. des Arbeitslosengeldes II	☐ Hilfe zum Lebensunterhalt nach SGB XII (Sozialhilfe) ☐ Übergangsgeld nach SGB VI ☐ Grundsicherung nach SGB XI

☐ Ergänzende Hilfe zum Lebensunterhalt nach dem BVG ☐ Berufsausbildungsbeihilfe nach SGB III ☐ Rente ☐ Verletztengeld nach dem SGB VII	☐ Leistungen der Kinder und Jugendhilfe nach SGB VIII ☐ Unterhaltsvorschuss ☐ Leistungen der Ausbildungsförderung (BAföG) ☐ Asylbewerberleistung ☐ Wohngeld

Voraussetzung für den Ausschluss vom Wohngeld ist, dass bei der Berechnung der vorgenannten Leistungen die Kosten der Unterkunft berücksichtigt worden sind bzw. werden.

Der Ausschluss vom Wohngeld greift regelmäßig bereits dann ein, wenn ein **Antrag** auf eine der o.g. (Transfer-)Leistungen gestellt wurde, auch wenn über diesen noch nicht entschieden ist. Darüber hinaus besteht aber kein Ausschluss vom Wohngeld, wenn jemand zwar eine Transferleistung wie z.B. Arbeitslosengeld II beantragt hat oder empfängt, durch die Leistung von Wohngeld jedoch seine Hilfebedürftigkeit vermieden oder beseitigt werden kann.

Der Ausschluss besteht auch **nicht**, wenn die (Transfer-)Leistungen ausschließlich als **Darlehen** gewährt werden.

Ausgeschlossen sind zudem auch Haushaltsmitglieder, die bei der Bedarfsermittlung der Transferleistungen berücksichtigt worden sind. Gemeint sind folgende Vorschriften:

- § 7 Abs. 3 SGB II, auch in den Fällen des Übergangs- oder Verletztengeldes in Höhe des Arbeitslosengeldes II,
- § 19 Abs. 1 und 4 sowie §§ 20 und 43 Abs. 1 SGB XII,
- § 27a S. 2 BVG i.V.m. § 19 Abs. 1 SGB XII oder
- § 1 Abs. 1 Nr. 6 AsylbLG.

Gleiches gilt für Haushaltsmitglieder, die nach § 43 Abs. 1 SGB XII bei der Ermittlung der Leistung für die Grundsicherung im Alter und bei Erwerbsminderung berücksichtigt worden sind. Der Ausschluss besteht auch hier nicht, wenn die Leistungen ausschließlich als **Darlehen** gewährt werden.

Ausgeschlossen vom Wohngeld sind schließlich auch Haushaltsmitglieder, deren Transferleistungen aufgrund einer **Sanktion** vollständig weggefallen sind.

> **Unterscheide:** Beziehen einzelne Haushaltsmitglieder keine der o.g. Transferleistungen und wurden Sie auch nicht bei der Ermittlung des Bedarfs bzw. bei der Ermittlung der Leistung berücksichtigt, kann vom Wohngeldberechtigten, auch wenn er selbst vom Wohngeld ausgeschlossen ist, der Antrag auf Wohngeld für diese Person(en) gestellt werden (s. S. 12).

Der **Ausschluss vom Wohngeld besteht schon für die Dauer des Verwaltungsverfahrens** zur Feststellung von Grund und Höhe der Transferleistungen nach § 7 Abs. 1 WoGG. Der Ausschluss beginnt nach der Antragstellung auf eine solche Transferleistung ab dem Ersten des Monats, für den der (Transferleistungs-) Antrag gestellt worden ist, oder des nächsten Monats, wenn diese Leistung nicht vom Ersten eines Monats an beantragt wird.

Beispiel: Der Anspruch eines Haushaltsmitgliedes auf Arbeitslosengeld endet am 31.7.; stellt es den Antrag auf Arbeitslosengeld II erst am 10.8., ist es ab 1.9. vom Wohngeld ausgeschlossen. Stellt es den Antrag bereits am 28.6., besteht der Anspruch auf Arbeitslosengeld II dem Grunde nach dennoch erst ab 1.8.; dann ist das Haushaltsmitglied ab diesem Zeitpunkt vom Wohngeld ausgeschlossen.

Der Ausschluss besteht auch für die Dauer der Bewilligung der Transferleistung, und zwar ab dem Ersten des Monats, für den diese Leistung bewilligt wird bzw. des nächsten Monats, wenn diese Leistung nicht vom Ersten, sondern beispielsweise ab Mitte eines Monats an bewilligt wird.

Der Ausschluss endet am Letzten:

- des Monats, wenn die Transferleistung nach § 7 Abs. 1 WoGG bis zum Letzten eines Monats bewilligt wird, oder
- des Vormonats, wenn diese Leistung nicht bis zum Letzten, sondern bis zu einem anderen Tag eines Monats bewilligt wird.

Der Ausschluss gilt als nicht erfolgt, soweit der Antrag auf eine Transferleistung nach § 7 Abs. 1 WoGG zurückgenommen, eine solche Leistung abgelehnt, versagt, entzogen oder ausschließlich als Darlehen gewährt wird.

Verzichten Haushaltsmitglieder auf solche Transferleistungen, um Wohngeld zu beantragen, gilt ihr Ausschluss vom Zeitpunkt der Wirkung des Verzichts an als nicht erfolgt. Beachten Sie bitte, dass auf eine solche Leistung nur vollständig und für die Zukunft, nicht aber rückwirkend verzichtet werden kann.

Sofern ein Antrag auf eine Transferleistung wie z. B. ALG II abgelehnt wird, haben Sie bis zum Ablauf des Folgemonats nach dieser Ablehnung die Möglichkeit, **rückwirkend Wohngeld** unter Vorlage des ALG II-Ablehnungsbescheids zu beantragen.

Beispiel: Antrag auf ALG II am 20. 5., Ablehnung am 10. 6.; der Wohngeldantrag ist dann spätestens am 31. 7. – rückwirkend zum 1. 5. – zu stellen.

Stirbt ein im Wohngeldbewilligungsbescheid **berücksichtigtes Haushaltsmitglied**, ist dies für die Dauer von zwölf Monaten nach dem Sterbemonat ohne Einfluss auf die bisher maßgebende Anzahl der zu berücksichtigenden Haushaltsmitglieder.

Muster:

Ist ein zu berücksichtigendes Haushaltsmitglied innerhalb der letzten 12 Monate verstorben? ☐ **nein** ☒ **ja**

Wer und wann? (Name, Vorname, Datum)

Ritter, Manfred, am 14. 12. 2008

Haben Sie den Wohnraum nach dem Tod eines Haushaltsmitglieds gewechselt? ☒ **nein** ☐ **ja**

Wenn ja wann?
(Tag Monat Jahr)

Die sog. **Sterbefallregelung** gilt allerdings nicht mehr, wenn:

- nach dem Todesfall die Wohnung aufgegeben wird,
- die Zahl der zu berücksichtigenden Haushaltsmitglieder sich mindestens auf den Stand vor dem Todesfall erhöht (z. B. durch die Geburt eines Kindes) oder
- der auf den Verstorbenen entfallende Anteil der Kosten der Unterkunft nun in einer Transferleistung nach § 7 Abs. 1 WoGG mindestens teilweise berücksichtigt wird.

Muster:
Hat sich nach dem Tod eines Haushaltsmitglieds die Zahl der Haushaltsmitglieder wieder erhöht? ☒ **nein** ☐ **ja**

Durch wen und wann? (Name, Vorname, Datum)

b) Weitere Ausschlussgründe

Nicht anspruchsberechtigt auf Wohngeld ist darüber hinaus,

(1) wer über der für ihn geltenden **Einkommensgrenze** liegt.

Einkommensgrenzen:

1 Person	870 Euro
2 Personen	1.190 Euro
3 Personen	1.450 Euro
4 Personen	1.900 Euro
5 Personen	2.180 Euro
6 Personen	2.440 Euro

Beachten Sie: Diese Beträge können Sie nicht ohne weiteres mit Ihrem Netto-Einkommen vergleichen. Entscheidend ist das wohngeldrechtlich ermittelte monatliche Gesamteinkommen Ihres Haushalts (siehe Teil VI ab S. 53)

(2) ein alleinstehender Wehrpflichtiger i.S.d. § 7a Abs. 1 USG während seines Grundwehrdienstes, es sei denn, die Mietbeihilfe nach § 7a USG ist abgelehnt worden.

Ist dem Wehrpflichtigen Wohngeld bereits für einen Zeitraum bewilligt worden, in den der Beginn des Grundwehrdienstes fällt, ist das Wohngeld noch bis zum Ablauf des Bewilligungszeitraums in gleicher Höhe weiter zu leisten.

Wurde die Mietbeihilfe nach § 7a USG abgelehnt, besteht weiterhin ein Wohngeldanspruch. Der Bewilligungszeitraum beginnt am Ersten des Monats, von dem ab die Mietbeihilfe nach § 7a USG abgelehnt wurde, wenn der Wohngeldantrag vor Ablauf des Kalendermonats gestellt wird, der auf die Kenntnis der Ablehnung folgt.

Beispiel: Ablehnung der Mietbeihilfe am 17. 8., Wohngeldantrag spätestens am 30. 9., und zwar rückwirkend ab dem 1. 8.

Das Unterhaltssicherungsgesetz ist auf Zivildienstleistende nach § 78 Abs. 1 Nr. 2 ZDG entsprechend anzuwenden.

(3) ein Haushalt, in dem **allen** Haushaltsmitgliedern Leistungen zur Förderung der Ausbildung nach dem Bundesausbildungsförderungsgesetz (BAföG) oder den §§ 59, 101 Abs. 3 oder § 104 SGB III dem Grunde nach zustehen oder ihnen diese Leistungen im Fall eines Antrages dem Grunde nach zustünden (das gilt wiederum nicht, wenn die Leistungen ausschließlich als Darlehen gewährt werden).

Ein Anspruch besteht selbst dann nicht, wenn dem Grunde nach Förderungsberechtigte nur der Höhe nach keinen Anspruch auf Förderung haben.

Wohngeld kommt aber in diesem Zusammenhang in Frage, wenn:

(1) eine nach dem Bundesausbildungsförderungsgesetz oder dem Dritten Buch Sozialgesetzbuch förderungsfähige Ausbildung nicht vorliegt (§§ 2 und 3 BAföG, §§ 59 bis 73, 75 SGB III);

(2) ausländische Personen den Wohngeldantrag stellen, die nicht die Voraussetzungen des § 8 BAföG oder des § 63 SGB III erfüllen; ist danach das Wohngeldgesetz grundsätzlich anwendbar, ist zusätzlich § 3 Abs. 5 WoGG zu beachten;

(3) die Altersgrenze für die Ausbildungsförderung nach § 10 Abs. 3 BAföG überschritten ist;

(4) der Abbruch der Ausbildung oder der Wechsel der Fachrichtung ohne wichtigen oder unabweisbaren Grund erfolgt sind (§ 7 Abs. 3 und 4 BAföG);

(5) die Voraussetzungen für die Förderung einer weiteren Ausbildung nach § 7 Abs. 2 BAföG oder nach den §§ 59 und 60 Abs. 2 SGB III nicht erfüllt sind;

(6) die Förderungshöchstdauer überschritten ist (§ 15 Abs. 2 BAföG i. V. m. der Förderungshöchstdauerverordnung nach § 15a BAföG) und die Voraussetzungen für eine weitere Förderung nach § 15 Abs. 3 BAföG oder eine Studienabschlussförderung nach § 15 Abs. 3a BAföG dem Grunde nach nicht gegeben sind;

(7) die Ausbildung i. S. des § 62 SGB III nicht förderungsfähig ist, weil sie vollständig oder teilweise im Ausland durchgeführt wird, und die Voraussetzungen des § 62 Abs. 1 oder Abs. 2 SGB III nicht erfüllt sind, die auszubildende Person aber im Geltungsbereich des Wohngeldgesetz wohnt (Grenzgänger);

(8) Schülern und Schülerinnen, die nach dem Bundesausbildungsförderungsgesetz nicht gefördert werden können, dem Grunde nach Leistungen der Ausbildungsförderung nach Landesvorschriften zustehen;

(9) Auszubildende in einer beruflichen Ausbildung in Betrieben oder überbetrieblichen Ausbildungsstätten, die nicht zum Personenkreis der Rehabilitanden gehören, aufgrund des § 64 SGB III keinen Anspruch auf Berufsausbildungsbeihilfe haben;

(10) Auszubildende von den Begabtenförderungswerken Leistungen erhalten (§ 2 Abs. 6 Nr. 2 BAföG);

(11) Auszubildende, die von der Ausbildungsförderung ausgeschlossen sind, weil sie die nach § 48 Abs. 1 BAföG erforderlichen Leistungsnachweise nicht erbracht haben;

(12) Auszubildende die Voraussetzungen des § 2 Abs. 1a BAföG nicht erfüllen;

(13) der Zeitrahmen der Studienabschlussförderung (§ 15 Abs. 3a BAföG) überschritten ist;

(14) ein behinderter Mensch während

- (a) einer beruflichen Ausbildung oder Bildungsmaßnahme einschließlich einer Grundausbildung oder
- (b) einer Maßnahme im Eingangsverfahren oder Berufsbildungsbereich einer Werkstatt für behinderte Menschen einen Anspruch auf Ausbildungsgeld nicht hat, weil ein Übergangsgeld erbracht werden kann (§ 104 SGB III),

(15) Auszubildende als Beschäftigte im öffentlichen Dienst Anwärterbezüge oder ähnliche Leistungen aus öffentlichen Mitteln erhalten (§ 2 Abs. 6 Nr. 3 BAföG),

(16) einem Haushaltsmitglied die gesamten Leistungen zur Ausbildungsförderung ausschließlich als Darlehen gewährt werden;

dies ist etwa bei der Abschlussförderung nach § 15 Abs. 3a i. V. m. § 17 Abs. 3 BAföG der Fall.

Ist Wohngeld für einen Zeitraum bewilligt, in den der Beginn der Ausbildung und damit die Berechtigung auf Förderung nach den vorgenannten Gesetzen fällt, ist das Wohngeld bis zum Ablauf des Bewilligungszeitraums in gleicher Höhe weiter zu leisten.

Keine Anspruchsberechtigung auf Wohngeld besteht schließlich auch:

- wenn das bewilligte Wohngeld weniger als 10 Euro monatlich betragen würde oder
- soweit die Inanspruchnahme **missbräuchlich** wäre, insbesondere bei erheblichem Vermögen oder bei unterlassener Durchsetzung von Unterhaltsansprüchen.

Muster:

a) Haben Sie oder eine der unter Nummer [4] aufgezählten Personen Vermögen wie zum Beispiel Bargeld, Sparvermögen, Immobilien, Kapitallebensversicherungen oder Aktien? ☐ **nein** ☒ **ja**

Zurzeit vorhandenes Vermögen/vorhandene Unterhaltsansprüche: *Sparbuch*	Werte in Euro: *25.000*
Lebensversicherung, bisher eingezahlt:	*35.800*

b) Haben Sie einen Anspruch auf Unterhalt, der noch nicht durchgesetzt werden konnte? ☒ **nein** ☐ **ja**
(Nähere Angaben hierzu bitte auf einem gesonderten Blatt)

Nach der Rechtsprechung des Bundesverwaltungsgerichts (Urteile vom 25. 9. 1992, Az 8 C 66, 68 und 70, 90) liegt **missbräuchliches Verhalten** in der Regel (auch) vor, wenn die wohngeldberechtigte Person:

- eine Rechtsposition ausschließlich zu dem Zweck schafft, dass sie Wohngeld erhält,
- wegen vorsätzlichen Tuns oder Unterlassens ganz oder teilweise außer Stande ist, die Miete zu bezahlen oder die Belastung aufzubringen, und deshalb die Annahme begründet ist, die Grundlage des Wohngeldanspruchs sei (ganz oder teilweise) gleichsam konstruiert.

Ist ein Untermietverhältnis offenbar nur zu dem Zweck begründet worden, die Voraussetzungen für einen Wohngeldanspruch zu schaffen oder einen bestehenden Anspruch zu erhöhen, wird die Bewilligung des Wohngeldes für die antragstellende Person, die Haupt- oder Untermieter ist, insoweit ganz oder zum Teil abgelehnt, als sie missbräuchlich wäre (Nr. 21.33 WoGVwV).

Gleiches gilt, wenn zu berücksichtigenden Haushaltsmitgliedern (einschließlich der wohngeldberechtigten Person) zuzumuten ist oder war, durch Aufnahme einer Arbeit zur Erhöhung des Gesamteinkommens so weit beizutragen, dass die Miete oder Belastung ganz oder zu einem höheren Anteil tragbar wird (Nr. 21.34 Abs. 1 WoGVwV).

Missbrauch wird auch angenommen, soweit ein zu berücksichtigendes Haushaltsmitglied **Unterhaltsansprüche** nicht geltend macht, obwohl ihm die Durchsetzung zumutbar ist (Nr. 21.34 Abs. 2 WoGVwV). Das ist nur dann der Fall, wenn Unterhaltsansprüche gegen folgende Personen nicht geltend gemacht werden und diese **keine Haushaltsmitglieder** sind:

- der Ehegatte, der Lebenspartner oder die Lebenspartnerin,
- der frühere Ehegatte, der frühere Lebenspartner oder die frühere Lebenspartnerin, die Kinder der zu berücksichtigenden Haushaltsmitglieder und
- die Eltern der zu berücksichtigenden Haushaltsmitglieder.

Die Frage des Missbrauchs der Inanspruchnahme von Wohngeld stellt sich nicht, wenn diese Personen Haushaltsmitglieder sind und damit bei der Bewilligung des Wohngeldes grundsätzlich berücksichtigt werden.

Der Missbrauchstatbestand ist auch erfüllt, wenn die Gesamtumstände des jeweiligen Einzelfalles den Schluss zulassen, dass die Wohngeldleistung bei den festgestellten Vermögensverhältnissen dem Ziel des § 1 WoGG widerspricht, durch einen Zuschuss zu den Wohnkosten angemessenes und familiengerechtes Wohnen wirtschaftlich zu sichern (Nr. 21.35 Abs. 1 WoGVwV).

Der Antrag auf Wohngeld wird daher auch abgelehnt, wenn Sie oder ein zu berücksichtigendes Haushaltsmitglied **erhebliches Vermögen** haben.

Erhebliches Vermögen wird die Wohngeldbehörde i. d. R. dann unterstellen, wenn die Summe des verwertbaren Vermögens der zu berücksichtigenden Haushaltsmitglieder folgende Beträge übersteigt:

(1) 60.000 Euro für das erste zu berücksichtigende Haushaltsmitglied und

(2) 30.000 Euro für jedes weitere zu berücksichtigende Haushaltsmitglied.

Vermögen in diesem Sinne ist die Gesamtheit der in Geld messbaren Güter aller zu berücksichtigenden Haushaltsmitglieder.

Einkommen und Vermögen grenzen sich grundsätzlich dadurch voneinander ab, dass Einkommen alles das ist, was jemand in der Zeit des Leistungsbezugs wertmäßig dazu erhält, und Vermögen das, was er zu Beginn des Bewilligungszeitraums bereits hat.

Beispiel: Die alleinstehende Rentnerin H erhält eine monatliche Rente von 700 Euro und seit zwei Monaten Wohngeld. Dann gewinnt sie 70.000 Euro im Lotto. Der Lottogewinn ist weder Vermögen noch Einkommen, das unmittelbar zu einer Änderung des Wohngeldes führt. Legt H jedoch das Geld etwa zu einem Zins von 3 % an, wird sich ihr – wohngeldrechtlich zu berücksichtigendes – Einkommen erheblich, d. h. um mehr als 15 % steigern. Im darauf folgenden Wohngeldverfahren wird freilich das vorhandene Vermögen nicht mehr unberücksichtigt bleiben.

Zum Vermögen gehören nur verwertbare Vermögensgegenstände mit ihrem **Verkehrswert**. Vermögen ist verwertbar, wenn es für den Lebensunterhalt verwendet bzw. sein Geldwert für den Lebensunterhalt, insbesondere durch Verkauf, durch Verbrauch, Übertragung, Beleihung, Vermietung oder Verpachtung nutzbar gemacht werden kann.

Zum Vermögen gehören im Einzelnen:

(1) Geld und Geldeswerte, z. B. Bargeld (gesetzliche Zahlungsmittel) und Schecks;

(2) bewegliche Sachen, z. B. Schmuckstücke, Gemälde und Möbel;

(3) unbewegliche Sachen, z. B. bebaute und unbebaute Grundstücke;

(4) auf Geld gerichtete Forderungen, z. B. Ansprüche auf Darlehensrückzahlung;

(5) sonstige Rechte, z. B. Rechte aus Wechseln, Aktien und anderen Gesellschaftsanteilen, Rechte aus Wohnungseigentum, Rechte aus Grundschulden, Nießbrauch, Dienstbarkeiten, Altenteil, auch Urheberrechte, soweit es sich bei der Nutzung um ein in Geld schätzbares Gut handelt.

Die Wohngeldbehörden sind angewiesen, folgendes Vermögen grundsätzlich als **nicht verwertbar** anzusehen:

(1) Anwartschaften auf betriebliche Altersversorgung nach Maßgabe des Betriebsrentengesetzes, unabhängig vom gewählten Durchführungsweg (Direktzusage, Unterstützungskasse, Direktversicherung, Pensionskasse oder Pensionsfonds) und unabhängig davon, ob die betriebliche Altersversorgung über den Arbeitgeber oder über Entgeltumwandlung finanziert wurde;

(2) Der Anspruch auf eine persönliche Leibrente (sog. Rürup-Rente), die nach § 10 Abs. 1 Nr. 2b EStG nicht vererblich, nicht übertragbar, nicht beleihbar, nicht veräußerbar und nicht kapitalisierbar ist, und bei der darüber hinaus kein Auszahlungsanspruch besteht;

(3) Vermögensgegenstände, über die der Inhaber z. B. aufgrund von Insolvenz, Beschlagnahme oder Verpfändung nicht frei verfügen kann. Ist ein Vermögensgegenstand nur zu einem Teil verwertbar, ist nur dieser Teil als Vermögen zu berücksichtigen.

Zum Vermögen i. S. d. § 21 Nr. 3 WoGG gehören **nicht**:

(1) Eigentum, das Erbbaurecht, das eigentumsähnliche Dauerwohnrecht, das Wohnungsrecht und der Nießbrauch jeweils hinsichtlich des **selbst genutzten Wohnraums, für den Wohngeld beantragt wird**, sowie der Anspruch auf Bestellung oder Übertragung der genannten Rechte;

(2) Vermögen, das aus öffentlichen Mitteln zum Aufbau oder zur Sicherung einer Lebensgrundlage oder zur Gründung eines Hausstandes erbracht wird;

(3) Altersvorsorge in Höhe des nach Bundesrecht ausdrücklich als Altersvorsorge geförderten Vermögens einschließlich seiner Erträge und der geförderten laufenden Altersvorsorgebeiträge, soweit der Inhaber oder die Inhaberin das Altersvorsorgevermögen nicht vorzeitig verwende;

(4) geldwerte Ansprüche, die der Altersvorsorge dienen, soweit der Inhaber oder die Inhaberin sie vor dem Eintritt in den Ruhestand aufgrund einer vertraglichen Vereinbarung nicht verwerten kann und der Wert der geldwerten Ansprüche 500 Euro je vollendetem Lebensjahr der erwerbsfähigen zu berücksichtigenden Haushaltsangehörigen, höchstens jedoch jeweils 30.000 Euro, nicht übersteigt;

(5) angemessener Hausrat;

(6) ein angemessenes Kraftfahrzeug für jedes volljährige zu berücksichtigende Haushaltsmitglied;

(7) Gegenstände, die für die Berufsausbildung oder Erwerbstätigkeit unentbehrlich sind oder der Befriedigung geistiger, insbesondere wissenschaftlicher oder künstlerischer Bedürfnisse dienen und deren Besitz kein Luxus ist.

Teil III. Wie wird das Wohngeld berechnet?

1. Höhe des Wohngeldes

Wohngeld wird seit 1. 1. 2009 nur noch anhand der folgenden mathematischen Formel berechnet.

Das ungerundete monatliche Wohngeld für bis zu zwölf zu berücksichtigende Haushaltsmitglieder beträgt

1,08 · (M (a + b · M + c · Y) · Y) Euro

M = die gerundete zu berücksichtigende monatliche Miete
Y = das gerundete monatliche Gesamteinkommen
a, b und c sind nach der Anzahl der zu berücksichtigenden Haushaltsmitglieder unterschiedene Werte aus der **Anlage 1 des WoGG;**
aus **Anlage 2 des WoGG** ergeben die erforderlichen Rechenschritte und Rundungen.

Für mehr als zwölf zu berücksichtigende Haushaltsmitglieder bestehen ergänzende Regelungen (vgl. § 19 Abs. 3 WoGG). Fragen Sie die Wohngeldbehörde.

2. Wohngeldtabellen

Wohngeldtabellen, aus denen für jeden Einzelfall der konkrete Wohngeldbetrag zu entnehmen lässt, sind im **Anhang** dieses Buches abgedruckt.

Teil IV. In welcher Höhe wird die Miete berücksichtigt?

Miete ist grundsätzlich das vereinbarte Entgelt für die Gebrauchsüberlassung von Wohnraum auf Grund von Mietverträgen oder ähnlichen Nutzungsverhältnissen einschließlich Umlagen, Zuschlägen und Vergütungen. Abzuziehen sind jedoch, soweit enthalten, insbesondere die Betriebskosten für die Zentralheizung.

1. Unberücksichtigte Kosten

Muster:

Angaben zum Wohnraum, für den Wohngeld beantragt wird

(Fragen Sie ggf. bitte Ihren Vermieter)

Der Antrag bezieht sich auf eine Nutzung des Wohnraums als	☒ Hauptmieter(in) ☐ Untermieter(in) ☐ Heimbewohner(in) ☐ Bewohner/in von Wohnraum im eigenen Mehrfamilienhaus ☐ sonstiger Nutzungsberechtigte/r (z. B. Inhaber/in einer Genossenschaftswohnung)

Wer hat Ihnen den Wohnraum vermietet oder untervermietet?

Name, Vorname, ggf. Geburtsname *Monika Pfeifer*	Telefonnummer: *08561/454599*
Sind Sie oder ein Haushaltsmitglied mit dem Vermieter verwandt? ☐ **nein** ☒ ja **Wenn ja,** bitte Verwandtschaftsverhältnis angeben: ..... *Tante*	
Anschrift (Straße, Hausnummer, Stockwerk, ggf. Wohnungsnummer, Postleitzahl, Ort) *Holunderweg 14, 80539 München*	ggf. E-Mail-Adresse: *monika.pfeifer@t-online.de*

Wurde mit Ihrem Vermieter eine Mietminderung vereinbart? ☒ nein ☐ ja

Wenn ja, geben Sie hier die geminderte Kaltmiete an: ______________ Euro monatlich

Steht Ihnen oder einem anderen Haushaltsmitglied unentgeltliches Wohnrecht zu? ☒ **nein** ☐ **ja**

Außer Betracht bleiben:

(1) Betriebskosten für zentrale Heizungs- und Warmwasserversorgungsanlagen sowie zentrale Brennstoffversorgungsanlagen;

(2) Kosten der eigenständig gewerblichen Lieferung von Wärme und Warmwasser, soweit sie den in Nummer 1 bezeichneten Kosten entsprechen;

(3) Untermietzuschläge;

(4) Zuschläge für die Nutzung von Wohnraum zu anderen als Wohnzwecken;

(5) Vergütungen für die Überlassung von Möbeln mit Ausnahme von üblichen Einbaumöbeln.

Muster:

Die Miete/das Nutzungsentgelt beträgt einschließlich der Nebenkosten monatlich (sog. Warmmiete):	*450,–* **Euro**
Seit wann ist diese Warmmiete zu bezahlen? *1. 10. 2001*	

In der monatlichen Miete sind folgende Kosten/Gebühren enthalten:

☒ Heizungskosten	Euro *55*
☒ Kosten für die Warmwasserversorgung	Euro *45*
☐ Zuschläge für gewerbliche, berufliche oder anderweitige Nutzung	Euro
☐ Zuschläge für Möblierung	Euro
☐ Betriebskosten für zentrale Heizungs- und Warmwasserversorgungsanlagen	Euro
☐ Garage/Stellplatz	Euro
☒ Zuschläge für Stromverbrauch	Euro *35*

☐ Zuschläge für Bett- und Tischwäsche	Euro
☒ Zuschläge für Reinigung des Wohnraums	Euro 15
☐ Untermietzuschläge	Euro
☐ Eigenständige gewerbliche Lieferung von Wärme und Warmwasser	Euro
☐ Sonstiges (Art der Kosten/Gebühren):	Euro

Die Miete bleibt in folgender Berechnungsreihenfolge und zu dem Anteil außer Betracht:

(1) der auf den Teil des Wohnraums entfällt, der ausschließlich gewerblich oder beruflich genutzt wird;

Muster:

Nutzung des Wohnraums:

Der Wohnraum hat eine Gesamtfläche von	60 m^2	(Falls Sie in Untermiete wohnen, geben Sie bitte nur die Quadratmeter der Räume an, die Sie gemietet haben.)
Von der Gesamtfläche sind		einer anderen Person ☐ unentgeltlich oder ☐ entgeltlich (z. B. untervermietet) überlassen
	15 m^2	ausschließlich gewerblich oder beruflich oder nicht als Wohnraum genutzt

(2) der auf den Teil des Wohnraums entfällt, der einer Person, die kein Haushaltsmitglied ist, entgeltlich oder unentgeltlich zum Gebrauch überlassen ist (z. B. Untermieter); übersteigt das Entgelt für die Gebrauchsüberlassung die auf diesen Teil des Wohnraums entfallende Miete oder Belastung, ist das Entgelt in voller Höhe abzuziehen:

Muster:

Der unter Nummer 27 genannte Teil des Wohnraums ist untervermietet:

an:	Name, Vorname *Anita Feustel*	Mieteinnahme einschließlich Nebenkosten im Monat	Euro *230*

davon Nebenkosten:

☒ Heizungskosten	Euro *50*	☐ Zuschläge für Stromverbrauch	Euro
☐ Kosten für die Warmwasserversorgung	Euro	☐ Zuschläge für Bett- und Tischwäsche	Euro
☐ Zuschläge für gewerbliche, berufliche oder anderweitige Nutzung	Euro	☐ Zuschläge für Reinigung des Wohnraums	Euro
☐ Zuschläge für Möblierung	Euro	☐ Zuschläge für Verpflegung	Euro
☐ Garage/Stellplatz	Euro	☐ Sonstiges (Art der Kosten/ Gebühren):	Euro

(3) der dem Anteil einer entgeltlich oder unentgeltlich mitbewohnenden Person, die kein Haushaltsmitglied ist, aber deren Mittelpunkt der Lebensbeziehungen der Wohnraum ist und die nicht selbst die Voraussetzungen für die Wohngeldberechtigung erfüllt, an der Gesamtzahl der Bewohner und Bewohnerinnen entspricht; übersteigt das Entgelt der mitbewohnenden Person die auf diese entfallende Miete oder Belastung, ist das Entgelt in voller Höhe abzuziehen;

Muster:

Wohnen in Ihrem Wohnraum neben den unter Nummer [...] genannten Haushaltsmitgliedern noch weitere Personen? ☐ **nein** ☒ **ja**

Wenn ja, wer?

Name, Vorname *Joachim Kletterer*

(4) der durch Leistungen aus öffentlichen Haushalten oder Zweckvermögen, insbesondere Leistungen zur Wohnkostenentlastung nach dem Zweiten Wohnungsbaugesetz, dem Wohnraumförderungsgesetz oder entsprechenden Gesetzen der Länder, an den Mieter oder den selbst nutzenden Eigentümer zur Senkung der Miete oder Belastung gedeckt wird;

Muster:

Erhalten Sie private oder öffentliche Zuschüsse zur Bezahlung der Miete? ☐ **nein** ☒ **ja**

Wenn ja, von wem, seit wann und in welcher Höhe monatlich?

Name, Vorname, Unternehmen oder Behörde	seit:	Euro
Stadt Hannover	*1. 2. 2005*	*mtl. 200,–*

(5) der durch Leistungen einer nach § 68 des Aufenthaltsgesetzes verpflichteten Person gedeckt wird, die einer ausländischen Person, die zu berücksichtigendes Haushaltsmitglied ist, zur Bezahlung der Miete oder Aufbringung der Belastung geleistet werden;

Muster:

Von ausländischen Personen auszufüllen:
Hat sich eine dritte Person gegenüber der Ausländerbehörde/Auslandsvertretung nach § 68 des Aufenthaltsgesetzes verpflichtet, die Kosten für den Lebensunterhalt einschließlich des Wohnraums zu tragen? ☐ **nein** ☒ **ja**
In welcher Höhe? . . . . *mtl. 150* **Euro**

Wurde der Mietbetrag in der dargestellten **Reihenfolge** gekürzt, prüft die Wohngeldbehörde noch folgende Kürzungsmöglichkeit:

Ist mindestens ein Haushaltsmitglied **vom Wohngeld ausgeschlossen**, ist nur der Anteil der Miete oder Belastung zu berücksichtigen, der dem Anteil der zu berücksichtigenden Haushaltsmitglieder an der Gesamtzahl der (ausgeschlossenen und zu berücksichtigenden) Haushaltsmitglieder entspricht. In diesem Fall ist nur der Anteil des Höchstbetrages (einschließlich des monatlichen

Betrags für Heizkosten nach § 12 Abs. 6 WoGG) nach § 12 Abs. 1 zu berücksichtigen, der dem Anteil der zu berücksichtigenden Haushaltsmitglieder an der Gesamtzahl der Haushaltsmitglieder entspricht; die Gesamtzahl der Haushaltsmitglieder ist für die Ermittlung des Höchstbetrages maßgebend.

Beispiel: 5-Personen-Haushalt, 2 Haushaltsmitglieder erhalten Arbeitslosengeld II und sind damit vom Wohngeld ausgeschlossen, 3 zu berücksichtigende Haushaltsmitglieder, Gesamtmiete beträgt 750 Euro, der Höchstbetrag für den Wohnraum (Mietenstufe VI) 787 Euro. Als Miete zu berücksichtigen sind daher 3/5 vom niedrigeren Betrag = 450 Euro; dazu kommt allerdings noch ein Betrag für Heizkosten (49 Euro), gerechnet für 3 zu berücksichtigende Haushaltsmitglieder, in Höhe von 29 Euro.

Die Miete ist nach der Anzahl der zu berücksichtigenden Haushaltsmitglieder und nach der Mietenstufe nur bis zu folgenden **monatlichen Höchstbeträgen** zu berücksichtigen:

Anzahl der zu berücksichtigenden Haushaltsmitglieder	Mietenstufe	Höchstbetrag
1	I	292
	II	308
	III	330
	IV	358
	V	385
	VI	407
2	I	352
	II	380
	III	402
	IV	435
	V	468
	VI	501
3	I	424
	II	451
	III	479
	IV	517
	V	556
	VI	594

4	I II III IV V VI	490 523 556 600 649 693
5	I II III IV V VI	561 600 638 688 737 787
Mehrbetrag für jedes weitere zu berücksichtigende Mitglied	I II III IV V VI	66 72 77 83 88 99.

Die Zugehörigkeit einer Gemeinde zu einer **Mietenstufe** (s. **Anhang**) richtet sich nach dem Mietenniveau von Wohnraum der Hauptmieter und Hauptmieterinnen sowie der gleichzustellenden zur mietähnlichen Nutzung berechtigten Personen, für den Mietzuschuss geleistet wird (örtliches Mietenniveau für Wohngeldempfänger).

Das **Mietenniveau** wird vom Statistischen Bundesamt festgestellt, und zwar für Gemeinden mit:

(1) einer Einwohnerzahl von 10.000 und mehr gesondert,

(2) einer Einwohnerzahl von weniger als 10.000 und gemeindefreie Gebiete nach Kreisen zusammengefasst.

Die weiteren Einzelheiten über die Festsetzung der Mietenstufen ergeben sich aus § 12 Abs. 1 bis 5 WoGG.

Die bei der Berechnung des Wohngeldes zu berücksichtigende Miete ist die Summe aus der – gegebenenfalls durch den Höchstbetrag begrenzte – Miete **und** dem Betrag für Heizkosten:

Die folgenden **monatlichen Beträge für Heizkosten** sind grundsätzlich nach der Anzahl der zu berücksichtigenden Haushaltsmitglieder zu berücksichtigen:

Anzahl der zu berücksichtigenden Haushaltsmitglieder	Betrag für Heizkosten in Euro
1	24
2	31
3	37
4	43
5	49
Mehrbetrag für jedes weitere zu berücksichtigende Haushaltsmitglied	6

2. Berechnungsschema für die Ermittlung der zu berücksichtigenden Miete

Vereinbarte Bruttowarmmiete nach § 9 Abs. 1 WoGG ......
./. Kosten, Zuschläge, Vergütungen nach § 9 Abs. 2 WoGG .
- Betriebskosten für zentrale Heizungs- und Warmwasserversorgungsanlagen sowie zentrale Brennstoffversorgungsanlagen
- Kosten der eigenständig gewerblichen Lieferung von Wärme und Warmwasser ....
- Untermietzuschläge ....
- Zuschlag für Nutzung der Wohnung zu anderen als Wohnzwecken ....
- Vergütung für die Überlassung von Möbeln (ohne übliche Einbaumöbel) ....

Zwischensumme .... ______

./. Miet-Anteile nach § 11 Abs. 2
- Nr. 1 WoGG (gewerbliche/berufliche Nutzung) ....
- Nr. 2 WoGG (z. B. Untervermietung) ....
- Nr. 3 WoGG (z. B. Mitbewohner, aber kein Haushaltsmitglied) ....
- Nr. 4 WoGG (z. B. öffentliche Leistungen zur Mietkostenentlastung) ....
- Nr. 5 WoGG (Leistung an ausl. Person nach § 68 Aufenthaltsgesetz) ....

Zwischensumme .... ______

./. Miet-Anteil nach § 11 Abs. 3 WoGG (für vom Wohngeld ausgeschlossene Haushaltsmitglieder) ....

Zwischensumme – höchstens aber .... ______

(Höchstbetrag nach § 12 Abs. 1 und § 11 Abs. 3 WoGG) ...
+ Heizkostenbetrag nach § 12 Abs. 6 und § 11 Abs. 3 WoGG

Summe: = **zu berücksichtigende Miete** ______

Sonderregelungen:

Mehrfamilienhaus nach § 3 Abs. 1 S. 2 Nr. 2 WoGG: Miete = Mietwert des Wohnraums (§ 9 Abs. 3 Satz 1 WoGG)
Heimbewohner nach § 3 Abs. 1 S. 2 Nr. 3 WoGG: Miete = Höchstbetrag nach § 12 Abs. 1 WoGG (§ 9 Abs. 3 Satz 2 WoGG)

Teil V. Lastenzuschuss für Eigentümer

Bei der Berechnung des Wohngeldes in der Form des Lastenzuschusses wird die Belastung des Wohngeldberechtigten aus dem Kapitaldienst und aus der Bewirtschaftung des Wohnraums zu Grunde gelegt. Lesen Sie bitte dazu die Wohngeldverordnung im **Anhang** dieses Buches.

Die Belastung wird von der Wohngeldbehörde in einer komplizierten **Wohngeld-Lastenberechnung** ermittelt.

Erreichen oder übersteigen die auf den Wohnraum entfallenden Belastungen aus Zinsen und Tilgungen den nach § 12 Abs. 1 WoGG maßgebenden Höchstbetrag (siehe Teil IV), kann die Wohngeldbehörde von einer vollständigen Wohngeld-Lastenberechnung absehen. Das Absehen von einer Wohngeld-Lastenberechnung steht im pflichtgemäßen Ermessen der Wohngeldbehörde. In den Fällen, in denen Besonderheiten zu berücksichtigen sind (z. B. weil bestimmte Teile der Belastung nach § 11 Abs. 2 oder 3 WoGG nicht zu berücksichtigen sind), wird die Wohngeldbehörde jedoch eine Wohngeld-Lastenberechnung durchführen.

Zur Aufstellung der Wohngeld-Lastenberechnung können außer den Angaben über Fremdmittel und Belastung weitere Angaben verlangt werden, wenn und soweit die Entscheidung über den Lastenzuschussantrag dies erfordert.

Als **Belastung** ist die Belastung zu berücksichtigen, die auf den selbst genutzten Wohnraum entfällt (§ 9 WoGV), also:

(1) bei einer Eigentumswohnung die Belastung für den im Sondereigentum stehenden Wohnraum und den damit verbundenen Miteigentumsanteil an dem gemeinschaftlichen Eigentum;

(2) bei einer Wohnung in der Rechtsform des eigentumsähnlichen Dauerwohnrechts die Belastung für den Wohnraum und den Teil des Grundstücks, auf den sich das Dauerwohnrecht erstreckt;

(3) bei einem landwirtschaftlichen Betrieb die Belastung für den Wohnraum.

Auch zugehörige Nebengebäude, Anlagen und bauliche Einrichtungen sowie das Grundstück sind einzubeziehen; dies gilt jedoch nicht bei einem landwirtschaftlichen Betrieb mit Wohnteil.

Das **Grundstück** besteht aus den überbauten und den dazugehörigen Flächen. Zu dem Grundstück gehört allerdings nicht die zu einer Kleinsiedlung oder einer landwirtschaftlichen Nebenerwerbsstelle gepachtete Landzulage.

Für eine **Garage**, die Gegenstand der Wohngeld-Lastenberechnung ist, soll ein Betrag von 245 Euro im Jahr von der Belastung abgesetzt werden (§ 15 Abs. 3 WoGV). Wenn für die Überlassung einer Garage an einen anderen ein geringeres Entgelt ortsüblich ist, kann ein Betrag von weniger als 245 Euro, aber mindestens von 184 Euro im Jahr abgesetzt werden. Ist die Garage einem anderen gegen ein höheres Entgelt als den in Satz 1 genannten Betrag überlassen, ist das Entgelt in voller Höhe abzusetzen. Garagen sind Gebäude oder Gebäudeteile, die dem Abstellen von Kraftfahrzeugen dienen; sie zählen daher nicht zum Wohnraum (s. § 2 WoGG).

In der Wohngeld-Lastenberechnung werden sowohl die Belastung als auch die Fremdmittel ausgewiesen.

Fremdmittel können Dauer-, Vor- oder Zwischenfinanzierungsmittel sein (Nr. 10.03 WoGVwV).

Bei **Darlehen** ist es unerheblich, wer sie gewährt hat. Zu den Darlehen rechnen auch Zusatzdarlehen zu einem Hauptdarlehen zum Ausgleich der Geldbeschaffungskosten (Tilgungsstreckungsdarlehen). Zu den Darlehen rechnen nicht Gehaltsvorschüsse, Mietvorauszahlungen und verlorene Baukostenzuschüsse (Nr. 10.04 WoGVwV).

Wird ein Darlehen durch ein anderes, z. B. ein zinsgünstigeres Fremdmittel ersetzt, darf in der Wohngeld-Lastenberechnung nur der Teilbetrag des ursprünglichen Fremdmittels ausgewiesen werden, der bis zu dessen Ersetzung noch nicht getilgt war; ein Disagio (also die Differenz zwischen Darlehensbetrag und Auszahlungsbetrag) kann nicht berücksichtigt werden (§ 11 Abs. 2 WoGV).

Nach § 11 Abs. 1 WoGV werden die Fremdmittel mit dem **Nennbetrag** ausgewiesen, wenn sie der Finanzierung folgender Zwecke gedient haben:

(1) des Wohnungsbaus i.S. des § 16 Abs. 1 und 2 WoFG; maßgebend ist der Wohnraumbegriff des § 2 WoGG;

(2) der Verbesserung des Gegenstandes der Wohngeld-Lastenberechnung durch Modernisierung i.S. des § 16 Abs. 3 WoFG; maßgebend ist der Wohnraumbegriff des § 2 WoGG;

(3) der nachträglichen Errichtung oder des nachträglichen Ausbaus einer dem öffentlichen Verkehr dienenden Verkehrsfläche oder des nachträglichen Anschlusses an Versorgungs- und Entwässerungsanlagen;

(4) des Kaufpreises und der Erwerbskosten für den Gegenstand der Wohngeld-Lastenberechnung.

Wohnungsbau ist das Schaffen von Wohnraum durch:

(1) Baumaßnahmen, durch die Wohnraum in einem neuen selbstständigen Gebäude geschaffen wird;

(2) Beseitigung von Schäden an Gebäuden unter wesentlichem Bauaufwand, durch welche die Gebäude auf Dauer wieder zu Wohnzwecken nutzbar gemacht werden;

(3) Änderung, Nutzungsänderung oder Erweiterung von Gebäuden, durch die unter wesentlichem Bauaufwand Wohnraum geschaffen wird, oder

(4) Änderung von Wohnraum unter wesentlichem Bauaufwand zur Anpassung an geänderte Wohnbedürfnisse.

Modernisierung sind bauliche Maßnahmen, die

(1) den Gebrauchswert des Wohnraums oder des Wohngebäudes nachhaltig erhöhen. Das sind insbesondere Maßnahmen zur Verbesserung:

- **(a)** des Zuschnitts des Wohnraums,
- **(b)** der Belichtung und Belüftung,
- **(c)** des Schallschutzes,
- **(d)** der Energieversorgung, der Wasserversorgung und der Entwässerung,
- **(e)** der sanitären Einrichtungen,
- **(f)** der Beheizung und der Kochmöglichkeiten,
- **(g)** der Funktionsabläufe in Wohnräumen,
- **(h)** der Sicherheit vor Diebstahl und Gewalt;

(2) die allgemeinen Wohnverhältnisse auf Dauer verbessern. Dazu können der Anbau, insbesondere soweit er zur Verbesserung der sanitären Einrichtungen oder zum Einbau eines notwendigen Aufzugs erforderlich ist, und besondere bauliche Maßnahmen, die bauliche Barrieren für Behinderte, Unfallverletzte und alte Menschen beseitigen, gehören;

(3) nachhaltig Einsparungen von Energie oder Wasser bewirken. Solche bauliche Maßnahmen sind insbesondere Maßnahmen zur:

- **(a)** wesentlichen Verbesserung der Wärmedämmung von Fenstern, Außentüren, Außenwänden, Dächern, Kellerdecken und obersten Geschossdecken,
- **(b)** wesentlichen Verminderung des Energieverlustes und des Energieverbrauchs der zentralen Heizungs- und Warmwasseranlagen,
- **(c)** Änderung von zentralen Heizungs- und Warmwasseranlagen innerhalb des Gebäudes für den Anschluss an die Versorgung mit Wärme, die überwiegend aus Anlagen der Kraft-Wärme-Kopplung zur Verbrennung von Müll oder zur Verwertung von Abwärme gespeist wird,
- **(d)** Rückgewinnung von Wärme,
- **(e)** Nutzung von Energie durch Wärmepumpen und Solaranlagen,
- **(f)** Nutzung von Regenwassersammelanlagen für Brauchwasser,
- **(g)** bzw. zum Einbau von Wasserzählern.

Die durch Maßnahmen der Verbesserung des Gegenstandes der Wohngeld-Lastenberechnung verursachten Instandsetzungen gelten auch als Modernisierung i. S. des § 11 Abs. 1 S. 1 Nr. 2 WoGV.

Aufwendungen für Instandhaltungen unter Einschluss von Instandsetzungen werden im Übrigen durch den Pauschbetrag nach § 13 Abs. 2 S. 1 WoGV abgegolten.

Die baulichen Maßnahmen müssen sich auf den Gegenstand der Wohngeld-Lastenberechnung beziehen (§ 9 Abs. 1 WoGV). In den Fällen des § 3 Abs. 2 WoGG (Lastenzuschuss) kann sich die bauliche Maßnahme allein oder zusätzlich auf zugehörige Nebengebäude, Anlagen und bauliche Einrichtungen sowie auf das Grundstück beziehen (§ 9 Abs. 3 WoGV).

Zu den **Erwerbskosten** i. S. des § 11 Abs. 1 S. 1 Nr. 4 WoGV gehören auch die durch den Erwerb des Gebäudes oder der Wohnung verursachten Nebenkosten, insbesondere Gerichts- und Notarkosten, Maklerprovision, Grunderwerbsteuer, Vermessungskosten, Gebühren für Wertberechnungen und amtliche Genehmigungen sowie Kosten der Bodenuntersuchung zur Beurteilung des Grundstückswertes; ferner Kosten, die im Zusammenhang mit einer das Grundstück (§ 9 Abs. 3 WoGV) betreffenden freiwilligen oder gesetzlich geregelten Umlegung, Zusammenlegung oder Grenzregelung (Bodenordnung) entstehen, jedoch mit Ausnahme der Kosten für die dem Bauherrn dabei obliegenden Verwaltungsleistungen (Nr. 10.07 WoGVwV).

Nach § 12 WoGV werden als **Belastung** aus dem Kapitaldienst in der Berechnung ausgewiesen:

(1) die Zinsen und laufenden Nebenleistungen, insbesondere Verwaltungskostenbeiträge der ausgewiesenen Fremdmittel,

(2) die Tilgungen der ausgewiesenen Fremdmittel,

(3) die laufenden Bürgschaftskosten der ausgewiesenen Fremdmittel,

(4) die Erbbauzinsen, Renten und sonstigen wiederkehrenden Leistungen zur Finanzierung der in § 11 WoGV genannten Zwecke.

Zinsen und Tilgungen werden bei dem Darlehen ausgewiesen, für das sie geleistet werden. Zinsen und Tilgungen für ein Zusatzdarlehen werden bei dem Zusatzdarlehen, nicht bei dem Hauptdarlehen ausgewiesen.

Als **Tilgungen** sind auch die:

- Prämien für Personenversicherungen zur Rückzahlung von Festgeldhypotheken und
- Bausparbeiträge, wenn der angesparte Betrag für die Rückzahlung von Fremdmitteln zweckgebunden ist,

in Höhe von 2 % dieser Fremdmittel auszuweisen.

Sie müssen die Höhe des bei der Ersetzung noch nicht getilgten Teilbetrages nachweisen (§ 60 SGB I). Erforderlichenfalls kann die Wohngeldbehörde Ihre Zustimmung zur Anforderung entsprechender Belege insbesondere bei Kreditinstituten einholen (§ 60

Abs. 1 S. 1 Nr. 3 SGB I). Diese haben geführte Konten als Bestandteil ihrer Handelsbücher und Buchungsbelege zehn Jahre aufzubewahren.

Übersteigen neu aufgenommene Fremdmittel den im Zeitpunkt der Ersetzung noch nicht getilgten Betrag der ursprünglichen Fremdmittel, darf der übersteigende Betrag nur insoweit zusätzlich in der Wohngeld-Lastenberechnung ausgewiesen werden, als er nachweislich zur Finanzierung eines in § 11 Abs. 1 WoGV bezeichneten Zwecks gedient hat.

Fremdmittel werden in der Wohngeld-Lastenberechnung **nicht ausgewiesen**, wenn für Sie in dem nach § 8 S. 1 WoGV maßgebenden Zeitraum keine Belastung aufzubringen haben (z. B. weil die Leistungen gestundet oder noch nicht fällig sind). Das gilt auch, wenn die Fremdmittel getilgt sind, im Grundbuch jedoch die Eintragung der Belastung noch nicht gelöscht ist (Nr. 10.10 WoGVwV).

Zu den **laufenden Nebenleistungen** i. S. des § 12 Abs. 1 S. 1 Nr. 1 WoGV gehören nicht die Prämien für eine Risiko-Lebensversicherung, deren Abschluss die Bausparkasse zur Absicherung eines Bauspardarlehens vor dessen Auszahlung verlangt oder empfiehlt.

Renten i. S. des § 12 Abs. 1 S. 1 Nr. 4 WoGV sind Leistungen, bei denen die in bestimmten Zeiträumen zu erbringenden Teilbeträge, nicht aber die Gesamtsumme bekannt ist (Nr. 10.013 WoGVwV).

Die Überlassung von Räumen und Flächen an Dritte ist keine wiederkehrende Leistung i. S. des § 12 Abs. 1 S. 1 Nr. 4 WoGV.

Prämien für Personenversicherungen zur Rückzahlung einer Festgeldhypothek und Bausparbeiträge, die zur Ablösung höherverzinslicher Darlehen zweckgebunden sind, sind keine Belastung i. S. des WoGG, wenn sie die in § 12 Abs. 1 S. 2 WoGV genannten Beträge übersteigen.

Abschreibungen für den selbstgenutzten Wohnraum und Zinsen für Eigenleistungen sind keine Belastung i. S. des WoGG.

Der Ansatz des in § 13 Abs. 2 WoGV genannten **Pauschbetrags für Instandhaltungs- und Betriebskosten** ist unabhängig davon, ob und in welcher Höhe diese Kosten tatsächlich entstanden sind oder entstehen (Nr. 10.017 WoGVwV). Der Pauschbetrag ist anzusetzen:

(1) bei Wohnräumen für die gesamte Wohnfläche ohne Rücksicht darauf, welchen Zwecken sie dienen,

(2) bei Geschäftsräumen für die gesamte Nutzfläche.

Zur Wohnfläche gehören **nicht** die Grundflächen von

(1) Zubehörräumen,

(2) Räumen, die nicht den an ihre Nutzung zu stellenden Anforderungen des Bauordnungsrechts genügen, wie z. B. Hobbyräume und Spielräume im Keller, sowie

(3) Geschäftsräumen.

Geschäftsräume i. S. des § 13 Abs. 2 S. 1 WoGV sind Räume, die nach ihrer baulichen Anlage und Ausstattung auf Dauer für andere als Wohnzwecke, insbesondere gewerbliche oder berufliche Zwecke, geeignet sind (Nr. 10.017 WoGVwV).

Die für den Gegenstand der Wohngeld-Lastenberechnung zu entrichtende **Grundsteuer** (§ 13 Abs. 2 S. 1 WoGV) ist in der Wohngeld- Lastenberechnung neben dem Pauschbetrag für die Instandhaltungs- und Betriebskosten anzusetzen. Ihre Höhe ist von der wohngeldberechtigten Person nachzuweisen.

Verwaltungskosten sind in der Wohngeld-Lastenberechnung nur anzusetzen, wenn sie an einen Dritten, z. B. an ein Wohnungs- oder Siedlungsunternehmen, zu leisten sind. Ihre Höhe ist von der wohngeldberechtigten Person nachzuweisen.

Teil VI. Gesamteinkommen

1. Definition des Gesamteinkommens

Das **Gesamteinkommen** ist die Summe der Jahreseinkommen (§ 14 WoGG) der zu berücksichtigenden Haushaltsmitglieder abzüglich der Freibeträge (§ 17 WoGG) und der Abzugsbeträge für Unterhaltsleistungen (§ 18 WoGG).

Einkommen der vom Wohngeld ausgeschlossenen Haushaltsmitglieder gehört nicht zum Gesamteinkommen.

Zunächst ist daher für jedes zu berücksichtigende Haushaltsmitglied das Jahreseinkommen zu ermitteln.

Berechnungsschema für das **Jahreseinkommen**:

Einkünfte (Gewinn) aus
- Land- und Forstwirtschaft . . . .
- Gewerbebetrieb . . . .
- selbstständiger Arbeit . . . .

und Einkünfte (Überschuss der Einnahmen über die Werbungskosten) aus . . . .
- nichtselbstständiger Arbeit . . . .
- Kapitalvermögen . . . .
- Vermietung und Verpachtung . . . .
- und sonstige Einkünfte i. S. des § 22 EStG . . . .

Zwischensumme ______

+ steuerfreie und nicht steuerbare Einnahmen nach § 14 Abs. 2 WoGG . . . .

Zwischensumme ______

./. Abzugsbeträge für Steuern und Sozialversicherungsbeiträge
- 10 % für Steuern vom Einkommen . . . .
- 10 % für Beiträge zu Kranken- und Pflegeversicherung . . .
- 10 % für Beiträge zu Rentenversicherung oder vergleichbare Beiträge . . . .

mindestens aber 6 % für den Fall, dass sonst kein Abzug stattfindet (Mindestabzug) . . . . ______

= **Jahreseinkommen** ______

Sind die Jahreseinkommen aller zu berücksichtigender Haushaltsmitglieder ermittelt, wird das Gesamteinkommen berechnet:

Berechnungsschema für das **Gesamteinkommen**:

Summe der Jahreseinkommen
der zu berücksichtigenden Haushaltsmitglieder . . . . . ______

./. Jahres-Freibeträge nach § 17 WoGG:

- 1.500 Euro (für jedes schwerbehinderte zu berücksichtigende Haushaltsmitglied mit GdB 100 oder mindestens 80 insbesondere mit Pflegebedürftigkeit und häuslicher Pflege) . . . .
- 1.200 Euro (für jedes schwerbehinderte zu berücksichtigende Haushaltsmitglied mit GdB von weniger als 80 insbesondere mit Pflegebedürftigkeit und häuslicher Pflege) . . . .
- 750 Euro (für jedes zu berücksichtigende Haushaltsmitglied, das Opfer der nationalsozialistischen Verfolgung ist) . . . .
- 600 Euro (z. B. bei beruflich abwesenden Alleinerziehenden für jedes zu berücksichtigende und für jedes ausgeschlossene Haushaltsmitglied, für das Kindergeld gewährt wird) . . . .
- bis zu 600 Euro (Kind von 16. bis 24. Lebensjahr mit eigenem Einkommen) . . . . ______

./. Jahres-Abzugsbeträge für Unterhaltsleistungen nach § 18 WoGG:

- bis zu 3.000 Euro z. B. für ein Kind, das wegen Berufsausbildung auswärts wohnt . . . .
- bis zu 3.000 Euro für ein Kind, für das ein gemeinsames Sorgerecht besteht, als Haushaltsmitglied bei dem anderen Elternteil . . . .
- bis zu 6.000 Euro für frühere Ehe- oder Lebenspartner/innen, die kein Haushaltsmitglied sind . . . .
- bis zu 3.000 Euro für sonstige Personen, die kein Haushaltsmitglied sind . . . .

Soweit in den vorgenannten Fällen eine notariell beurkundete Unterhaltsvereinbarung oder ein Unterhaltstitel besteht, dürfen die tatsächlichen Aufwendungen bis zu dem darin festgelegten Betrag abgezogen werden. .... ______

<u>**Jährliches Gesamteinkommen**</u> .... ______

Zur Ermittlung des **monatlichen Gesamteinkommens** ist das Gesamteinkommen durch zwölf zu teilen; es ist Grundlage für die Anwendung der o. g. Formel (s. S. 33) (bzw. die Wohngeldtabelle). .... ______

2. Konkrete Ermittlung der Jahreseinkommen der zu berücksichtigenden Haushaltsmitglieder

a) Prognose des Jahreseinkommens

Bei der Ermittlung des Jahreseinkommens ist das Einkommen zu Grunde zu legen, das im Zeitpunkt der Antragstellung im Bewilligungszeitraum **zu erwarten** ist (Prognose). Hierzu können die Verhältnisse vor dem Zeitpunkt der Antragstellung herangezogen werden.

Muster:

Angaben zum Einkommen

Einkünfte/Einnahmen der unter Nummer [4] genannten Personen Tragen Sie bitte alle Einkünfte einzeln mit ihrem Bruttobetrag ein. Hinweise zu den Einkünften/Einnahmen finden Sie unter Nr. [20] der Erläuterungen. *Weitergehende Angaben bitte auf einem gesonderten Blatt.*					
Haushaltsmitglieder	Art der Einnahmen/Einkünfte Bitte **jede Art einzeln** aufführen (entsprechende Nachweise sind beizufügen)		Werden Steuern vom Einkommen (z. B. Lohn- oder Einkommenssteuer) entrichtet?	Werden lfd. Pflichtbeiträge zur gesetzlichen Rentenversicherung oder vergleichbare freiwillige Beiträge entrichtet?	Werden lfd. Pflichtbeiträge zur gesetzlichen Kranken- und Pflegeversicherung oder vergleichbare freiwillige Beiträge entrichtet?
	z. B. - **Gehalt/Lohn** - **Renten** - **Arbeitslosengeld** - **Krankengeld** - **Zinsen aus Kapital** - **Unterhalt** - **Vermietung und Verpachtung** - **Elterngeld** - **ausländische Einkünfte**	Höhe der (Brutto-) Einnahmen bzw. der positiven Einkünfte (Werbungskosten und erwerbsbedingte Kinderbetreuungskosten ggf. bitte auf ein extra Blatt) -in Euro-			
			Bei freiwilligen Beiträgen bitte Belege beifügen!		

Wohngeldberechtigte Person = Antragsteller/Antragstellerin Name, Vorname *Franz Rattinger*	*Rente* *Zinsen*	*850 Euro mtl.* *300 Euro mtl.*	☐ nein ☒ ja	☐ nein ☐ ja	☐ nein ☒ ja
2. Haushaltsmitglied: Name, Vorname *Herta Rattinger*	*Rente*	*210 Euro mtl.*	☐ nein ☐ ja	☐ nein ☐ ja	☐ nein ☒ ja
3. Haushaltsmitglied: Name, Vorname *Sven Rattinger*	*Arbeitslosengeld* II		☐ nein ☐ ja	☐ nein ☒ ja	☐ nein ☒ ja

b) Definition des Jahreseinkommens

Das Jahreseinkommen eines zu berücksichtigenden Haushaltsmitgliedes ist grundsätzlich die **Summe der positiven Einkünfte i. S. des § 2 Abs. 1 und 2 EStG zuzüglich** der steuerfreien und nicht steuerbaren Einnahmen nach § 14 Abs. 2 WoGG **abzüglich** der Abzugsbeträge für Steuern und Sozialversicherungsbeiträge nach § 16 WoGG.

Ein Ausgleich mit negativen Einkünften aus anderen Einkunftsarten oder mit negativen Einkünften des zusammenveranlagten Ehepartners oder der zusammenveranlagten Ehepartnerin ist nicht zulässig.

c) Einkommenskatalog nach § 14 Abs. 2 WoGG

Zum Jahreseinkommen gehören neben den positiven steuerpflichtigen Einkünften auch folgende **steuerfreie bzw. nicht steuerbare Einnahmen und Beträge**:

(1) Der nach § 19 Abs. 2 EStG und § 22 Nr. 4 S. 4 Buchst. b EStG steuerfreie Betrag von Versorgungsbezügen (Versorgungsfreibetrag).

Versorgungsbezüge gehören somit in voller Höhe zum Jahreseinkommen. Versorgungsbezüge sind z. B. Ruhegehalt, Witwen- oder Waisengeld, Unterhaltsbeitrag oder wegen Erreichens einer Altersgrenze, Berufsunfähigkeit, Erwerbsunfähigkeit oder als Hinterbliebenenbezüge gewährte Vorteile aus früheren Dienstleistungen (vgl. § 19 Abs. 2 EStG).

(2) Die einkommensabhängigen, nach § 3 Nr. 6 EStG steuerfreien Bezüge, die auf Grund gesetzlicher Vorschriften aus öffentlichen Mitteln versorgungshalber an Wehr- und Zivildienstbeschädigte oder ihre Hinterbliebenen, Kriegsbeschädigte und Kriegshinterbliebene sowie ihnen gleichgestellte Personen gezahlt werden.

Gemeint sind die **einkommensabhängigen Rentenleistungen** nach dem Bundesversorgungsgesetz (BVG):

(a) der Berufsschadensausgleich (§ 30 Abs. 3 und 6 BVG),
(b) die Ausgleichsrente (§§ 32, 33 und 34 BVG), auch bei Waisen (§ 47 BVG),
(c) der Ehegattenzuschlag (§ 33a BVG),
(d) der Kinderzuschlag (§ 33b BVG),
(e) der Schadensausgleich der Witwe (§ 40a BVG),
(f) die Ausgleichsrente der Witwe (§ 41 BVG),
(g) die Witwen- und Waisenbeihilfe sowie die Witwenabfindungen (§ 48 BVG),
(h) die Elternrente (§ 51 BVG).

(3) Die den Ertragsanteil oder den der Besteuerung unterliegenden Anteil nach § 22 Nr. 1 S. 3 Buchst. a EStG übersteigenden Teile von Leibrenten.

Leibrenten zählen somit in voller Höhe zum Jahreseinkommen.

Zu den Leibrenten gehören nach Nr. 14.21.3 WoGVwV insbesondere:

(a) Renten aus der gesetzlichen Rentenversicherung, wie z. B. Altersrenten (Vollrente, vorgezogene Altersrente, Teilrente), Renten wegen Berufsunfähigkeit oder wegen Erwerbsunfähigkeit sowie die Hinterbliebenenrenten (insbesondere Witwenrenten, Witwerrenten und Waisenrenten),
(b) Renten aus privaten Versicherungen auf den Erlebens- oder Todesfall; hierzu zählen auch die privaten Berufsunfähigkeitsrenten und Rentenzahlungen aus privaten Unfallversicherungen,
(c) Versorgungsrenten und Hinterbliebenenrenten aus der Zusatzversorgung im öffentlichen Dienst, insbesondere der Versorgungsanstalt des Bundes und der Länder, soweit eigene Beiträge des Arbeitnehmers geleistet worden sind.

(4) Die nach § 3 Nr. 3 EStG steuerfreien:
- **(a)** Rentenabfindungen,
- **(b)** Beitragserstattungen,
- **(c)** Leistungen aus berufsständischen Versorgungseinrichtungen,
- **(d)** Kapitalabfindungen,
- **(e)** Ausgleichszahlungen.

(5) Die nach § 3 Nr. 1 Buchst. a EStG steuerfreien:

(a) Renten wegen Minderung der Erwerbsfähigkeit nach den §§ 56 bis 62 SGB VII;
Dazu gehören steuerfreie Renten wegen Minderung der Erwerbsfähigkeit nach den §§ 56 bis 62 SGB VII (sog. Verletztenrente).
Schadensrenten, die der Geschädigte nicht aufgrund eigener Versicherungsbeiträge, sondern unmittelbar durch den Verursacher erhält, zählen als private Renten **nicht** dazu. Sie sind als steuerpflichtige Entschädigung für entgangene Einnahmen (vgl. § 24 Nr. 1 Buchst. a EStG) in voller Höhe Einkünfte i. S. des Einkommensteuerrechts.

(b) Renten und Beihilfen an Hinterbliebene nach den §§ 63 bis 71 SGB VII;
Erfasst werden:
- die Witwen- und Witwerrente nach den §§ 65, 66 SGB VII,
- die Waisenrente nach den §§ 67, 68 SGB VII,
- die Rente an Verwandte der aufsteigenden Linie nach § 69 SGB VII,
- die Witwen-, Witwer- und Waisenbeihilfe nach § 71 SGB VII.

(c) Abfindungen nach den §§ 75 bis 80 SGB VII;
Erfasst werden Abfindungen:
- in Form einer Gesamtvergütung nach § 75 SGB VII,
- bei Minderung der Erwerbsfähigkeit nach den §§ 76 und 78 SGB VII,
- bei Wiederheirat nach § 80 SGB VII.

(6) Die Lohn- und Einkommensersatzleistungen nach § 32b Abs. 1 Nr. 1 EStG.

Das sind:

(a) nach dem SGB III oder dem Arbeitsförderungsgesetz:

- Arbeitslosengeld,
- Teilarbeitslosengeld,
- Zuschüsse zum Arbeitsentgelt,
- Kurzarbeitergeld,
- Insolvenzgeld,
- Übergangsgeld,
- Altersübergangsgeld,
- Altersübergangsgeld-Ausgleichsbetrag,
- Unterhaltsgeld als Zuschuss,
- Eingliederungshilfe,
- dem Lebensunterhalt dienende Leistungen nach § 10 SGB III.

(b) Das aus dem Europäischen Sozialfonds finanzierte Unterhaltsgeld;

(c) nach dem SGB V, SGB VI oder SGB VII, der RVO, dem KVLG oder dem KVLG 1989:
- Krankengeld,
- Mutterschaftsgeld,
- Verletztengeld,
- Übergangsgeld,
- vergleichbare Lohnersatzleistungen.

Wird Übergangs- oder Verletztengeld in Höhe des Arbeitslosengeldes II gezahlt, sind Empfänger dieser Leistung vom Wohngeld ausgeschlossen!

(d) nach dem Mutterschutzgesetz (MuSchG):
- Mutterschaftsgeld,
- Zuschuss zum Mutterschaftsgeld,
- Sonderunterstützung.

(e) Zuschuss nach § 4a MuSchV oder einer entsprechenden Landesregelung;

(f) Arbeitslosenbeihilfe nach § 86a SVG;

(g) Entschädigungen für Verdienstausfall nach dem Infektionsschutzgesetz;

(h) nach dem BVG:
- Versorgungskrankengeld;
- Übergangsgeld.

(i) nach § 3 Nr. 28 EStG steuerfreie Aufstockungsbeträge oder Zuschläge;
(j) Verdienstausfallentschädigung nach dem Unterhaltssicherungsgesetz (USG);
(k) Elterngeld nach dem BEEG (§ 10 BEEG bleibt unberührt).

(7) Die ausländischen Einkünfte nach § 32b Abs. 1 Nr. 2 bis 5 EStG. Darunter fallen:
(a) grundsätzlich ausländische Einkünfte, die im Veranlagungszeitraum nicht der deutschen Einkommensteuer unterlegen haben (vgl. im Einzelnen § 32b Abs. 1 S. 1 Nr. 2 EStG) sowie
(b) Einkünfte, die nach einem Abkommen zur Vermeidung der Doppelbesteuerung steuerfrei sind,
(c) Einkünfte, die nach einem sonstigen zwischenstaatlichen Übereinkommen unter dem Vorbehalt der Einbeziehung bei der Berechnung der Einkommensteuer steuerfrei sind (vgl. im Einzelnen § 32b Abs. 1 S. 1 Nr. 4 EStG),
(d) Einkünfte, die bei Anwendung von § 1 Abs. 3 oder § 1a EStG nicht der deutschen Einkommensteuer unterliegen.

(8) Die **Hälfte** der nach § 3 Nr. 7 EStG steuerfreien:
(a) Unterhaltshilfe nach den §§ 261 bis 278a LAG,
(b) Beihilfe zum Lebensunterhalt nach den §§ 301 bis 301 b LAG,
(c) Unterhaltshilfe nach § 44 und Unterhaltsbeihilfe nach § 45 des Reparationsschädengesetzes,
(d) Beihilfe zum Lebensunterhalt nach den §§ 10 bis 15 des Flüchtlingshilfegesetzes,
mit Ausnahme der Pflegezulage nach § 269 Abs. 2 LAG.

(9) Die nach § 3 Nr. 1 Buchst. a EStG steuerfreien Krankentagegelder

> Erfasst wird auch das zum Ausgleich des Verdienstausfalls im Krankheitsfall gezahlte Krankengeld aus einer privaten Krankentagegeldversicherung.

(10) Die **Hälfte** der nach § 3 Nr. 68 EStG steuerfreien Renten nach § 3 Abs. 2 des Anti-D-Hilfegesetzes.

(11) Die nach § 3b EStG steuerfreien Zuschläge für Sonntags-, Feiertags- oder Nachtarbeit.

(12) Die nach § 37b EStG von dem Arbeitgeber pauschal besteuerten Sachzuwendungen.

(13) Der nach § 40a EStG von dem Arbeitgeber pauschal besteuerte Arbeitslohn abzüglich der zu erwartenden Aufwendungen zu dessen Erwerb, Sicherung und Erhaltung, höchstens jedoch bis zur Höhe des Arbeitslohns.

Nach § 40a Abs. 1 bis 3 EStG ist unter den dort im Einzelnen genannten Voraussetzungen die Pauschalierung der Lohnsteuer für Teilzeitbeschäftigte, geringfügig Beschäftigte und Aushilfskräfte in der Land- und Fortwirtschaft zulässig.

In Fällen unzulässiger Pauschalierung nach § 40a Abs. 4 EStG ist das steuerpflichtige Einkommen bereits nach § 14 Abs. 1 S. 1 WoGG zu berücksichtigen.

Eine pauschale Besteuerung von Arbeitslohn für geringfügig Beschäftigte erfolgt unter den Voraussetzungen des § 8 Abs. 1 Nr. 1 und Nr. 2 und § 8a SGB IV (sog. Mini-Jobs oder 400-Euro-Jobs) bzw. bei Aushilfskräften in der Land- und Forstwirtschaft.

Die Absetzung zu erwartender Aufwendungen zu dessen Erwerb, Sicherung und Erhaltung ist ausschließlich in glaubhaft gemachter Höhe zulässig; pauschale Beträge dürfen nicht abgesetzt werden.

(14) Die nach § 3 Nr. 56 EStG steuerfreien Zuwendungen des Arbeitgebers an eine Pensionskasse und die nach § 3 Nr. 63 EStG steuerfreien Beiträge des Arbeitgebers an einen Pensionsfonds, eine Pensionskasse oder für eine Direktversicherung zum Aufbau.

(15) Der nach § 20 Abs. 9 EStG steuerfreie Betrag (Sparer-Pauschbetrag), soweit die Kapitalerträge 100 Euro übersteigen.

Nach § 20 Abs. 9 EStG ist bei der Ermittlung der Einkünfte aus Kapitalvermögen als Werbungskosten ein Betrag von 801 Euro, bei zusammen veranlagten Ehegatten ein Betrag von 1.602 Euro abzuziehen.

(16) Die auf erhöhte Absetzungen entfallenden Beträge, soweit sie die höchstmöglichen Absetzungen für Abnutzung nach § 7 EStG übersteigen, und die auf Sonderabschreibungen entfallenden Beträge.

(17) Der nach § 3 Nr. 27 EStG steuerfreie Grundbetrag der Produktionsaufgaberente und das Ausgleichsgeld nach dem Gesetz zur Förderung der Einstellung der landwirtschaftlichen Erwerbstätigkeit (FELEG).

Der steuerfreie Höchstbetrag beträgt insgesamt 18.407 Euro.

(18) Die nach § 3 Nr. 60 EStG steuerfreien Leistungen aus öffentlichen Mitteln an Arbeitnehmer des Steinkohlen-, Pechkohlen- und Erzbergbaues, des Braunkohlentiefbaues und der Eisen- und Stahlindustrie aus Anlass von Stilllegungs-, Einschränkungs-, Umstellungs- oder Rationalisierungsmaßnahmen.

Zu diesen Leistungen gehört z. B. das sog. Anpassungsgeld für Arbeitnehmer des Steinkohlenbergbaues und des Braunkohlentiefbaues.

(19) Die nach § 22 Nr. 1 S. 2 EStG dem Empfänger oder der Empfängerin nicht zuzurechnenden Bezüge, die ihm oder ihr von einer Person, die kein Haushaltsmitglied ist, gewährt werden, mit Ausnahme der Bezüge bis zu einer Höhe von 4.800 Euro jährlich, die für eine Pflegeperson oder Pflegekraft geleistet werden, die den Empfänger oder die Empfängerin wegen eigener Pflegebedürftigkeit i. S. des § 14 SGB XI pflegt.

Nach § 22 Nr. 1 S. 2 EStG sind die wiederkehrenden Bezüge, die freiwillig oder aufgrund einer freiwillig begründeten Rechtspflicht oder einer gesetzlich unterhaltsberechtigten Person gewährt werden, nicht dem Empfänger zuzurechnen, wenn der Geber unbeschränkt einkommensteuerpflichtig ist (vgl. § 1 Abs. 1 bis 3 EStG).

Kindergeld nach dem Bundeskindergeldgesetz (BKGG) ist als Einnahme nach § 14 Abs. 2 Nr. 19 WoGG unbeachtlich; jedoch ist z. B. von den Eltern an Kinder weitergeleitetes Kindergeld Unterhalt und gehört zu den wiederkehrenden Bezügen.

Kindergeld nach §§ 62ff. EStG ist eine Steuervergütung und auch unbeachtlich. Das gilt auch, wenn die Familienkasse das Kindergeld nach § 74 Abs. 1 S. 1 EStG unmittelbar an das Kind auszahlt („abzweigt“).

Auch Geld- oder Sachleistungen, die während des Aufenthalts des Kindes bei einem Elternteil im Rahmen des gemeinsamen Sorgerechts (§5 Abs.6 WoGG) von diesem erbracht werden, sind keine Einnahmen.

Von der Anrechnung ausgenommen ist auch ein jährlicher Betrag von **bis zu 4.800 Euro**, der für eine durch den Empfänger oder die Empfängerin dieses Betrages benötigte Pflegeperson oder -kraft verwandt wird. Bei der zu pflegenden Person muss eine Pflegebedürftigkeit i.S. des §14 SGB XI nachgewiesen sein. Der Betrag muss an die pflegende Person unmittelbar überwiesen werden oder aufgrund einer eindeutigen Zweckbestimmung von der zahlenden Person erbracht werden. Lebt der Empfänger oder die Empfängerin des Betrages in einem Heim i.S. des Heimgesetzes oder entsprechender Gesetze der Länder, reicht eine Zweckbestimmung durch die zahlende Person aus. Unschädlich für die Berücksichtigung des Betrages ist die Leistung von Pflegegeld.

(20) Die Unterhaltsleistungen des geschiedenen oder dauernd getrennt lebenden Ehegatten, mit Ausnahme der Unterhaltsleistungen bis zu einer Höhe von 4.800 Euro jährlich, die für eine Pflegeperson oder Pflegekraft geleistet werden, die den Empfänger oder die Empfängerin wegen eigener Pflegebedürftigkeit i.S. des §14 SGB XI pflegt. Die Versorgungsleistungen und die Leistungen auf Grund eines schuldrechtlichen Versorgungsausgleichs, soweit diese Leistungen nicht von §22 Nr.1a, 1b oder Nr.1c EStG erfasst sind.

Dazu gehören Unterhaltsleistungen eines geschiedenen oder dauernd getrennt lebenden Ehegatten, der im Ausland lebt, soweit sie nicht der Besteuerung nach §22 Nr.1a EStG unterliegen, ebenfalls zum Jahreseinkommen. Bei diesen Einnahmen wird ein Betrag von 4.800 Euro jährlich für Unterhaltsleistungen wegen Pflegebedürftigkeit berücksichtigt.

Sofern es sich bei Einkünften aus Versorgungsleistungen und Leistungen aufgrund eines schuldrechtlichen Versorgungsausgleichs nicht um sonstige Einkünfte nach §22 EStG handelt, werden sie wohngeldrechtlich als Einnahme nach §14 Abs.2 WoGG erfasst. In diesen Fällen ist die Absetzung des Freibetrages von 4.800 Euro nicht vorgesehen.

(21) Die Leistungen nach dem Unterhaltsvorschussgesetz (UVG).

(22) Die Leistungen von Personen, die keine Haushaltsmitglieder sind, zur Bezahlung der Miete oder Aufbringung der Belastung, soweit die Leistungen nicht von Nr. 19 oder Nr. 20 erfasst sind.

(23) Die nach § 3 Nr. 48 des EStG steuerfreien:

(a) allgemeinen Leistungen nach § 5 USG,

(b) Leistungen für Grundwehrdienst leistende Sanitätsoffiziere nach § 12a USG.

Als Mindestleistungen werden nach § 5 Abs. 3 USG gewährt:

- der Ehefrau oder dem Lebenspartner bzw. der Lebenspartnerin 367 Euro monatlich,
- dem ersten Kind 118,50 Euro, dem zweiten Kind 102 Euro, dem dritten und jedem weiteren Kind je 85 Euro monatlich.

Der erstgenannte Betrag erhöht sich auf 542,50 Euro, wenn die Ehefrau oder der Lebenspartner bzw. die Lebenspartnerin mit einem oder mehreren minderjährigen Kindern in einem gemeinsamen Haushalt lebt und für deren Pflege und Erziehung sorgt.

Etwaige höhere Leistungen nach § 5 Abs. 2 USG sind zu berücksichtigen.

Wehrpflichtige, die Grundwehrdienst als Sanitätsoffizier in militärfachlicher Verwendung leisten, erhalten nach § 12a Abs. 1 USG einen Betrag von monatlich 946 Euro. Sind unterhaltsberechtigte Familienangehörige im engeren Sinne vorhanden, erhöht sich dieser Betrag auf monatlich 1.227 Euro; dies gilt nicht für die Zeit, in der auch der Lebenspartner Grundwehrdienst leistet (Nr. 14.21.23 WoGVwV).

(24) Die **Hälfte** der Pauschale für die laufenden Leistungen für den notwendigen Unterhalt ohne die Kosten der Erziehung von Kindern, Jugendlichen oder jungen Volljährigen nach § 39 Abs. 1 i. V. m. § 33 oder mit § 35a Abs. 2 Nr. 3, auch i. V. m. § 41 Abs. 2 SGB VIII, als Einkommen des Kindes, Jugendlichen oder jungen Volljährigen.

Dazu gehört die **Hälfte** der nach Landesrecht geltenden oder von anderweitig autorisierten Stellen empfohlenen Pauschale für die laufenden Leistungen für den notwendigen Unterhalt einschließlich der Unterkunft, jedoch ohne die Kosten der Erziehung für Kinder, Jugendliche und junge Volljährige nach § 39 Abs. 1 i. V. m. § 33 oder mit § 35a Abs. 2 Nr. 3, auch i. V. m. § 41 Abs. 2 SGB VIII (Jahreseinkommen des Kindes, Jugendlichen und jungen Volljährigen).

Auf die tatsächlichen Kosten kommt es nicht an.

Nicht anzurechnen ist die Krankenhilfe für Minderjährige bzw. junge Volljährige nach § 40 SGB VIII; sie steht als zweckgebundene Leistung für den Krankheitsfall nicht für den allgemeinen Lebensunterhalt zur Verfügung.

Die Berücksichtigung der Kosten der Erziehung erfolgt nach § 14 Abs. 2 Nr. 25 WoGG.

(25) Die **Hälfte** der Pauschale für die laufenden Leistungen für die Kosten der Erziehung von Kindern, Jugendlichen oder jungen Volljährigen nach § 39 Abs. 1 i. V. m. § 33 oder mit § 35a Abs. 2 Nr. 3, auch i. V. m. § 41 Abs. 2 SGB VIII, als Einkommen der Pflegeperson.

Auf die tatsächlichen Kosten kommt es nicht an.

Können in Fällen der Vollzeitpflege die Kosten der Erziehung nicht festgestellt werden, weil eine Gesamtpauschale (notwendige Unterhalts- und Erziehungskosten) festgesetzt oder empfohlen worden ist, ist bei der Einkommensermittlung nach § 14 Abs. 2 Nr. 24 und 25 WoGG die Hälfte dieser Gesamtpauschale zugrunde zu legen.

(26) Die **Hälfte** der nach § 3 Nr. 36 EStG steuerfreien Einnahmen für Leistungen zur Grundpflege oder hauswirtschaftlichen Versorgung.

Steuerfrei ist die Vergütung der Pflegeperson bis zur Höhe des Pflegegeldes nach § 37 SGB XI, wenn diese Leistungen von Angehörigen des Pflegebedürftigen oder von anderen Personen, die damit eine sittliche Pflicht i. S. des § 33 Abs. 2 EStG gegenüber dem Pflegebedürftigen erfüllen, erbracht werden (weitergeleitetes Pflegegeld).

Die Regelung gilt auch für Pflegegeld aus privaten Versicherungsverträgen nach den Vorgaben des SGB XI oder eine Pauschalbeihilfe nach Beihilfevorschriften für häusliche Pflege. Voraussetzung ist, dass die Pflegeperson kein Haushaltsmitglied des Pflegebedürftigen ist.

(27) Die **Hälfte** der als Zuschüsse erbrachten:

(a) Leistungen zur Förderung der Ausbildung nach dem BAföG. **Nicht** dazu zählt der Kinderbetreuungszuschlag nach § 14 b BAföG zum Jahreseinkommen, und zwar unabhängig davon, ob der Geförderte auswärtig oder bei den Eltern untergebracht ist.

(b) Leistungen der Begabtenförderungswerke, soweit sie nicht von § 14 Abs. 2 Nr. 28 erfasst sind, Begabtenförderungswerke sind insbesondere:

- Cusanuswerk e.V., Bischöfliche Studienförderung, Bonn,
- Evangelisches Studienwerk e.V., Haus Villigst, Schwerte,
- Friedrich-Ebert-Stiftung e.V., Bonn,
- Friedrich-Naumann-Stiftung e.V., Bereich Studienförderung, Potsdam,
- Hanns-Seidel-Stiftung e.V., München,
- Hans-Böckler-Stiftung e.V., Düsseldorf,
- Heinrich-Böll-Stiftung e.V., Berlin,
- Konrad-Adenauer-Stiftung e.V., St. Augustin,
- Rosa-Luxemburg-Stiftung e.V., Berlin,
- Stiftung der Deutschen Wirtschaft e.V., Studienförderwerk Klaus Murmann, Berlin,
- Studienstiftung des deutschen Volkes e.V., Bonn.

(c) Stipendien, soweit sie nicht von Buchst. b oder von § 14 Abs. 2 Nr. 28 oder Nr. 29 erfasst sind.
Gemeint sind die als Zuschüsse erbrachten Leistungen der Begabtenförderung, die nicht von Begabtenförderungswerken stammen (z. B. Leistungen der Länder, von Universitäten und Unternehmen). Auch die entsprechenden Leistungen der Otto-Benecke-Stiftung und andere Stipendien, soweit sie nicht von § 14 Abs. 2 Nr. 27 Buchst. b, Nr. 28 oder Nr. 29 WoGG erfasst sind, gehören zur Hälfte zum Jahreseinkommen.

(d) Berufsausbildungsbeihilfen und Ausbildungsgelder nach dem SGB III.

(e) Beiträge zur Deckung des Unterhaltsbedarfs nach dem Aufstiegsfortbildungsförderungsgesetz.

(28) Die als Zuschuss gewährte Graduiertenförderung in voller Höhe. Solche Zuschüsse sind insbesondere:

- Promotionsstipendien der Begabtenförderungswerke,
- Promotionsstipendien in Graduiertenkollegs,
- Promotionsstipendien nach Landesrecht.

Forschungsbeihilfen, Druckkostenzuschüsse, Reisekostenzuschüsse u.ä. Leistungen sind keine Graduiertenförderung i.S. des § 14 Abs. 2 Nr. 28 WoGG, weil sie projektbezogen sind und daher dem Haushalt zur Deckung des Lebensunterhalts nicht zur Verfügung stehen.

(29) Die **Hälfte** der nach § 3 Nr. 42 EStG steuerfreien Zuwendungen, die auf Grund des Fulbright-Abkommens gezahlt werden.

(30) Die wiederkehrenden Transferleistungen nach § 7 Abs. 1 S. 1 Nr. 1 bis 9 WoGG, auch wenn bei deren Berechnung keine Kosten der Unterkunft berücksichtigt worden sind, soweit sie nicht von § 14 Abs. 2 Nr. 24 oder Nr. 25 erfasst sind.

(31) Der **Mietwert** des in einem Mehrfamilienhaus selbst genutzten Wohnraums (siehe § 3 Abs. 1 S. 2 Nr. 2 WoGG).

Zum Jahreseinkommen gehören nicht:

(a) Einkünfte aus Vermietung oder Verpachtung eines Teils des Wohnraums, für den Wohngeld beantragt wird,

(b) das Entgelt, das eine den Wohnraum mitbewohnende Person i.S. des § 11 Abs. 2 Nr. 3 WoGG hierfür zahlt,

(c) Leistungen einer nach § 68 AufenthG verpflichteten Person, soweit sie bei der Berechnung der zu berücksichtigenden Miete von § 11 Abs. 2 Nr. 5 WoGG berücksichtigt sind,

(d) Folgende einkommensunabhängige Rentenleistungen nach dem BVG:

- die Grundrente (§ 31 BVG), auch bei Waisen (§ 46 BVG)
- die Pflegezulage (§ 35 BVG)
- das Bestattungsgeld (§§ 35 und 52 BVG)
- das Sterbegeld (§ 37 BVG)
- der Pflegeausgleich der Witwe (§ 40b BVG)
- die Abfindung der Witwe (§ 44 BVG),

(e) aufgenommene Darlehen und Tilgungen aus gewährten Darlehen, auch wenn diese im Rahmen einer Transferleistung gewährt werden;

(f) folgende Leistungen Dritter im Zusammenhang mit Versicherungen:

(aa) steuerfreie Zuschüsse des Arbeitgebers i. S. des § 3 Nr. 62 EStG, zu denen insbesondere gehören:

- die gesetzlichen Arbeitgeberanteile an der gesetzlichen Sozialversicherung;
- die gesetzlichen Anteile der Rentenversicherungsträger zu den Krankenversicherungsbeiträgen versicherungspflichtiger Rentner;
- die Zuschüsse des Arbeitgebers zu den Aufwendungen des Arbeitnehmers für eine Lebensversicherung, für die freiwillige Versicherung in der gesetzlichen Rentenversicherung der Angestellten oder für eine öffentlich-rechtliche Versicherungs- oder Versorgungseinrichtung seiner Berufsgruppe in den Fällen, in denen der Arbeitnehmer von der Versicherungspflicht in der gesetzlichen Rentenversicherung befreit worden ist (Abschnitt 24 Abs. 3 LStR).

(bb) Kranken- und Pflegeversicherungsbeiträge nach § 32 SGB XII und Beiträge der Alterssicherung und für ein Sterbegeld nach § 33 SGB XII;

(cc) Beiträge der Bundesagentur für Arbeit zur Kranken-, Unfall- und Rentenversicherung sowie zur sozialen Pflegeversicherung für Leistungsempfänger nach dem SGB III;

(dd) die von dem Träger geschützter Einrichtungen für Behinderte zu tragenden Beiträge zur gesetzlichen Krankenversicherung (§ 251 Abs. 2 S. 1 Nr. 2 SGB V), zur sozialen Pflegeversicherung (§ 60 Abs. 1 S. 1 SGB XI in Verbindung mit § 251 Abs. 2 S. 1 Nr. 2 SGB V) und zur gesetzlichen Rentenversicherung (§ 168 Abs. 1 Nr. 2 SGB VI);

(ee) Die im Rahmen des Gesetzes zur Förderung der Einstellung der landwirtschaftlichen Erwerbstätigkeit (FELEG) vom Bund zu tragenden Beiträge zur landwirtschaftlichen Unfallversicherung, zur gesetzlichen Rentenversicherung, zur gesetzlichen Krankenversicherung und zur sozialen Pflegeversicherung vom Bund zu tragenden Beiträge zur sozialen Pflegeversicherung. Ferner rechnen dazu die nach § 3 Nr. 17 EStG steuerfreien Beitragszuschüsse landwirtschaftlicher Alterskassen nach § 32 ALG;

(ff) Leistungen im Zusammenhang mit dem Versicherungsschutz nach den Richtlinien des Bundesministeriums für wirtschaftliche Zusammenarbeit und Entwicklung zur Förderung der Rückkehr und beruflichen Eingliederung von Ausbildungsabsolventen und Arbeitnehmern aus Entwicklungsländern durch personenbezogene Leistungen.

(g) die nach § 16 Abs. 3 SGB II gezahlte Mehraufwandentschädigung und Zuschüsse zu Versicherungsbeiträgen nach § 26 SGB II;

(h) die Geld- und Sachbezüge sowie die Heilfürsorge, die Soldaten aufgrund des § 1 Abs. 1 S. 1 des Wehrsoldgesetzes und Zivildienstleistende aufgrund des § 35 Zivilsdienstgesetz (ZDG) erhalten (§ 3 Nr. 5 EStG);

(i) Leistungen, die aufgrund des BKGG gewährt werden (§ 3 Nr. 24 EStG);

(j) öffentliche Zuschüsse zur Deckung laufender Aufwendungen und Zinsvorteile bei Darlehen, die aus öffentlichen Haushalten gewährt werden, für eine zu eigenen Wohnzwecken genutzte Wohnung im eigenen Haus oder eine zu eigenen Wohnzwecken genutzte Eigentumswohnung, deren Nutzungswert nicht zu besteuern ist, soweit die Zuschüsse und Zinsvorteile die Vorteile aus einer entsprechenden Förderung mit öffentlichen Mitteln nach dem früheren Zweiten Wohnungsbaugesetzes (II. WoBauG) oder dem Wohnraumförderungsgesetzes (WoFG) nicht überschreiten (§ 3 Nr. 58 EStG);

(k) die von der Stiftung „Humanitäre Hilfe für durch Blutprodukte HIV-infizierte Personen“ nach dem HIV-Hilfegesetz vom 24. 7. 1995 (BGBl. I, S. 972) gewährten Leistungen (§ 3 Nr. 69 EStG);

(l) die in § 5 Abs. 2 des Gesetzes zur Errichtung einer Stiftung „Mutter und Kind – Schutz des ungeborenen Lebens“ in der Fassung der Bekanntmachung vom 19. 3. 1993 (BGBl. I,

S. 406), geändert durch Artikel 18 der Verordnung vom 21. 9. 1997 (BGBl. I, S. 2390), genannten Leistungen; hierzu gehören auch Leistungen von Landesstiftungen, die zur Erreichung des in § 2 Abs. 1 dieses Gesetzes genannten Zwecks gewährt werden (§ 3 Nr. 11 EStG);

(m) die nach dem Entschädigungsrentengesetz, dem Bundesentschädigungsgesetz und anderen gesetzlichen Regelungen zur Wiedergutmachung nationalsozialistischen Unrechts gewährten Leistungen (§ 3 Nr. 8 EStG),

(n) Steuerrückzahlungen

> **Beachten Sie:** Das einer vom Wohngeld ausgeschlossenen wohngeldberechtigten Person bewilligte Wohngeld ist bei Sozialleistungen **nicht** als deren Einkommen zu berücksichtigen.

d) Einmaliges Einkommen

Einmaliges Einkommen, das für einen bestimmten Zeitraum bezogen wird, ist diesem Zeitraum zuzurechnen. Eine Abfindung, Entschädigung oder ähnliche Leistung, die im Zusammenhang mit der Beendigung eines Arbeitsverhältnisses zufließt (Entlassungsentschädigung), ist den folgenden drei Jahren (gerechnet ab dem Tag) nach dem Ende des Arbeitsverhältnisses zuzurechnen, wenn nicht in der Vereinbarung, die der Entlassungsentschädigung zu Grunde liegt, ein anderer Zurechnungszeitraum bestimmt ist. Ist eine Entlassungsentschädigung vor der Antragstellung zugeflossen, ist sie nur dann entsprechend zuzurechnen, wenn sie innerhalb von drei Jahren vor der Antragstellung zugeflossen ist.

Muster:

Haben Sie oder eine der unter Nummer [4] aufgeführten Personen innerhalb der letzten 3 Jahre eine Abfindung, Entschädigung oder ähnliche Leistung erhalten? (Bitte ggf. Nachweise beifügen!)

☐ nein ☒ ja, wer? (Name, Vorname) *Graf, Ernst*

und zwar am *1. 9. 2008* in Höhe von *15.000* Euro

Erwarten Sie oder eine andere unter Nummer [4] genannte Person in den nächsten 12 Monaten Einnahmen im Sinne von Nr. 21? ☒ **nein** ☐ **ja**

Sonderzuwendungen, Gratifikationen und gleichartige Bezüge und Vorteile, die in größeren als monatlichen Abständen gewährt werden, sind den im Bewilligungszeitraum liegenden Monaten zu je einem Zwölftel zuzurechnen, wenn sie in den nächsten zwölf Monaten nach Beginn des Bewilligungszeitraums zufließen.

Muster:

Erhalten Sie oder eine der unter Nummer [4] aufgeführten Personen Sonderzuwendungen wie Weihnachts- oder Urlaubsgeld, Gratifikationen oder gleichartige Bezüge?

☐ nein ☒ ja, ____*Urlaubsgeld*____ und zwar am *jeden Juli*
in Höhe von *400* Euro

e) Abzugsbeträge für Steuern und Sozialversicherungsbeiträge

Bei der Ermittlung des Jahreseinkommens sind jeweils 10 % abzuziehen für die im Bewilligungszeitraum zu erwartende Leistung von

(1) Steuern vom Einkommen:

Zu den Steuern vom Einkommen gehören die Einkommensteuer, die Lohnsteuer, der Solidaritätszuschlag, die Kapitalertragsteuer und die Kirchensteuer.

Die Steuern vom Einkommen müssen tatsächlich entrichtet worden sein oder entrichtet werden. Auf die Höhe kommt es nicht an. Es genügt, wenn die Steuern nur einmal jährlich entrichtet werden. Ob sie zurückgezahlt worden sind oder zurückgezahlt werden (z. B. bei einer Einkommensteuerveranlagung), ist nicht erheblich.

Der Arbeitgeber kann nach § 40 Abs. 1 bis 3 EStG unter Verzicht auf die Vorlage einer Lohnsteuerkarte die Lohnsteuer mit einem je nach Fallgestaltung unterschiedlich hohen Pauschsteuersatz erheben. Nach § 40a Abs. 5 EStG i. V. m. § 40 Abs. 3 S. 2 Hs. 1 EStG ist der Arbeitgeber Schuldner der pauschalen Lohnsteuer, so dass der

Arbeitnehmer nicht belastet ist. Unabhängig von der Höhe der Erhebung der Lohnsteuer durch den Arbeitgeber in den Fällen des pauschal besteuerten Arbeitslohns nach § 40a EStG ist daher ein pauschaler Abzug nach § 16 Abs. 1 S. 1 Nr. 1 WoGG für die Leistung von Steuern vom Einkommen nicht vorzunehmen. Wird jedoch die pauschale Lohnsteuer vom Arbeitgeber auf den Arbeitnehmer abgewälzt (vgl. § 40a Abs. 5 EStG i. V. m. § 40 Abs. 3 S. 2 Hs. 2 EStG) und dieser tatsächlich belastet, ist ein pauschaler Abzug nach § 16 Abs. 1 S. 1 Nr. 1 WoGG vorzunehmen.

Kirchensteuern sind die von Religionsgemeinschaften mit öffentlichrechtlichem Status (Religionsgesellschaften i. S. des Art. 140 GG) in Abhängigkeit vom Einkommen erhobenen Beiträge. Unabhängig von der Höhe der Lohn- oder Einkommensteuer erhobene Abgaben (sog. Mindest-Kirchensteuer), Kirchgeld oder Beiträge in Form von Spenden oder Umlagen zu Religionsgemeinschaften sind keine Kirchensteuern und damit keine Steuern vom Einkommen i. S. des § 16 Abs. 1 S. 1 Nr. 1 WoGG.

Die Entrichtung von Steuern ist **nachzuweisen** durch Vorlage von Bescheinigungen des Arbeitgebers, Einkommensteuerbescheiden, Vorauszahlungsbescheiden oder der letzten Einkommensteuererklärung und/oder Steuerquittungen.

(2) Pflichtbeiträgen zur gesetzlichen Kranken- und Pflegeversicherung

(3) Pflichtbeiträgen zur gesetzlichen Rentenversicherung:

Zu den Pflichtbeiträgen zur gesetzlichen Rentenversicherung gehören auch die Pflichtbeiträge zur Alterssicherung der Landwirte. Zu den Pflichtbeiträgen zur gesetzlichen Kranken- und Rentenversicherung gehören auch die Beitragsanteile, die selbstständige Künstler und Publizisten an die Künstlersozialkasse nach den §§ 15 und 16 KSVG entrichten.

Auf die Höhe der Beiträge kommt es bei § 16 Abs. 1 S. 1 WoGG nicht an (Nr. 16.12 Abs. 2 WoGVwV).

Die Entrichtung von Pflichtbeiträgen zur gesetzlichen Kranken- und Pflegeversicherung, gesetzlichen Rentenversicherung oder Alterssicherung der Landwirte ist durch Vorlage von Bescheinigungen des Arbeitgebers, von Beitragsquittungen, Beitragsbescheiden,

Rentenbescheiden, jährlichen Anpassungsmitteilungen oder Beitragsbescheiden der Krankenkasse **nachzuweisen**.

Entsprechendes gilt, wenn keine Pflichtbeiträge, sondern laufende Beiträge zu öffentlichen oder privaten Versicherungen oder ähnlichen Einrichtungen zu leisten sind, die dem Zweck der genannten Pflichtbeiträge entsprechen. Das gilt auch, wenn die Beiträge zu Gunsten eines zu berücksichtigenden Haushaltsmitgliedes zu leisten sind.

Laufende Beiträge zu öffentlichen oder privaten Versicherungen oder ähnlichen Einrichtungen entsprechen hinsichtlich ihrer **Zweckbestimmung den Pflichtbeiträgen** zur gesetzlichen Kranken- und Pflegeversicherung oder gesetzlichen Rentenversicherung, wenn sie dazu beitragen sollen, für den Beitragszahler oder dessen Familie:

(a) die notwendigen Maßnahmen zum Schutz, zur Erhaltung, zur Besserung und zur Wiederherstellung der Gesundheit und Leistungsfähigkeit oder,

(b) die wirtschaftliche Sicherung bei Krankheit, Mutterschaft, Minderung der Erwerbsfähigkeit, Pflegebedürftigkeit und Alter oder,

(c) die wirtschaftliche Sicherung der Hinterbliebenen zu gewährleisten.

Ob eine Sicherung der Zweckbestimmung der gesetzlichen Rentenversicherung entspricht, ist unabhängig von der Höhe der zu erwartenden Leistungen. Laufende Beiträge entsprechen hinsichtlich ihrer Zweckbestimmung nicht den Pflichtbeiträgen zur gesetzlichen Rentenversicherung, wenn das versicherte, zu berücksichtigende Haushaltsmitglied bereits eine Rente wegen Alters (§§ 35 bis 42 SGB VI) aus der gesetzlichen Rentenversicherung oder eine Pension bezieht. Der Bezug anderer Leistungen, wie z. B. Witwenrente, Erwerbsunfähigkeitsrente, Witwenpension u. Ä., schließt den Abzug laufender Beiträge bei der Ermittlung des Jahreseinkommens nicht aus (Nr. 16.12 Abs. 6 WoGVwV).

Ein Abzug für freiwillige Beiträge kommt nur in Betracht, wenn nicht bereits ein entsprechender Abzug von Pflichtbeiträgen erfolgt ist.

Der Abzug erfolgt in Höhe von 10 % des sich ergebenden Einkommensbetrages. Der Abzug darf insgesamt 30 % des sich ergebenden Einkommensbetrages nicht übersteigen.

Ein Abzug ist auch dann zulässig, wenn ein zu berücksichtigendes Haushaltsmitglied die Beiträge zu Gunsten eines anderen zu berücksichtigenden Haushaltmitgliedes zahlt. Das Haushaltsmitglied, zu dessen Gunsten die Beiträge:

(a) für eine Kapitallebensversicherung gezahlt werden, muss der Begünstigte im Erlebensfall sein;

(b) für eine Risikolebensversicherung gezahlt werden, muss der Begünstigte im Todesfall sein (z.B. bei einer Risikolebensversicherung der Bezugsberechtigte im Todesfall);

(c) für eine Rentenversicherung gezahlt werden, muss der Begünstigte des Rentenbezugs sein.

Der Abzug ist nur im Rahmen der Ermittlung des Jahreseinkommens des leistenden Haushaltsmitgliedes möglich, da dessen Einkommen belastet wird. Hat das zu berücksichtigende Haushaltsmitglied, zu dessen Gunsten die Beiträge gezahlt werden, bereits pauschale Abzüge für Pflichtbeiträge oder entsprechende Abzüge für freiwillige Beiträge, kann für das zahlende Haushaltsmitglied kein Abzug mehr vorgenommen werden.

Die Beiträge müssen übrigens **laufend** (z.B. monatlich, vierteljährlich, halbjährlich oder jährlich) entrichtet werden. Einmalige Beiträge sind nicht zu berücksichtigen.

Beiträge zu Versicherungen, die hier in Frage kommen, sind insbesondere:

(a) freiwillige Beiträge zur gesetzlichen Krankenversicherung, zur gesetzlichen Rentenversicherung oder zur Alterssicherung der Landwirte,

(b) freiwillige Beiträge zur privaten Krankenversicherung einschließlich Krankentagegeldversicherung und zur privaten Pflegeversicherung,

(c) Beiträge zur Kapital-Lebensversicherung, zur privaten Rentenversicherung und, soweit zu berücksichtigende Haushaltsmitglieder begünstigt sind, zur Risiko-Lebensversicherung,

(d) Beiträge zu Pensions- und Versorgungskassen,

(e) Beiträge zur Berufs-, Erwerbs- und Dienstunfähigkeitsversicherung,

(f) Beiträge zu Betriebsgemeinschaftskassen für zusätzliches Ruhegeld,

(g) freiwillige Beiträge zu sonstigen Versicherungen, sofern sie wesentliche Elemente einer Kranken-, Pflege- oder Rentenversicherung beinhalten (z. B. Unfall-Rehabilitation-Versicherung bei Ausfall von Kassenleistungen).

Die Entrichtung laufender Beiträge zu öffentlichen oder privaten Versicherungen oder ähnlichen Einrichtungen ist durch Vorlage von Bescheinigungen des Arbeitgebers, von Versicherungsverträgen und Beitragsquittungen, von Rentenbescheiden, jährlichen Anpassungsmitteilungen oder Beitragsbescheiden der Krankenkasse oder Krankenversicherung **nachzuweisen**.

Ergibt sich aber nach der bisherigen Aufzählung kein Abzugsbetrag, sind wenigstens 6 % abzuziehen.

Abzugsverbote:

Ein Abzug ist nicht vorzunehmen, wenn eine im Wesentlichen beitragsfreie Sicherung oder eine Sicherung, für die Beiträge von einem Dritten geleistet werden, besteht.

Eine Sicherung ist dann im Wesentlichen **beitragsfrei**, wenn von dem Versicherten keine oder nur sehr geringe laufende Beiträge entrichtet werden. Die Wörter „im Wesentlichen“ beziehen sich auf die Beitragsfreiheit, nicht auf den Umfang der Sicherung. Eine im Wesentlichen beitragsfreie Sicherung liegt z. B. bei Beamten hinsichtlich der Altersversorgung vor.

Eine drittfinanzierte Sicherung liegt vor, wenn die erforderlichen Beiträge von nicht zum Haushalt gehörenden natürlichen oder von juristischen Personen laufend geleistet werden (z. B. bei geringfügig Beschäftigten, soweit nur vom Arbeitgeber Rentenversicherungsbeiträge gezahlt werden). Eine drittfinanzierte Sicherung ist z. B. bei Empfängern von Arbeitslosengeld nach dem SGB III gegeben.

Besteht für ein zu berücksichtigendes Haushaltsmitglied eine im Wesentlichen beitragsfreie Sicherung oder eine Sicherung, für die Beiträge von einem Dritten geleistet werden, gelten die Angehörigen des zu berücksichtigenden Haushaltsmitglieds nicht als bereits abgesichert. Für sie besteht keine originäre, sondern nur eine abgeleitete (Hinterbliebenen-)Sicherung.

Personen, für die ein Beihilfeanspruch besteht, gelten nicht als beitragsfrei krankenversichert. Nur wenn eine Absicherung vorliegt, die mit der üblichen Absicherung einer gesetzlichen Krankenkasse vergleichbar ist (z. B. die freie Heilfürsorge), gelten diese Personen im wohngeldrechtlichen Sinne als krankenversichert.

Ein Abzug kommt auch **nicht** in Betracht, wenn Beiträge zur gesetzlichen Kranken-, Pflege- oder Rentenversicherung ausschließlich aus Leistungen Dritter bestritten werden, die nicht zum Jahreseinkommen gehören; dies sind z. B. Fälle:

(a) der Übernahme der Beiträge zur Rentenversicherung durch den Bund nach den §§ 14 und 15 FELEG,

(b) der Entrichtung von Kranken-, Pflege- oder Rentenversicherungsbeiträgen Behinderter durch den Träger der Einrichtung nach § 251 Abs. 2 S. 1 Nr. 2 SGB V, § 60 Abs. 1 S. 1 SGB XI und § 168 Abs. 1 Nr. 2 SGB VI).

Übernimmt der Arbeitgeber die Beiträge zur gesetzlichen Kranken-, Pflege oder Rentenversicherung und hat der Arbeitnehmer keine Beiträge zu entrichten (z. B. im Fall einer geringfügigen Beschäftigung; vgl. § 8 Abs. 1 SGB IV), ist ein pauschaler Abzug ebenfalls nicht vorzunehmen; der Arbeitnehmer ist nicht belastet. Der pauschale Abzug nach § 16 Abs. 1 S. 1 Nr. 3 WoGG ist jedoch dann zu gewähren, wenn der Arbeitnehmer freiwillig den vom Arbeitgeber gezahlten Beitrag zur Rentenversicherung aufstockt.

Zu den Beiträgen gehören auch **nicht:**

(a) Beiträge zu Sachversicherungen (z. B. zur Gebäude- und Hausratversicherung),

(b) Beiträge zur Haftpflichtversicherung einschließlich Kraftfahrzeughaftpflichtversicherung,

(c) Beiträge zur Krankenhaustagegeldversicherung,

(d) Beiträge zur Sterbegeldversicherung.

f) Freibeträge

Bei der Ermittlung des Gesamteinkommens sind die folgenden jährlichen Freibeträge abzuziehen:

(1) Freibeträge für Schwerbehinderte:

(a) 1.500 Euro für jedes schwerbehinderte zu berücksichtigende Haushaltsmitglied mit einem Grad der Behinderung:
- von 100 oder
- von wenigstens 80 bei Pflegebedürftigkeit i. S. des § 14 SGB XI **und** gleichzeitiger häuslicher oder teilstationärer Pflege oder Kurzzeitpflege.

(b) 1.200 Euro für jedes schwerbehinderte zu berücksichtigende Haushaltsmitglied mit einem Grad der Behinderung von unter 80 bei Pflegebedürftigkeit i. S. des § 14 SGB XI **und** gleichzeitiger häuslicher oder teilstationärer Pflege oder Kurzzeitpflege.

Muster:

Folgende der in Nummer [4] genannten Personen sind

Name Vorname	Lüttje Gerd	Lüttje Anna
a) schwerbehindert mit einem Grad der Behinderung von	80	
b) häuslich pflegebedürftig und beziehen Pflegegeld	☒ Pflegestufe 2	☐ Pflegestufe 2
c) Opfer nationalsozialistischer Verfolgung und ihnen Gleichgestellte i. S. des Bundesentschädigungsgesetzes	☐	☒

Der **Nachweis** der Schwerbehinderteneigenschaft und des Grades der Behinderung für zu berücksichtigende Haushaltsmitglieder soll durch Vorlage eines Ausweises nach § 69 Abs. 5 SGB IX oder eines Feststellungsbescheides nach § 69 Abs. 1 SGB IX geführt werden; der Feststellungsbescheid darf nicht älter als fünf Jahre sein. Bei Volljährigen ist der Nachweis der Schwerbehinderteneigenschaft und des Grades der Behinderung nicht erforderlich, wenn in Fällen häuslicher Pflege die Pflegebedürftigkeit i. S. des § 14 SGB XI und § 26c Abs. 5 S. 1 BVG nachgewiesen ist. Bei Volljährigen in Fällen häuslicher Pflege mit Nachweis der Pflegestufe 2 kann ohne weitere Prüfung von einem Grad der Behinderung von 80 ausgegangen werden, bei Volljährigen in Fällen häuslicher Pflege mit Nachweis der Pflegestufe 3 kann ohne weitere Prüfung von einem Grad der Behinderung von 100 ausgegangen werden.

Als Nachweis der Schwerbehinderteneigenschaft und des Grades der Behinderung genügen auch die vor dem 20. 6. 1976 ausgestellten amtlichen Ausweise für Schwerkriegsbeschädigte, Schwerbeschädigte oder Schwerbehinderte sowie die nach § 3 Abs. 4 des Zweiten Teils des SGB IX in der bis zum 19. 6. 1976 geltenden Fassung erteilten Bescheinigungen, und zwar bis zum Ablauf ihres Geltungszeitraums.

Der einmal erbrachte Nachweis der Schwerbehinderteneigenschaft und des Grades der Behinderung gilt während der Geltungsdauer des Ausweises oder der Bescheinigung, bei einem Feststellungsbescheid jedoch nur während einer Dauer von fünf Jahren nach seiner Erteilung, auch für spätere Wohngeldanträge, sofern nicht Anhaltspunkte dafür gegeben sind, dass der Ausweis oder die Bescheinigung eingezogen oder in für die Wohngeldleistung maßgebenden Merkmalen berichtigt worden ist.

Die **häusliche Pflegebedürftigkeit** i. S. des § 14 SGB XI ist i. d. R. nachzuweisen durch Vorlage eines Bescheides der zuständigen Stelle:

(a) über den Bezug einer Leistung bei häuslicher Pflege nach den §§ 36 bis 39 SGB XI und teilstationärer Tages- und Nachtpflege nach § 41 SGB XI,

(b) über den Bezug von Leistungen der Hilfe zur Pflege nach den §§ 61 bis 64 SGB XII,

(c) über den Bezug von Pflegezulage nach § 35 BVG und den Gesetzen, die das BVG für anwendbar erklären,

(d) über den Bezug von Pflegezulage nach § 267 Abs. 1 LAG oder über die Gewährung eines Freibetrages wegen Pflegebedürftigkeit nach § 267 Abs. 2 Nr. 2 Buchst. c LAG.

Der Nachweis der Pflegebedürftigkeit kann auch durch Vorlage des Merkzeichens „H“ im Ausweis nach § 69 Abs. 5 SGB IX erbracht werden.

Entsprechendes gilt für Pflegebedürftige, die nur vorübergehend stationär oder teilstationär untergebracht sind.

(2) Freibetrag für Opfer der nationalsozialistischen Verfolgung: 750 Euro für jedes zu berücksichtigende Haushaltsmitglied, das Opfer der nationalsozialistischen Verfolgung oder ihm i. S. des Bundesentschädigungsgesetzes (BEG) gleichgestellt ist.

Der **Nachweis** der Eigenschaft als Verfolgter i. S. des § 1 BEG oder als diesem Gleichgestellter wird durch Vorlage des Bescheides der zuständigen Entschädigungsbehörde geführt. Unabhängig hiervon sind die Entschädigungsbehörden der Länder verpflichtet, auf entsprechende Anforderung gutachtlich dazu Stellung zu nehmen, ob die Voraussetzungen des § 17 Nr. 3 WoGG vorliegen, soweit ein Entschädigungsantrag nach dem BEG nicht gestellt worden ist. Für die Prüfung und die Abgabe dieser Stellungnahme ist entweder die nach § 185 BEG zuständige Landesentschädigungsbehörde oder diejenige Entschädigungsbehörde zuständig, in deren Bereich der Antragsteller seinen Wohnsitz oder gewöhnlichen Aufenthalt hat. Für sog. Nationalgeschädigte i. S. des Artikels VI des BEG-Schlussgesetzes ist das Bundesverwaltungsamt in Köln die zuständige Entschädigungsbehörde.

Der Freibetrag nach § 17 Nr. 3 WoGG steht auch folgenden Personen zu:

(a) Witwen, Witwern und Waisen, die als Verfolgte i. S. des § 1 Abs. 3 BEG gelten und unter den in den §§ 15 ff. BEG genannten Voraussetzungen Entschädigungen erhalten,

(b) Personen, bei denen zwar die Voraussetzungen der §§ 1 bis 4 BEG vorliegen, die aber keine Leistungen nach dem genannten Gesetz erhalten, weil z. B. der Schaden geringfügig war oder die Antragfrist versäumt worden ist,

(c) Personen, die weder Verfolgte i. S. des § 1 Abs. 1 BEG noch den Verfolgten gleichgestellt sind, aber dennoch Leistungen nach dem genannten Gesetz erhalten, z. B. Personen, die aus Gründen ihrer Nationalität geschädigt sind (Art. VI des BEG-Schlussgesetzes) oder die lediglich eine Beihilfe nach den Vorschriften über einen Härteausgleich (§ 171 BEG) erhalten.

Empfängern von Leistungen nach dem Entschädigungsrentengesetz, die nach § 4 dieses Gesetzes bei der Bemessung einkommensabhängiger Sozialleistungen nicht als Einnahme zu berücksichtigen sind, steht kein Freibetrag nach § 17 Nr. 3 WoGG zu (Nr. 17.03.3 WoGVwV).

(3) Freibetrag für Alleinerziehende: 600 Euro für jedes Kind (Haushaltsmitglied) unter zwölf Jahren, für das Kindergeld nach dem Einkommensteuergesetz oder dem Bundeskindergeldgesetz oder eine in § 65 Abs. 1 S. 1 EStG genannte Leistung gewährt wird, wenn die wohngeldberechtigte Person allein nur mit noch nicht volljährigen Haushaltsmitgliedern zusammenwohnt und wegen Erwerbstätigkeit oder Ausbildung nicht nur kurzfristig von der Wohn- und Wirtschaftsgemeinschaft abwesend ist.

Muster:

Wohnen Sie allein mit einem Kind/mit Kindern unter 12 Jahren zusammen und sind Sie wegen Erwerbstätigkeit oder Ausbildung nicht nur kurzfristig vom Haushalt abwesend? ☐ **nein** ☒ **ja**

Dauer der Abwesenheit in der Woche: *insgesamt 1 Tag*

Haushaltsmitglieder unter 12 Jahren gemäß § 17 Nr. 4 WoGG sind insbesondere:

(a) Abkömmlinge der wohngeldberechtigten Person und ihnen gleichgestellte Personen (eheliche, nicht eheliche, für ehelich erklärte und angenommene Kinder sowie Enkelkinder),

(b) Pflegekinder i. S. des § 5 Abs. 1 S. 2 Nr. 5 WoGG.

Die wohngeldberechtigte Person wohnt **allein** mit noch nicht volljährigen Haushaltsmitgliedern zusammen, wenn kein sonstiges zu berücksichtigendes oder vom Wohngeld ausgeschlossenes Haushaltsmitglied in dem Wohnraum, für den Wohngeld beantragt wird, lebt. Der Freibetrag ist auch in den Fällen des § 5 Abs. 6 WoGG (gemeinsames Sorgerecht von getrennt lebenden Eltern) zu gewähren.

Zur **Erwerbstätigkeit** (der alleinerziehenden Person) rechnet selbstständige oder nichtselbstständige Arbeit, Tätigkeit in Land- und Forstwirtschaft oder im Gewerbebetrieb.

Ausbildung ist umfassend zu verstehen, insbesondere im Sinne der beruflichen Bildung (Ausbildung, Fortbildung, Umschulung), der schulischen, beruflichen und gesellschaftlichen Eingliederung, z. B. der Teilnahme an einem Deutsch-Sprachlehrgang, und der beruflichen Rehabilitation.

Nicht nur kurzfristig von der Wohn- und Wirtschaftsgemeinschaft abwesend ist, wer nicht nur gelegentlich für Zeiten außer Haus geht, die bei Haushaltsmitgliedern unter 12 Jahren eine Betreuung durch Dritte erforderlich machen (Nr. 17.03.4 WoGVwV).

(4) Freibetrag für Kinder mit eigenem Einkommen: Der Freibetrag beträgt bis zu 600 Euro für jedes Kind eines (zu berücksichtigenden oer von Wohngeld ausgeschlossenen) Haushaltsmitgliedes, wenn das Kind ein zu berücksichtigendes Haushaltsmitglied ist, eigenes Einkommen hat und mindestens 16 Jahre, aber noch nicht 25 Jahre alt ist.

Muster:

Wohnen im Haushalt Kinder im Alter zwischen 16 und 25 Jahren mit eigenem Einkommen? ☐ **nein** ☒ **ja**

Wenn ja, wer?

Name, Vorname	geb. am
Werner Klose	*14. 11. 1990*

Eigenes Einkommen i. S. des § 17 Nr. 5 WoGG des Kindes, das ein zu berücksichtigendes Haushaltsmitglied ist, ist grundsätzlich die Summe aus den positiven Einkünften nach § 2 Abs. 1 und 2 EStG (§ 14 Abs. 1 und § 15 WoGG) und den Einnahmen nach §§ 14 Abs. 2 und 15 WoGG unter Berücksichtigung des Abzugs nach § 16 WoGG.

Bei der Ermittlung des Gesamteinkommens bleibt das eigene Einkommen des Kindes eines Haushaltsmitgliedes bis zur Höhe von 600 Euro außer Betracht. Dies gilt nicht, wenn das Kind alleiniges Haushaltsmitglied ist.

Der Freibetrag ist auch dann zu gewähren, wenn das Kind alleiniges zu berücksichtigendes Haushaltsmitglied ist, weil das andere Haushaltsmitglied vom Wohngeld ausgeschlossen ist.

g) Abzugsbeträge für Unterhaltsleistungen

Aufwendungen i. S. des § 18 WoGG sind die tatsächlich erbrachten Leistungen. Sie können – sofern eine notariell beurkundete Unterhaltsvereinbarung, ein Unterhaltstitel oder ein Bescheid nicht vorliegt – nur bis zur Höhe der in § 18 S. 1 WoGG genannten Beträge abgesetzt werden, soweit sie nachgewiesen oder glaubhaft gemacht werden. Liegt eine notariell beurkundete Unterhaltsvereinbarung, ein Unterhaltstitel oder ein Bescheid vor, sind die darin genannten Beträge abzusetzen, soweit sie nachgewiesen oder glaubhaft gemacht werden.

Bei der Ermittlung des Gesamteinkommens sind die folgenden zu erwartenden Aufwendungen zur **Erfüllung gesetzlicher Unterhaltsverpflichtungen** abzuziehen:

Kraft Gesetzes unterhaltspflichtig sind folgende Personen:

(a) Ehegatten untereinander (§§ 1360 und 1361 BGB),
(b) Lebenspartner und Lebenspartnerinnen untereinander (§ 5 LPartG),
(c) Verwandte in gerader Linie untereinander (§ 1601 BGB),
(d) der Vater gegenüber seinem nichtehelichen Kind (§ 1615a i. V. m. § 1601 BGB),
(e) der Vater gegenüber der Mutter seines nichtehelichen Kindes (§ 1615l Abs. 1 bis 4 BGB),
(f) die Mutter gegenüber dem Vater ihres nichtehelichen Kindes, wenn der Vater das Kind betreut (§ 1615l Abs. 5 i. V. m. Abs. 2 S. 2 BGB),
(g) geschiedene Ehegatten untereinander (§§ 1569 bis 1579 BGB),
(h) frühere oder dauernd getrennt lebende Lebenspartner und Lebenspartnerinnen untereinander (§§ 12 und 16 LPartG).

Besteht eine gesetzliche Unterhaltspflicht eines Haushaltsmitglieds gegenüber mehreren Personen, kann für jede unterhaltene Person je ein Betrag bis zum jeweiligen Höchstbetrag abgesetzt werden (Mehrfachabsetzung).

Unterhaltszahlungen an ein Land nach § 7 UVG (Ausgleich für Vorausleistung des Unterhalts durch das Land) stellen ebenfalls Aufwendungen zur Erfüllung der gesetzlichen Unterhaltspflicht dar:

(1) bis zu 3.000 Euro jährlich für ein zu berücksichtigendes Haushaltsmitglied, das wegen Berufsausbildung auswärts wohnt, soweit es nicht von Nr. 2 (s. S. 83) erfasst ist.

Als **Berufsausbildung** i. S. des § 18 S. 1 Nr. 1 WoGG ist jede Ausbildung anzusehen, welche die zur Ausübung eines künftigen Berufs notwendigen fachlichen Fertigkeiten und Kenntnisse in einem geordneten Ausbildungsgang vermittelt. Darunter fallen insbesondere der Besuch von allgemeinbildenden und beruflichen Schulen und von Hochschulen einschließlich der Vorbereitung auf eine Promotion, die Ausbildung für einen anerkannten Ausbildungsberuf sowie die Teilnahme an berufsvorbereitenden Bildungsmaßnahmen i. S. des § 61 SGB III.

Ob die Berufsausbildung abgeschlossen ist, ist nach den Verhältnissen des Einzelfalles zu beurteilen. Eine Ausbildung, die an sich zur Ausübung eines Berufs befähigt, kann noch andauern, wenn eine gehobenere Stellung oder ein anderer Beruf angestrebt wird.

Der Besuch von ein- bis zweistündigen Tageskursen (Abendkursen) kann nicht als Berufsausbildung angesehen werden (Nr. 18.03 WoGVwV).

In den Fällen nach § 18 S. 1 Nr. 1 WoGG müssen die Unterhaltsleistungen von einem zu berücksichtigenden Haushaltsmitglied an ein zu berücksichtigendes Haushaltsmitglied geleistet werden.

(2) bis zu 3.000 Euro jährlich für ein Kind, das Haushaltsmitglied nach § 5 Abs. 6 WoGG ist; dies gilt nur für Aufwendungen, die an das Kind als Haushaltsmitglied bei dem anderen Elternteil geleistet werden.

In den Fällen nach § 18 S. 1 Nr. 2 WoGG müssen die Unterhaltsleistungen von einem Elternteil an das andere Elternteil für das gemeinsame Kind geleistet werden, ein gemeinsames Sorgerecht vorliegen und die Betreuung i. S. des § 5 Abs. 6 S. 1 oder S. 2 WoGG wahrgenommen werden.

Liegt kein Fall des § 5 Abs. 6 WoGG vor, gilt für alle anderen gemeinsamen Kinder, für die Unterhalt gezahlt wird, § 18 S. 1 Nr. 4 WoGG.

(3) bis zu 6.000 Euro jährlich für einen früheren oder dauernd getrennt lebenden Ehe- oder Lebenspartner oder eine frühere oder dauernd getrennt lebende Ehe- oder Lebenspartnerin, der oder die kein Haushaltsmitglied ist.

(4) bis zu 3.000 Euro jährlich für eine sonstige Person, die kein Haushaltsmitglied ist.

Muster:

Zahlen Sie oder eine andere zum Haushalt gehörende Person aufgrund gesetzlicher Verpflichtungen Unterhalt? ☐ **nein** ☒ **ja**

Wenn ja: Wer? (Name, Vorname)	**Für wen?** (Name, Vorname, Geburtsdatum, Verwandtschaftsverhältnis, Anschrift)	Betrag pro Monat in €	Grund (*)
ich	*Hansi Meier*	*250 Euro*	*Kindsvater*
ich	*Ferdinand Klotz*	*200 Euro*	*Kindsvater*

In den Fällen nach § 18 S. 1 Nr. 3 und 4 WoGG müssen die Unterhaltsleistungen von einem zu berücksichtigenden Haushaltsmitglied an eine Person erbracht werden, die kein Haushaltsmitglied ist.

Teil VII. Entscheidung über den Wohngeldantrag

1. Verwaltungsverfahren

Das Verwaltungsverfahren beginnt regelmäßig dann, wenn Sie den Antrag auf Wohngeld gestellt haben. Es endet grundsätzlich mit der Bewilligung von Wohngeld oder der Ablehnung des Antrags.

2. Auskunftspflichten

Gegenüber der Wohngeldbehörde sind folgende Personen grundsätzlich auskunftspflichtig:
- die wohngeldberechtigte/antragstellende Person,
- die anderen Haushaltsmitglieder (unabhängig davon, ob sie bei der Berechnung des Wohngeldes zu berücksichtigen oder vom Wohngeld ausgeschlossen sind),
- sonstige Mitbewohner, die keine Haushaltsmitglieder sind.

Soweit ein Unterhaltsanspruch eines zu berücksichtigenden Haushaltsmitglieds festgestellt wurde, sind folgende Personen, wenn sie kein Haushaltsmitglied sind, auskunftspflichtig:
- Ehepartner,
- frühere Ehepartner,
- Lebenspartner (i. S. des LPartG),
- frühere Lebenspartner,
- Kinder der zu berücksichtigenden Haushaltsmitglieder,
- Eltern der zu berücksichtigenden Haushaltsmitglieder.

Soweit erforderlich, ist auch der Arbeitgeber eines zu berücksichtigenden Haushaltsmitglieds verpflichtet, der zuständigen Wohngeldbehörde über Art und Dauer des jeweiligen Arbeitsverhältnisses, über den Arbeitsverdienst (Lohn, Gehalt) und über die Arbeitsstätte Auskunft zu geben.

Außerdem ist der Vermieter bzw. die Vermieterin der Wohnung, für die Wohngeld beantragt wird, verpflichtet, Auskunft über die

Höhe und die Zusammensetzung der Miete, aber auch über andere das Miet- oder Nutzungsverhältnis betreffende Umstände zu geben.

Beachten Sie:

(1) Kommt die antragstellende Person ihren Mitwirkungspflichten nicht nach und wird hierdurch die Aufklärung des Sachverhalts erheblich erschwert, kann die Wohngeldbehörde ohne weitere Ermittlung den Wohngeldantrag ablehnen.

(2) Kommen die vorgenannten Personen ihrer Pflicht zur umfassenden Auskunft vorsätzlich oder leichtfertig nicht nach, handeln sie ordnungswidrig. Die Ordnungswidrigkeit kann mit einer Geldbuße von bis zu 2.000 Euro geahndet werden!

(3) Die Auskunftspflicht kann auch mit Zwangsgeld durchgesetzt werden, und zwar auch dann, wenn bereits ein Bußgeld verhängt wurde!

Hat die Wohngeldbehörde nach einem Abgleich der Wohngeld-Daten mit den Daten über Freistellungsanträge über Kapitalerträge, die beim Bundeszentralamt für Steuern gespeichert sind, den Verdacht, dass Einkünfte aus Kapitalvermögen verschwiegen wurden, kann sie auch die Kapitalerträge auszahlenden Stellen (z. B. Bank, Sparkasse) um Auskunft bitten.

3. Rechtsbehelfe

Auf den Wohngeldantrag erteilt die zuständige Wohngeldbehörde einen schriftlichen Bescheid.

Halten Sie den Ihnen erteilten Wohngeldbewilligungsbescheid für unrichtig, so können Sie dagegen vorgehen. Welcher Rechtsbehelf in diesem Fall zulässig ist, innerhalb welcher Frist und bei welcher Stelle Sie ihn einlegen müssen, das alles geht aus der Rechtsbehelfsbelehrung hervor, die jeder Bescheid enthält.

Muster :

Rechtsbehelfsbelehrung

Gegen diesen Bescheid können Sie innerhalb eines Monats nach seiner Bekanntgabe Widerspruch einlegen (siehe 1.) oder unmittelbar Klage erheben (siehe 2.).

1. Wenn Sie Widerspruch einlegen:

Den Widerspruch müssen Sie schriftlich oder zur Niederschrift bei [...*Behörde, die den Bescheid erlassen hat*...] in [...] einlegen. Sollte über den Widerspruch ohne zureichenden Grund in angemessener Frist sachlich nicht entschieden werden, so können Sie Klage bei dem Verwaltungsgericht in [...], Postfachanschrift: Postfach [...], Hausanschrift: [...], schriftlich oder zur Niederschrift des Urkundsbeamten der Geschäftsstelle dieses Gerichts erheben. Die Klage können Sie nicht vor Ablauf von drei Monaten seit der Einlegung des Widerspruchs erheben, außer wenn wegen besonderer Umstände des Falles eine kürzere Frist geboten ist. In der Klage müssen Sie den Kläger, den Beklagten ([...]) und den Gegenstand des Klagebegehrens bezeichnen, ferner sollen Sie einen bestimmten Antrag stellen und die zur Begründung dienenden Tatsachen und Beweismittel angeben. Der Klageschrift sollen Sie diesen Bescheid in Urschrift oder in Abschrift beifügen. Der Klage und allen Schriftsätzen sollen Sie Abschriften für die übrigen Beteiligten beifügen.

2. Wenn Sie unmittelbar Klage erheben:

Die Klage müssen Sie innerhalb eines Monats nach Bekanntgabe dieses Bescheids bei dem Verwaltungsgericht in [...], Postfachanschrift: [...], Hausanschrift: [...], schriftlich oder zur Niederschrift des Urkundsbeamten der Geschäftsstelle dieses Gerichts erheben. In der Klage müssen Sie den Kläger, den Beklagten ([...]) und den Gegenstand des Klagebegehrens bezeichnen, ferner sollen Sie einen bestimmten Antrag stellen und die zur Begründung dienenden Tatsachen und Beweismittel angeben. Der Klageschrift sollen Sie diesen Bescheid in Urschrift oder Abschrift beifügen. Der Klage und allen Schriftsätzen sollen Sie Abschriften für die übrigen Beteiligten beifügen.

Hinweise zur Rechtsbehelfsbelehrung:

- In manchen Ländern wurde durch Gesetz im Bereich des Wohngeldrechts ein fakultatives Widerspruchsverfahren eingeführt, das eine Wahlmöglichkeit eröffnet zwischen Widerspruchseinlegung und unmittelbarer Klageerhebung.
- *Soweit die Behörde für die elektronische Widerspruchseinlegung keinen Zugang eröffnet hat:*
  Die Widerspruchseinlegung und Klageerhebung in elektronischer Form (z. B. durch E-Mail) ist unzulässig.
- *Soweit die Behörde für die elektronische Widerspruchseinlegung den Zugang eröffnet hat:*
  Ein in elektronischer Form eingelegter Widerspruch muss mit einer qualifizierten elektronischen Signatur i. S. des Signaturgesetzes versehen

sein. Die Klageerhebung in elektronischer Form (z. B. durch E-Mail) ist unzulässig.

- *Sofern kein Fall des § 188 VwGO vorliegt:*
  Kraft Bundesrecht ist in Prozessverfahren vor den Verwaltungsgerichten seit 1. 7. 2004 grundsätzlich ein Gebührenvorschuss zu entrichten.

Beachten Sie bitte Folgendes:

Den **Widerspruch** gegen den Bescheid können Sie selbst einlegen. Es bleibt Ihnen allerdings unbenommen, einen Rechtsanwalt damit zu beauftragen. Sie brauchen auch keine Angst vor den Kosten eines Widerspruchsverfahrens zu haben: dieses ist gemäß § 64 SGB X **kostenfrei**, auch wenn Sie verlieren. Den Widerspruch müssen Sie schriftlich einlegen (Fax genügt, E-Mail nicht, auch nicht Telefonat mit der Wohngeldbehörde und Aktennotiz des Behördenmitarbeiters). Ihr **schriftlicher** Widerspruch muss **innerhalb eines Monats** nach Erhalt des Bescheides bei der Wohngeldbehörde eingegangen sein (abschicken allein genügt deshalb zur Fristwahrung nicht). Sie müssen sicherstellen, dass der Widerspruch spätestens am letzten Tag der Frist bis 24 Uhr bei der Wohngeldbehörde eingegangen ist, z. B. in deren Briefkasten geworfen ist; ein Vorweg-Fax ist zur Fristwahrung und zum Fristnachweis zu empfehlen. Für die Wahrung der Frist genügt es, wenn Sie nur mitteilen, dass sie „gegen den Wohngeldbescheid vom ... Widerspruch" einlegen. Es ist zur Fristwahrung nicht erforderlich, dass Sie den Widerspruch auch begründen; das können Sie später tun, gegebenenfalls nach Aufforderung durch die Behörde.

Wenn Sie mit dem auf Ihren Widerspruch hin ergehenden Widerspruchsbescheid nicht einverstanden sind, können Sie innerhalb eines Monats nach Erhalt des Widerspruchsbescheides **Klage zum Gericht** erheben. Auch dafür brauchen Sie rechtlich keinen Rechtsanwalt. Allerdings ist das Gerichtsverfahren **nicht kostenfrei**, das Gericht verlangt von Ihnen nach Klageeingang Gerichtsgebühren, die sich nach dem Streitwert richten. Geht es z. B. um Wohngeld in Höhe von 100 Euro monatlich, das Sie mehr bewilligt haben wollen, so setzt das Gericht als Streitwert üblicherweise den Jahreswert von 100 Euro als Streitwert an, also 1.200 Euro. Der Streitwert ist aber nicht der Betrag, den Sie zahlen müssen. Er ist nur die Grundlage für die Berechnung der Gerichtsgebühren. Bei einem Streitwert von 1.200 Euro Streitwert betragen die vorweg zu zahlenden Gerichtsgebühren 165 Euro. Wenn Sie den Prozess gewinnen sollten, werden Ihnen diese vorweg zu zahlenden Gerichtsgebühren selbstverständlich vom Verlierer (konkret: von der Wohngeldbehörde) erstattet. Können Sie die vorweg zu zahlenden Gerichtsgebühren nicht bezahlen, stellen Sie einen Antrag auf **Prozesskostenhilfe** an das Verwaltungsgericht und bitten um Übersendung der Formulare für die Erklärung der persönlichen und wirtschaftlichen Verhältnisse, damit das Gericht Ihre Bedürftigkeit prüfen kann. Die Klage müssen Sie schriftlich einlegen, und zwar beim **Verwaltungsgericht** (nicht beim Sozialgericht)! Die Anschrift des zuständigen Verwaltungsgerichts erfahren Sie in der Rechtsbehelfsbelehrung des Wohngeldbescheides oder in der Rechtsmittelbelehrung des Widerspruchsbescheides. Wegen der Wahrung der Frist gilt das zum Widerspruch gesagte. Auch die Klage müssen Sie zur Fristwahrung zunächst nicht begründen, es genügt, wenn Sie dem Gericht kurz mitteilen, dass Sie „gegen den Bescheid vom ... in der Gestalt des Widerspruchbescheides vom ... Klage“ erheben. Am besten fügen Sie die Bescheide der Wohngeldbehörde und gegebenenfalls der Widerspruchsbehörde in Kopie bei.

Wenn Sie auch mit der Entscheidung des Verwaltungsgerichts nicht einverstanden sind, können Sie in die **höhere Gerichtsinstanz** gehen. Dafür brauchen Sie dann aber rechtlich zwingend einen Rechtsanwalt. Alles Nähere können Sie der Rechtsmittelbelehrung der Entscheidung des Verwaltungsgerichts entnehmen.

4. Zahlung des Wohngeldes

Das Wohngeld ist an die wohngeldberechtigte Person zu zahlen. Es kann mit schriftlicher Einwilligung der wohngeldberechtigten Person oder, wenn dies im Einzelfall geboten ist, auch ohne deren Einwilligung, an ein anderes Haushaltsmitglied, an den Empfänger oder die Empfängerin der Miete oder in bestimmten Fällen an den Sozialleistungsträger gezahlt werden.

Das Wohngeld ist **monatlich im Voraus** auf ein Konto eines Haushaltsmitgliedes bei einem Geldinstitut im Inland zu zahlen.

Ist ein solches Konto nicht vorhanden, kann das Wohngeld (in bar) an den Wohnsitz der wohngeldberechtigten Person übermittelt werden; die dadurch veranlassten Kosten werden allerdings in aller Regel vom Wohngeld abgezogen werden.

Muster:

Das Wohngeld soll überwiesen werden an:

☒ mich

☐ **folgende/n Person/ Leistungsträger**

Name, Vorname, Anschrift

auf das Konto Nr.: *430 334 558*	Bankleitzahl: *702 561 00*
bei der Bank, Sparkasse: *Kreissparkasse Hausen*	

Teil VIII. Änderungen des Wohngeldes während des Bewilligungszeitraums

1. Antrag auf Erhöhung des Wohngeldes

Das Wohngeld ist **auf Antrag** neu zu bewilligen, wenn sich im laufenden Bewilligungszeitraum:

(1) die Anzahl der zu berücksichtigenden Haushaltsmitglieder erhöht,

(2) die zu berücksichtigende Miete oder Belastung um mehr als 15 % erhöht oder

(3) das Gesamteinkommen um mehr als 15 % verringert und sich dadurch das Wohngeld erhöht.

Im Fall der Miete oder Belastung ist das Wohngeld auch rückwirkend zu bewilligen, **frühestens** jedoch ab Beginn des laufenden Bewilligungszeitraums, wenn sich die zu berücksichtigende Miete oder Belastung rückwirkend um mehr als 15 % erhöht hat. Fall (3) ist auch anzuwenden, wenn sich das Gesamteinkommen um mehr als 15 % verringert, weil sich die Anzahl der zu berücksichtigenden Haushaltsmitglieder verringert hat.

2. Verringerung oder Wegfall des Wohngeldes

Über die Leistung des Wohngeldes wird von Amts wegen mit Wirkung vom Zeitpunkt der Änderung der Verhältnisse an neu entschieden, wenn sich im laufenden Bewilligungszeitraum nicht nur vorübergehend:

(1) die Anzahl der zu berücksichtigenden Haushaltsmitglieder auf mindestens ein zu berücksichtigendes Haushaltsmitglied verringert,

(2) die zu berücksichtigende Miete oder Belastung um mehr als 15 % verringert oder

(3) das Gesamteinkommen um mehr als 15 % erhöht und dadurch das Wohngeld wegfällt oder sich verringert.

Als Zeitpunkt der Änderung der Verhältnisse gilt im Fall (1) der Tag nach dem Auszug, im Fall (2) der Beginn des Zeitraums, für den sich die zu berücksichtigende Miete oder Belastung um mehr als 15 % verringert, und im Fall (3) der Beginn des Zeitraums, für den sich das Gesamteinkommen um mehr als 15 % erhöht.

Tritt die Änderung der Verhältnisse nicht zum Ersten eines Monats ein, wird mit Wirkung vom Ersten des nächsten Monats an entschieden.

Fall (3) ist auch anzuwenden, wenn sich das Gesamteinkommen um mehr als 15% erhöht, weil sich die Anzahl der zu berücksichtigenden Haushaltsmitglieder erhöht hat.

Beachten Sie: Sie müssen der Wohngeldbehörde unverzüglich, also ohne schuldhaftes Zögern mitteilen, wenn sich im laufenden Bewilligungszeitraum nicht nur vorübergehend:

(1) die Anzahl der zu berücksichtigenden Haushaltsmitglieder verringert,

(2) die monatliche Miete oder die monatliche Belastung um mehr als 15 % gegenüber der im Bewilligungsbescheid genannten Miete oder Belastung verringert oder

(3) der Betrag aus der Summe der monatlichen positiven steuerpflichtigen Einkünfte und der monatlichen steuerfreien und nicht steuerbaren Einnahmen aller zu berücksichtigenden Haushaltsmitglieder um mehr als 15 % gegenüber dem im Bewilligungsbescheid genannten Betrag erhöht; dies gilt auch, wenn sich der Betrag um mehr als 15 % erhöht, weil sich die Anzahl der zu berücksichtigenden Haushaltsmitglieder erhöht hat.

Die anderen zu berücksichtigenden Haushaltsmitglieder sind verpflichtet, der das Wohngeld empfangenden Person Änderungen ihrer monatlichen positiven Einkünfte und sonstigen Einnahmen mitzuteilen.

Vorgenanntes gilt grundsätzlich entsprechend, wenn sich die Änderungen auf einen abgelaufenen Bewilligungszeitraum beziehen, **längstens** für drei Jahre vor Kenntnis der wohngeldberechtigten Person oder der zu berücksichtigenden Haushaltsmitglieder von der Änderung der Verhältnisse.

3. Unwirksamkeit des Bewilligungsbescheides und Wegfall des Wohngeldanspruchs

Der **Bewilligungsbescheid** wird vom Ersten des Monats an **unwirksam**, in dem der Wohnraum, für den Wohngeld bewilligt ist, von keinem zu berücksichtigenden Haushaltsmitglied mehr genutzt wird; erfolgt die Nutzungsaufgabe nicht zum Ersten eines Monats, wird der Bewilligungsbescheid vom Ersten des nächsten Monats an unwirksam.

Beispiel: Ein Fünf-Personen-Haushalt erhält Wohngeld für ein zu berücksichtigendes Haushaltsmitglied, vier Personen sind vom Wohngeld ausgeschlossen. Stirbt das berücksichtigte Haushaltsmitglied, wird der Wohngeldbewilligungsbescheid kraft Gesetzes unwirksam. Die Sterbefallregelung (siehe Teil II S. 23) kommt hier nicht zur Anwendung!

Außerdem wird der **Bewilligungsbescheid** von dem Zeitpunkt an **unwirksam**, ab dem ein zu berücksichtigendes Haushaltsmitglied nach Stellung eines Antrags auf eine Transferleistung (wie z. B. ALG II) oder der Bewilligung einer Transferleistung vom Wohngeld ausgeschlossen ist.

Beachten Sie: Sie müssen der Wohngeldbehörde unverzüglich mitteilen, wenn:

- der Wohnraum nicht mehr genutzt wird,
- für ein zu berücksichtigendes Haushaltsmitglied ein Verwaltungsverfahren zur Feststellung von Grund und Höhe einer Transferleistung begonnen hat oder
- ein zu berücksichtigendes Haushaltsmitglied eine solche Leistung empfängt,

andernfalls droht Bußgeld.

Schließlich fällt der Wohngeldanspruch für den Monat weg, in dem das Wohngeld vollständig oder überwiegend nicht zur Bezahlung der Miete oder zur Aufbringung der Belastung verwendet wird (**zweckwidrige Verwendung**). Das gilt nur nicht, soweit der Wohngeldanspruch Gegenstand einer Aufrechnung, Verrechnung oder Pfändung nach den §§ 51, 52, 54 und 55 SGB I ist oder auf einen Leistungsträger i. S. des § 12 SGB I übergegangen ist.

4. Weitere Besonderheiten

Ist Wohngeld der Wohngeldbehörde nach § 50 SGB X wieder zu erstatten (d. h. zurückzuzahlen), haften neben der wohngeldberechtigten Person die volljährigen und bei der Berechnung des Wohngeldes berücksichtigten **Haushaltsmitglieder als Gesamtschuldner**.

5. Rücküberweisung und Erstattung im Todesfall

Wird der Bewilligungsbescheid auf Grund eines Todesfalles unwirksam, gilt Wohngeld, das für die Zeit nach dem Tod des zu berücksichtigenden Haushaltsmitgliedes auf ein Konto bei einem Geldinstitut im Inland überwiesen wurde, als **unter Vorbehalt geleistet**. Das Geldinstitut muss es der überweisenden Behörde oder der Wohngeldbehörde zurücküberweisen, wenn diese es als zu Unrecht geleistet zurückfordert. Eine Verpflichtung zur Rücküberweisung besteht nicht, soweit über den entsprechenden Betrag bei Eingang der Rückforderung bereits anderweitig verfügt worden ist, es sei denn, die Rücküberweisung kann aus einem Guthaben erfolgen. Das Geldinstitut darf den überwiesenen Betrag nicht zur Befriedigung eigener Forderungen verwenden.

Hilfsweise sind folgende Personen verpflichtet, der Wohngeldbehörde den entsprechenden Betrag zu erstatten:

(1) Personen, die das Wohngeld unmittelbar in Empfang genommen haben,

(2) Personen, auf deren Konto der entsprechende Betrag durch ein bankübliches Zahlungsgeschäft weitergeleitet wurde, und

(3) Personen, die über den entsprechenden Betrag verfügungsberechtigt sind und ein bankübliches Zahlungsgeschäft zu Lasten des Kontos vorgenommen oder zugelassen haben.

Ein Geldinstitut, das eine Rücküberweisung mit dem Hinweis abgelehnt hat, dass über den entsprechenden Betrag bereits anderweitig verfügt wurde, muss der überweisenden Behörde oder der Wohngeldbehörde auf Verlangen Name und Anschrift der unter (2) und (3) genannten Personen und etwaiger neuer Kontoinhaber oder Kontoinhaberinnen benennen.

Der Rücküberweisungs- und der Erstattungsanspruch verjähren in vier Jahren nach Ablauf des Kalenderjahres, in dem die Wohngeldbehörde Kenntnis von der Überzahlung erlangt hat.

Teil IX. Einmaliger zusätzlicher Wohngeldbetrag

Ist Ihnen Wohngeld für mindestens einen, in dem Zeitraum vom 1. 10. 2008 bis zum 31. 3. 2009 liegenden, Monat bewilligt worden, wird Ihnen, ohne dass Sie es extra beantragen müssen, **von Amts wegen** ein einmaliger zusätzlicher Wohngeldbetrag gewährt. Der Einmalbetrag soll Ihnen bei der Begleichung der Heizkostenabrechnung für die Heizperiode 2008/2009 helfen.

Der einmalige zusätzliche Wohngeldbetrag wird nach der „Zahl der zu berücksichtigenden Personen" geleistet.

Zu berücksichtigende Personen sind die zum Haushalt zu rechnenden Familienmitglieder i. S. des § 4 WoGG, in der bis zum 31. 12. 2008 geltenden Fassung, oder die zu berücksichtigenden Haushaltsmitglieder nach dem seit 1. 1. 2009 geltenden WoGG.

Der einmalige zusätzliche Wohngeldbetrag beträgt für:

- eine zu berücksichtigende Person 100 Euro,
- zwei zu berücksichtigende Personen 130 Euro,
- drei zu berücksichtigende Personen 155 Euro,
- vier zu berücksichtigende Personen 180 Euro,
- fünf zu berücksichtigende Personen 205 Euro und
- jede weitere zu berücksichtigende Person zusätzlich 25 Euro.

Anhang

1. Wohngeldgesetz (WoGG)[1]

Vom 24. September 2008 (BGBl. I S. 1856), zuletzt geänd. durch G v. 28. 3. 2009 (BGBl. I S. 634).

Teil 1. Zweck des Wohngeldes und Wohngeldberechtigung

§ 1 Zweck des Wohngeldes. (1) Das Wohngeld dient der wirtschaftlichen Sicherung angemessenen und familiengerechten Wohnens.

(2) Das Wohngeld wird als Zuschuss zur Miete (Mietzuschuss) oder zur Belastung (Lastenzuschuss) für den selbst genutzten Wohnraum geleistet.

§ 2 Wohnraum. Wohnraum sind Räume, die vom Verfügungsberechtigten zum Wohnen bestimmt und hierfür nach ihrer baulichen Anlage und Ausstattung tatsächlich geeignet sind.

§ 3 Wohngeldberechtigung. (1) [1]Wohngeldberechtigte Person ist für den Mietzuschuss jede natürliche Person, die Wohnraum gemietet hat und diesen selbst nutzt. [2]Ihr gleichgestellt sind

1. die nutzungsberechtigte Person des Wohnraums bei einem dem Mietverhältnis ähnlichen Nutzungsverhältnis (zur mietähnlichen Nutzung berechtigte Person), insbesondere die Person, die ein mietähnliches Dauerwohnrecht hat,
2. die Person, die Wohnraum im eigenen Haus, das mehr als zwei Wohnungen hat, bewohnt, und
3. die Person, die in einem Heim im Sinne des Heimgesetzes oder entsprechender Gesetze der Länder nicht nur vorübergehend aufgenommen ist.

(2) [1]Wohngeldberechtigte Person ist für den Lastenzuschuss jede natürliche Person, die Eigentum an selbst genutztem Wohnraum hat. [2]Ihr gleichgestellt sind

---

1 Verkündet als Art. 1 G zur Neuregelung des Wohngeldrechts und zur Änd. des Sozialgesetzbuches v. 24. 9. 2008 (BGBl. I S. 1856); Inkrafttreten gem. Art. 6 Abs. 1 Satz 1 dieses G am 1. 1. 2009 mit Ausnahme des § 12 Abs. 2 bis 5 und des § 38, die gem. Art. 6 Abs. 2 Satz 1 am 1. 10. 2008 in Kraft getreten sind.

1. die erbbauberechtigte Person,
2. die Person, die ein eigentumsähnliches Dauerwohnrecht, ein Wohnungsrecht oder einen Nießbrauch innehat, und
3. die Person, die einen Anspruch auf Bestellung oder Übertragung des Eigentums, des Erbbaurechts, des eigentumsähnlichen Dauerwohnrechts, des Wohnungsrechts oder des Nießbrauchs hat.

[3]Die Sätze 1 und 2 gelten nicht im Fall des Absatzes 1 Satz 2 Nr. 2.

(3) [1]Erfüllen mehrere Personen für denselben Wohnraum die Voraussetzungen des Absatzes 1 oder des Absatzes 2 und sind sie zugleich Haushaltsmitglieder (§ 5), ist nur eine dieser Personen wohngeldberechtigt. [2]In diesem Fall bestimmen diese Personen die wohngeldberechtigte Person.

(4) Wohngeldberechtigt ist nach Maßgabe der Absätze 1 bis 3 auch, wer zwar nach den §§ 7 und 8 Abs. 1 vom Wohngeld ausgeschlossen ist, aber mit mindestens einem zu berücksichtigenden Haushaltsmitglied (§ 6) eine Wohn- und Wirtschaftsgemeinschaft (§ 5 Abs. 3 und 4) führt.

(5) [1]Ausländer im Sinne des § 2 Abs. 1 des Aufenthaltsgesetzes (ausländische Personen) sind nach Maßgabe der Absätze 1 bis 4 nur wohngeldberechtigt, wenn sie sich im Bundesgebiet tatsächlich aufhalten und

1. ein Aufenthaltsrecht nach dem Freizügigkeitsgesetz/EU haben,
2. einen Aufenthaltstitel oder eine Duldung nach dem Aufenthaltsgesetz haben,
3. ein Recht auf Aufenthalt nach einem völkerrechtlichen Abkommen haben,
4. eine Aufenthaltsgestattung nach dem Asylverfahrensgesetz haben,
5. die Rechtsstellung eines heimatlosen Ausländers im Sinne des Gesetzes über die Rechtsstellung heimatloser Ausländer im Bundesgebiet haben oder
6. auf Grund einer Rechtsverordnung vom Erfordernis eines Aufenthaltstitels befreit sind.

[2]Nicht wohngeldberechtigt sind ausländische Personen, die durch eine völkerrechtliche Vereinbarung von der Anwendung deutscher Vorschriften auf dem Gebiet der sozialen Sicherheit befreit sind.

Teil 2. Berechnung und Höhe des Wohngeldes

Kapitel 1. Berechnungsgrößen des Wohngeldes

§ 4 Berechnungsgrößen des Wohngeldes. Das Wohngeld richtet sich nach

1. der Anzahl der zu berücksichtigenden Haushaltsmitglieder (§§ 5 bis 8),
2. der zu berücksichtigenden Miete oder Belastung (§§ 9 bis 12) und
3. dem Gesamteinkommen (§§ 13 bis 18) und ist nach § 19 zu berechnen.

Kapitel 2. Haushaltsmitglieder

§ 5 Haushaltsmitglieder. (1) [1]Haushaltsmitglied ist die wohngeldberechtigte Person, wenn der Wohnraum, für den sie Wohngeld beantragt, der Mittelpunkt ihrer Lebensbeziehungen ist. [2]Haushaltsmitglied ist auch, wer

1. als Ehegatte eines Haushaltsmitgliedes von diesem nicht dauernd getrennt lebt,
2. als Lebenspartner oder Lebenspartnerin eines Haushaltsmitgliedes von diesem nicht dauernd getrennt lebt,
3. mit einem Haushaltsmitglied so zusammenlebt, dass nach verständiger Würdigung der wechselseitige Wille anzunehmen ist, Verantwortung füreinander zu tragen und füreinander einzustehen,
4. mit einem Haushaltsmitglied in gerader Linie oder zweiten oder dritten Grades in der Seitenlinie verwandt oder verschwägert ist,
5. ohne Rücksicht auf das Alter Pflegekind eines Haushaltsmitgliedes ist,
6. Pflegemutter oder Pflegevater eines Haushaltsmitgliedes ist

und mit der wohngeldberechtigten Person in einer Wohn- und Wirtschaftsgemeinschaft lebt, wenn der Wohnraum, für den Wohngeld beantragt wird, der jeweilige Mittelpunkt der Lebensbeziehungen ist.

(2) Ein wechselseitiger Wille, Verantwortung füreinander zu tragen und füreinander einzustehen, wird vermutet, wenn mindestens eine der Voraussetzungen nach den Nummern 1 bis 4 des § 7 Abs. 3a des Zweiten Buches Sozialgesetzbuch erfüllt ist.

(3) Eine Wohngemeinschaft liegt vor, wenn Personen Wohnraum gemeinsam bewohnen.

(4) [1]Eine Wirtschaftsgemeinschaft liegt vor, wenn Personen sich ganz oder teilweise gemeinsam mit dem täglichen Lebensbedarf versorgen. [2]Sie wird vermutet, wenn Personen in einer Wohngemeinschaft leben.

(5) Ausländische Personen sind nur Haushaltsmitglieder nach Absatz 1 Satz 2, wenn sie die Voraussetzungen der Wohngeldberechtigung nach § 3 Abs. 5 erfüllen.

(6) [1]Haben nicht nur vorübergehend getrennt lebende Eltern das gemeinsame Sorgerecht für ein Kind oder mehrere Kinder und halten sie für die Kinderbetreuung zusätzlichen Wohnraum bereit, ist jedes annähernd zu gleichen Teilen betreute Kind bei beiden Elternteilen Haushaltsmitglied. [2]Betreuen die Eltern mindestens zwei dieser Kinder nicht zu annähernd gleichen Teilen, ist bei dem Elternteil mit dem geringeren Betreuungsanteil nur das jüngste dieser nicht zu annähernd gleichen Teilen betreuten Kinder Haushaltsmitglied. [3]Für Pflegekinder und Pflegeeltern gelten die Sätze 1 und 2 entsprechend.

§ 6 Zu berücksichtigende Haushaltsmitglieder. (1) Bei der Berechnung des Wohngeldes sind vorbehaltlich des Absatzes 2 und der §§ 7 und 8 sämtliche Haushaltsmitglieder zu berücksichtigen (zu berücksichtigende Haushaltsmitglieder).

(2) [1]Stirbt ein zu berücksichtigendes Haushaltsmitglied, ist dies für die Dauer von zwölf Monaten nach dem Sterbemonat ohne Einfluss auf die bisher maßgebende Anzahl der zu berücksichtigenden Haushaltsmitglieder. [2]Satz 1 ist nicht mehr anzuwenden, wenn nach dem Todesfall

1. die Wohnung aufgegeben wird,
2. die Zahl der zu berücksichtigenden Haushaltsmitglieder sich mindestens auf den Stand vor dem Todesfall erhöht oder
3. der auf den Verstorbenen entfallende Anteil der Kosten der Unterkunft in einer Leistung nach § 7 Abs. 1 mindestens teilweise berücksichtigt wird.

§ 7 Ausschluss vom Wohngeld. (1) [1]Vom Wohngeld ausgeschlossen sind Empfänger und Empfängerinnen von

1. Arbeitslosengeld II und Sozialgeld nach dem Zweiten Buch Sozialgesetzbuch, auch in den Fällen des § 25 des Zweiten Buches Sozialgesetzbuch,
2. Zuschüssen nach § 22 Abs. 7 des Zweiten Buches Sozialgesetzbuch,
3. Übergangsgeld in Höhe des Betrages des Arbeitslosengeldes II nach § 21 Abs. 4 Satz 1 des Sechsten Buches Sozialgesetzbuch,
4. Verletztengeld in Höhe des Betrages des Arbeitslosengeldes II nach § 47 Abs. 2 des Siebten Buches Sozialgesetzbuch,
5. Grundsicherung im Alter und bei Erwerbsminderung nach dem Zwölften Buch Sozialgesetzbuch,
6. Hilfe zum Lebensunterhalt nach dem Zwölften Buch Sozialgesetzbuch,
7.
   a) ergänzender Hilfe zum Lebensunterhalt oder
   b) anderen Hilfen in einer stationären Einrichtung, die den Lebensunterhalt umfassen,

nach dem Bundesversorgungsgesetz oder nach einem Gesetz, das dieses für anwendbar erklärt,

8. Leistungen in besonderen Fällen und Grundleistungen nach dem Asylbewerberleistungsgesetz oder
9. Leistungen nach dem Achten Buch Sozialgesetzbuch in Haushalten, zu denen ausschließlich Personen gehören, die diese Leistungen empfangen,

wenn bei deren Berechnung Kosten der Unterkunft berücksichtigt worden sind (Leistungen). [2]Der Ausschluss besteht in den Fällen des Satzes 1 Nr. 3 und 4, wenn bei der Berechnung des Arbeitslosengeldes II Kosten der Unterkunft berücksichtigt worden sind. [3]Der Ausschluss besteht nicht, wenn

1. die Leistungen nach den Sätzen 1 und 2 ausschließlich als Darlehen gewährt werden oder
2. durch Wohngeld die Hilfebedürftigkeit im Sinne des § 9 des Zweiten Buches Sozialgesetzbuch, des § 19 Abs. 1 und 2 des Zwölften Buches Sozialgesetzbuch oder des § 27a des Bundesversorgungsgesetzes vermieden oder beseitigt werden kann und
   a) die Leistungen nach Satz 1 Nr. 1 bis 7 während der Dauer des Verwaltungsverfahrens zur Feststellung von Grund und Höhe dieser Leistungen noch nicht erbracht worden sind oder
   b) der zuständige Träger eine der in Satz 1 Nr. 1 bis 7 genannten Leistungen als nachrangig verpflichteter Leistungsträger nach § 104 des Zehnten Buches Sozialgesetzbuch erbringt.

(2) [1]Ausgeschlossen sind auch Haushaltsmitglieder, die in
1. § 7 Abs. 3 des Zweiten Buches Sozialgesetzbuch, auch in den Fällen des Übergangs- oder Verletztengeldes nach Absatz 1 Satz 1 Nr. 3 und 4 bei der Berechnung des Arbeitslosengeldes II,
2. § 19 Abs. 1 und 4 sowie den §§ 20 und 43 Abs. 1 des Zwölften Buches Sozialgesetzbuch,
3. § 27a Satz 2 des Bundesversorgungsgesetzes in Verbindung mit § 19 Abs. 1 des Zwölften Buches Sozialgesetzbuch oder
4. § 1 Abs. 1 Nr. 6 des Asylbewerberleistungsgesetzes

genannt und bei der gemeinsamen Ermittlung ihres Bedarfs oder nach § 43 Abs. 1 des Zwölften Buches Sozialgesetzbuch bei der Ermittlung der Leistung nach Absatz 1 Satz 1 Nr. 5 berücksichtigt worden sind. [2]Der Ausschluss besteht nicht, wenn
1. die Leistungen nach Absatz 1 Satz 1 und 2 ausschließlich als Darlehen gewährt werden oder
2. die Voraussetzungen des Absatzes 1 Satz 3 Nr. 2 vorliegen.

(3) Ausgeschlossen sind auch Haushaltsmitglieder, deren Leistungen nach Absatz 1 auf Grund einer Sanktion vollständig weggefallen sind.

§ 8 Dauer des Ausschlusses vom Wohngeld und Verzicht auf Leistungen.
(1) [1]Der Ausschluss vom Wohngeld besteht vorbehaltlich des § 7 Abs. 1 Satz 3 Nr. 2 und Abs. 2 Satz 2 Nr. 2 für die Dauer des Verwaltungsverfahrens zur Feststellung von Grund und Höhe der Leistungen nach § 7 Abs. 1. [2]Der Ausschluss besteht vorbehaltlich des § 7 Abs. 1 Satz 3 Nr. 2 und Abs. 2 Satz 2 Nr. 2
1. nach der Antragstellung auf eine Leistung nach § 7 Abs. 1 ab dem Ersten
   a) des Monats, für den der Antrag gestellt worden ist, oder
   b) des nächsten Monats, wenn die Leistung nach § 7 Abs. 1 nicht vom Ersten eines Monats an beantragt wird,

2. nach der Bewilligung einer Leistung nach § 7 Abs. 1 ab dem Ersten
   a) des Monats, für den die Leistung nach § 7 Abs. 1 bewilligt wird, oder
   b) des nächsten Monats, wenn die Leistung nach § 7 Abs. 1 nicht vom Ersten eines Monats an bewilligt wird,
3. bis zum Letzten
   a) des Monats, wenn die Leistung nach § 7 Abs. 1 bis zum Letzten eines Monats bewilligt wird, oder
   b) des Vormonats, wenn die Leistung nach § 7 Abs. 1 nicht bis zum Letzten eines Monats bewilligt wird.

[3]Der Ausschluss gilt für den Zeitraum als nicht erfolgt, für den der Antrag auf eine Leistung nach § 7 Abs. 1 zurückgenommen, die Leistung nach § 7 Abs. 1 abgelehnt, versagt, entzogen oder ausschließlich als Darlehen gewährt wird.

(2) Verzichten Haushaltsmitglieder auf die Leistungen nach § 7 Abs. 1, um Wohngeld zu beantragen, gilt ihr Ausschluss vom Zeitpunkt der Wirkung des Verzichts an als nicht erfolgt; § 46 Abs. 2 des Ersten Buches Sozialgesetzbuch ist in diesem Fall nicht anzuwenden.

Kapitel 3. Miete und Belastung

§ 9 Miete. (1) Miete ist das vereinbarte Entgelt für die Gebrauchsüberlassung von Wohnraum auf Grund von Mietverträgen oder ähnlichen Nutzungsverhältnissen einschließlich Umlagen, Zuschlägen und Vergütungen.

(2) Von der Miete nach Absatz 1 sind abzuziehen:
1. Betriebskosten für zentrale Heizungs- und Warmwasserversorgungsanlagen sowie zentrale Brennstoffversorgungsanlagen,
2. Kosten der eigenständig gewerblichen Lieferung von Wärme und Warmwasser, soweit sie den in Nummer 1 bezeichneten Kosten entsprechen,
3. Untermietzuschläge,
4. Zuschläge für die Nutzung von Wohnraum zu anderen als Wohnzwecken,
5. Vergütungen für die Überlassung von Möbeln mit Ausnahme von üblichen Einbaumöbeln.

(3) [1]Im Fall des § 3 Abs. 1 Satz 2 Nr. 2 ist als Miete der Mietwert des Wohnraums zu Grunde zu legen. [2]Im Fall des § 3 Abs. 1 Satz 2 Nr. 3 ist als Miete der Höchstbetrag nach § 12 Abs. 1 zu Grunde zu legen.

§ 10 Belastung. (1) Belastung sind die Kosten für den Kapitaldienst und die Bewirtschaftung von Wohnraum in vereinbarter oder festgesetzter Höhe.

(2) [1]Die Belastung ist von der Wohngeldbehörde (§ 24 Abs. 1 Satz 1) in einer Wohngeld-Lastenberechnung zu ermitteln. [2]Von einer vollständigen Wohngeld-Lastenberechnung kann abgesehen werden, wenn die auf den

Wohnraum entfallende Belastung aus Zinsen und Tilgungen den nach § 12 Abs. 1 maßgebenden Höchstbetrag erreicht oder übersteigt.

§ 11 Zu berücksichtigende Miete und Belastung. (1) [1]Die bei der Berechnung des Wohngeldes zu berücksichtigende Miete oder Belastung ist die Summe aus

1. der Miete oder Belastung, die sich nach § 9 oder § 10 ergibt, soweit sie nicht nach den Absätzen 2 und 3 in dieser Berechnungsreihenfolge außer Betracht bleibt, jedoch nur bis zum Höchstbetrag nach § 12 Abs. 1, und
2. dem Betrag für Heizkosten nach § 12 Abs. 6.

[2]Im Fall des § 3 Abs. 1 Satz 2 Nr. 3 ist die Summe aus dem Höchstbetrag nach § 12 Abs. 1 und dem Betrag für Heizkosten nach § 12 Abs. 6 zu berücksichtigen.

(2) Die Miete oder Belastung, die sich nach § 9 oder § 10 ergibt, bleibt in folgender Berechnungsreihenfolge und zu dem Anteil außer Betracht,

1. der auf den Teil des Wohnraums entfällt, der ausschließlich gewerblich oder beruflich genutzt wird;
2. der auf den Teil des Wohnraums entfällt, der einer Person, die kein Haushaltsmitglied ist, entgeltlich oder unentgeltlich zum Gebrauch überlassen ist; übersteigt das Entgelt für die Gebrauchsüberlassung die auf diesen Teil des Wohnraums entfallende Miete oder Belastung, ist das Entgelt in voller Höhe abzuziehen;
3. der dem Anteil einer entgeltlich oder unentgeltlich mitbewohnenden Person, die kein Haushaltsmitglied ist, aber deren Mittelpunkt der Lebensbeziehungen der Wohnraum ist und die nicht selbst die Voraussetzungen des § 3 Abs. 1 oder Abs. 2 erfüllt, an der Gesamtzahl der Bewohner und Bewohnerinnen entspricht; übersteigt das Entgelt der mitbewohnenden Person die auf diese entfallende Miete oder Belastung, ist das Entgelt in voller Höhe abzuziehen;
4. der durch Leistungen aus öffentlichen Haushalten oder Zweckvermögen, insbesondere Leistungen zur Wohnkostenentlastung nach dem Zweiten Wohnungsbaugesetz, dem Wohnraumförderungsgesetz oder entsprechenden Gesetzen der Länder, an den Mieter oder den selbst nutzenden Eigentümer zur Senkung der Miete oder Belastung gedeckt wird, soweit die Leistungen nicht von § 14 Abs. 2 Nr. 30 erfasst sind;
5. der durch Leistungen einer nach § 68 des Aufenthaltsgesetzes verpflichteten Person gedeckt wird, die ein zu berücksichtigendes Haushaltsmitglied zur Bezahlung der Miete oder Aufbringung der Belastung erhält.

(3) [1]Ist mindestens ein Haushaltsmitglied vom Wohngeld ausgeschlossen, ist nur der Anteil der Miete oder Belastung zu berücksichtigen, der dem Anteil der zu berücksichtigenden Haushaltsmitglieder an der Gesamtzahl der Haus-

haltsmitglieder entspricht. [2]In diesem Fall sind nur der Anteil des Höchstbetrages nach § 12 Abs. 1 und der Anteil des Betrages für Heizkosten nach § 12 Abs. 6 zu berücksichtigen, der dem Anteil der zu berücksichtigenden Haushaltsmitglieder an der Gesamtzahl der Haushaltsmitglieder entspricht; die Gesamtzahl der Haushaltsmitglieder ist für die Ermittlung des Höchstbetrages und des Betrages für Heizkosten maßgebend.

§ 12[2] Höchstbeträge für Miete und Belastung, Beträge für Heizkosten. (1) Die folgenden monatlichen Höchstbeträge für Miete und Belastung sind vorbehaltlich des § 11 Abs. 3 nach der Anzahl der zu berücksichtigenden Haushaltsmitglieder und nach der Mietenstufe zu berücksichtigen:

Anzahl der zu berücksichtigenden Haushaltsmitglieder	Mietenstufe	Höchstbetrag in Euro
1	I	292
	II	308
	III	330
	IV	358
	V	385
	VI	407
2	I	352
	II	380
	III	402
	IV	435
	V	468
	VI	501
3	I	424
	II	451
	III	479
	IV	517
	V	556
	VI	594
4	I	490
	II	523
	III	556
	IV	600
	V	649
	VI	693

2 § 12 Abs. 2 bis 5 sind gem. Art. 6 Abs. 2 Satz 1 G v. 24. 9. 2008 (BGBl. I S. 1856) am 1. 10. 2008 in Kraft getreten.

Anzahl der zu berücksichtigenden Haushaltsmitglieder	Mietenstufe	Höchstbetrag in Euro
5	I	561
	II	600
	III	638
	IV	688
	V	737
	VI	787
Mehrbetrag für jedes weitere zu berücksichtigende Haushaltsmitglied	I	66
	II	72
	III	77
	IV	83
	V	88
	VI	99

(2) Die Zugehörigkeit einer Gemeinde zu einer Mietenstufe richtet sich nach dem Mietenniveau von Wohnraum der Hauptmieter und Hauptmieterinnen sowie der gleichzustellenden zur mietähnlichen Nutzung berechtigten Personen, für den Mietzuschuss geleistet wird.

(3) [1]Das Mietenniveau ist vom Statistischen Bundesamt festzustellen für Gemeinden mit

1. einer Einwohnerzahl von 10 000 und mehr gesondert,
2. einer Einwohnerzahl von weniger als 10 000 und gemeindefreie Gebiete nach Kreisen zusammengefasst.

[2]Maßgebend ist die Einwohnerzahl, die das statistische Landesamt auf der Grundlage des § 5 des Bevölkerungsstatistikgesetzes zum 30. September des vorletzten Kalenderjahres, das dem Tage des Inkrafttretens einer Anpassung der Höchstbeträge nach Absatz 1 vorausgeht, festgestellt hat. [3]Kann die Einwohnerzahl nicht nach Satz 2 festgestellt werden, ist der Feststellung die letzte verfügbare Einwohnerzahl zu Grunde zu legen.

(4) [1]Das Mietenniveau ist die durchschnittliche prozentuale Abweichung der Quadratmetermieten von Wohnraum in Gemeinden (Absatz 3 Satz 1) vom Durchschnitt der Quadratmetermieten des Wohnraums im Bundesgebiet. [2]Zu berücksichtigen sind nur Quadratmetermieten von Wohnraum im Sinne des Absatzes 2. [3]Das Mietenniveau wird vom Statistischen Bundesamt auf der Grundlage der Ergebnisse der Wohngeldstatistik (§§ 34 bis 36) zum 31. Dezember des vorletzten Kalenderjahres, das dem Tage des Inkrafttretens einer Anpassung der Höchstbeträge nach Absatz 1 vorausgeht, festgestellt. [4]Kann das Mietenniveau nicht nach Satz 3 festgestellt werden, sind der Feststellung die letzten verfügbaren Ergebnisse der jährlichen Wohngeldstatistik zu Grunde zu legen.

(5) Den Mietenstufen nach Absatz 1 sind folgende Mietenniveaus zugeordnet:

Mietenstufe	Mietenniveau
I	niedriger als minus 15 Prozent
II	minus 15 Prozent bis niedriger als minus 5 Prozent
III	minus 5 Prozent bis niedriger als 5 Prozent
IV	5 Prozent bis niedriger als 15 Prozent
V	15 Prozent bis niedriger als 25 Prozent
VI	25 Prozent und höher

(6) Die folgenden monatlichen Beträge für Heizkosten sind vorbehaltlich des § 11 Abs. 3 nach der Anzahl der zu berücksichtigenden Haushaltsmitglieder zu berücksichtigen:

Anzahl der zu berücksichtigenden Haushaltsmitglieder	Betrag für Heizkosten in Euro
1	24
2	31
3	37
4	43
5	49
Mehrbetrag für jedes weitere zu berücksichtigende Haushaltsmitglied	6

Kapitel 4. Einkommen

§ 13 Gesamteinkommen. (1) Das Gesamteinkommen ist die Summe der Jahreseinkommen (§ 14) der zu berücksichtigenden Haushaltsmitglieder abzüglich der Freibeträge (§ 17) und der Abzugsbeträge für Unterhaltsleistungen (§ 18).

(2) Das monatliche Gesamteinkommen ist ein Zwölftel des Gesamteinkommens.

§ 14 Jahreseinkommen. (1) [1]Das Jahreseinkommen eines zu berücksichtigenden Haushaltsmitgliedes ist vorbehaltlich des Absatzes 3 die Summe der positiven Einkünfte im Sinne des § 2 Abs. 1 und 2 des Einkommensteuergesetzes zuzüglich der Einnahmen nach Absatz 2 abzüglich der Abzugsbeträge für Steuern und Sozialversicherungsbeiträge (§ 16). [2]Bei den Einkünften im Sinne des § 2 Abs. 1 Satz 1 Nr. 1 bis 3 des Einkommensteuergesetzes ist § 7g Abs. 1 bis 4 und 7 des Einkommensteuergesetzes nicht anzuwenden. [3]Ein Ausgleich mit negativen Einkünften aus anderen Einkunftsarten oder mit negativen Einkünften des zusammenveranlagten Ehegatten ist nicht zulässig.

(2) Zum Jahreseinkommen gehören:
1. der nach § 19 Abs. 2 und § 22 Nr. 4 Satz 4 Buchstabe b des Einkommensteuergesetzes steuerfreie Betrag von Versorgungsbezügen;
2. die einkommensabhängigen, nach § 3 Nr. 6 des Einkommensteuergesetzes steuerfreien Bezüge, die auf Grund gesetzlicher Vorschriften aus öffentlichen Mitteln versorgungshalber an Wehr- und Zivildienstbeschädigte oder ihre Hinterbliebenen, Kriegsbeschädigte und Kriegshinterbliebene sowie ihnen gleichgestellte Personen gezahlt werden;
3. die den Ertragsanteil oder den der Besteuerung unterliegenden Anteil nach § 22 Nr. 1 Satz 3 Buchstabe a des Einkommensteuergesetzes übersteigenden Teile von Leibrenten;
4. die nach § 3 Nr. 3 des Einkommensteuergesetzes steuerfreien
   a) Rentenabfindungen,
   b) Beitragserstattungen,
   c) Leistungen aus berufsständischen Versorgungseinrichtungen,
   d) Kapitalabfindungen,
   e) Ausgleichszahlungen;
5. die nach § 3 Nr. 1 Buchstabe a des Einkommensteuergesetzes steuerfreien
   a) Renten wegen Minderung der Erwerbsfähigkeit nach den §§ 56 bis 62 des Siebten Buches Sozialgesetzbuch,
   b) Renten und Beihilfen an Hinterbliebene nach den §§ 63 bis 71 des Siebten Buches Sozialgesetzbuch,
   c) Abfindungen nach den §§ 75 bis 80 des Siebten Buches Sozialgesetzbuch;
6. die Lohn- und Einkommensersatzleistungen nach § 32b Abs. 1 Nr. 1 des Einkommensteuergesetzes; § 10 des Bundeselterngeld- und Elternzeitgesetzes bleibt unberührt;
7. die ausländischen Einkünfte nach § 32b Abs. 1 Nr. 2 bis 5 des Einkommensteuergesetzes;
8. die Hälfte der nach § 3 Nr. 7 des Einkommensteuergesetzes steuerfreien
   a) Unterhaltshilfe nach den §§ 261 bis 278a des Lastenausgleichsgesetzes,
   b) Beihilfe zum Lebensunterhalt nach den §§ 301 bis 301b des Lastenausgleichsgesetzes,
   c) Unterhaltshilfe nach § 44 und Unterhaltsbeihilfe nach § 45 des Reparationsschädengesetzes[3],

3 Aufgeh. mWv 30. 6. 2006 durch G v. 21. 6. 2006 (BGBl. I S. 1323).

d) Beihilfe zum Lebensunterhalt nach den §§ 10 bis 15 des Flüchtlingshilfegesetzes,

mit Ausnahme der Pflegezulage nach § 269 Abs. 2 des Lastenausgleichsgesetzes;

9. die nach § 3 Nr. 1 Buchstabe a des Einkommensteuergesetzes steuerfreien Krankentagegelder;
10. die Hälfte der nach § 3 Nr. 68 des Einkommensteuergesetzes steuerfreien Renten nach § 3 Abs. 2 des Anti-D-Hilfegesetzes;
11. die nach § 3b des Einkommensteuergesetzes steuerfreien Zuschläge für Sonntags-, Feiertags- oder Nachtarbeit;
12. die nach § 37b des Einkommensteuergesetzes von dem Arbeitgeber pauschal besteuerten Sachzuwendungen;
13. der nach § 40a des Einkommensteuergesetzes von dem Arbeitgeber pauschal besteuerte Arbeitslohn abzüglich der zu erwartenden Aufwendungen zu dessen Erwerb, Sicherung und Erhaltung, höchstens jedoch bis zur Höhe des Arbeitslohns;
14. die nach § 3 Nr. 56 des Einkommensteuergesetzes steuerfreien Zuwendungen des Arbeitgebers an eine Pensionskasse und die nach § 3 Nr. 63 des Einkommensteuergesetzes steuerfreien Beiträge des Arbeitgebers an einen Pensionsfonds, eine Pensionskasse oder für eine Direktversicherung zum Aufbau einer kapitalgedeckten betrieblichen Altersversorgung;
15. der nach § 20 Abs. 9 des Einkommensteuergesetzes steuerfreie Betrag (Sparer-Pauschbetrag), soweit die Kapitalerträge 100 Euro übersteigen;
16. die auf erhöhte Absetzungen entfallenden Beträge, soweit sie die höchstmöglichen Absetzungen für Abnutzung nach § 7 des Einkommensteuergesetzes übersteigen, und die auf Sonderabschreibungen entfallenden Beträge;
17. der nach § 3 Nr. 27 des Einkommensteuergesetzes steuerfreie Grundbetrag der Produktionsaufgaberente und das Ausgleichsgeld nach dem Gesetz zur Förderung der Einstellung der landwirtschaftlichen Erwerbstätigkeit;
18. die nach § 3 Nr. 60 des Einkommensteuergesetzes steuerfreien Leistungen aus öffentlichen Mitteln an Arbeitnehmer des Steinkohlen-, Pechkohlen- und Erzbergbaues, des Braunkohlentiefbaues und der Eisen- und Stahlindustrie aus Anlass von Stilllegungs-, Einschränkungs-, Umstellungs- oder Rationalisierungsmaßnahmen;
19. die nach § 22 Nr. 1 Satz 2 des Einkommensteuergesetzes dem Empfänger oder der Empfängerin nicht zuzurechnenden Bezüge, die ihm oder ihr von einer Person, die kein Haushaltsmitglied ist, gewährt werden, mit Ausnahme der Bezüge bis zu einer Höhe von 4 800 Euro jährlich, die für eine Pflegeperson oder Pflegekraft geleistet werden, die den Empfänger

oder die Empfängerin wegen eigener Pflegebedürftigkeit im Sinne des § 14 des Elften Buches Sozialgesetzbuch pflegt;

20.
   a) die Unterhaltsleistungen des geschiedenen oder dauernd getrennt lebenden Ehegatten, mit Ausnahme der Unterhaltsleistungen bis zu einer Höhe von 4 800 Euro jährlich, die für eine Pflegeperson oder Pflegekraft geleistet werden, die den Empfänger oder die Empfängerin wegen eigener Pflegebedürftigkeit im Sinne des § 14 des Elften Buches Sozialgesetzbuch pflegt,
   b) die Versorgungsleistungen und die Leistungen auf Grund eines schuldrechtlichen Versorgungsausgleichs,

   soweit diese Leistungen nicht von § 22 Nr. 1a, 1b oder Nr. 1c des Einkommensteuergesetzes erfasst sind;
21. die Leistungen nach dem Unterhaltsvorschussgesetz;
22. die Leistungen von Personen, die keine Haushaltsmitglieder sind, zur Bezahlung der Miete oder Aufbringung der Belastung, soweit die Leistungen nicht von Absatz 1 Satz 1, von Nummer 19 oder Nummer 20 erfasst sind;
23. die nach § 3 Nr. 48 des Einkommensteuergesetzes steuerfreien
   a) allgemeinen Leistungen nach § 5 des Unterhaltssicherungsgesetzes,
   b) Leistungen für Grundwehrdienst leistende Sanitätsoffiziere nach § 12a des Unterhaltssicherungsgesetzes;
24. die Hälfte der Pauschale für die laufenden Leistungen für den notwendigen Unterhalt ohne die Kosten der Erziehung von Kindern, Jugendlichen oder jungen Volljährigen nach § 39 Abs. 1 in Verbindung mit § 33 oder mit § 35a Abs. 2 Nr. 3, auch in Verbindung mit § 41 Abs. 2 des Achten Buches Sozialgesetzbuch, als Einkommen des Kindes, Jugendlichen oder jungen Volljährigen;
25. die Hälfte der Pauschale für die laufenden Leistungen für die Kosten der Erziehung von Kindern, Jugendlichen oder jungen Volljährigen nach § 39 Abs. 1 in Verbindung mit § 33 oder mit § 35a Abs. 2 Nr. 3, auch in Verbindung mit § 41 Abs. 2 des Achten Buches Sozialgesetzbuch, als Einkommen der Pflegeperson;
26. die Hälfte der nach § 3 Nr. 36 des Einkommensteuergesetzes steuerfreien Einnahmen für Leistungen zur Grundpflege oder hauswirtschaftlichen Versorgung;
27. die Hälfte der als Zuschüsse erbrachten
   a) Leistungen zur Förderung der Ausbildung nach dem Bundesausbildungsförderungsgesetz,
   b) Leistungen der Begabtenförderungswerke, soweit sie nicht von Nummer 28 erfasst sind,

c) Stipendien, soweit sie nicht von Buchstabe b, Nummer 28 oder Nummer 29 erfasst sind,
d) Berufsausbildungsbeihilfen und des Ausbildungsgeldes nach dem Dritten Buch Sozialgesetzbuch,
e) Beiträge zur Deckung des Unterhaltsbedarfs nach dem Aufstiegsfortbildungsförderungsgesetz;

28. die als Zuschuss gewährte Graduiertenförderung;
29. die Hälfte der nach § 3 Nr. 42 des Einkommensteuergesetzes steuerfreien Zuwendungen, die auf Grund des Fulbright-Abkommens gezahlt werden;
30. die wiederkehrenden Leistungen nach § 7 Abs. 1 Satz 1 Nr. 1 bis 9, auch wenn bei deren Berechnung keine Kosten der Unterkunft berücksichtigt worden sind, soweit sie nicht von Nummer 24 oder Nummer 25 erfasst sind oder wenn kein Fall des § 7 Abs. 1 Satz 3 Nr. 2 oder Abs. 2 Satz 2 Nr. 2 vorliegt;
31. der Mietwert des von den in § 3 Abs. 1 Satz 2 Nr. 2 genannten Personen selbst genutzten Wohnraums.

(3) Zum Jahreseinkommen gehören nicht:

1. Einkünfte aus Vermietung oder Verpachtung eines Teils des Wohnraums, für den Wohngeld beantragt wird;
2. das Entgelt, das eine den Wohnraum mitbewohnende Person im Sinne des § 11 Abs. 2 Nr. 3 hierfür zahlt;
3. Leistungen einer nach § 68 des Aufenthaltsgesetzes verpflichteten Person, soweit sie von § 11 Abs. 2 Nr. 5 erfasst sind.

§ 15 Ermittlung des Jahreseinkommens. (1) [1]Bei der Ermittlung des Jahreseinkommens ist das Einkommen zu Grunde zu legen, das im Zeitpunkt der Antragstellung im Bewilligungszeitraum zu erwarten ist. [2]Hierzu können die Verhältnisse vor dem Zeitpunkt der Antragstellung herangezogen werden; § 24 Abs. 2 bleibt unberührt.

(2) [1]Einmaliges Einkommen, das für einen bestimmten Zeitraum bezogen wird, ist diesem Zeitraum zuzurechnen. [2]Eine Abfindung, Entschädigung oder ähnliche Leistung, die im Zusammenhang mit der Beendigung eines Arbeitsverhältnisses zufließt (Entlassungsentschädigung), ist den folgenden drei Jahren nach dem Ende des Arbeitsverhältnisses zuzurechnen, wenn nicht in der Vereinbarung, die der Entlassungsentschädigung zu Grunde liegt, ein anderer Zurechnungszeitraum bestimmt ist. [3]Ist eine Entlassungsentschädigung vor der Antragstellung zugeflossen, ist sie nur dann nach Satz 1 oder Satz 2 zuzurechnen, wenn sie innerhalb von drei Jahren vor der Antragstellung zugeflossen ist.

(3) Sonderzuwendungen, Gratifikationen und gleichartige Bezüge und Vorteile, die in größeren als monatlichen Abständen gewährt werden, sind den

im Bewilligungszeitraum liegenden Monaten zu je einem Zwölftel zuzurechnen, wenn sie in den nächsten zwölf Monaten nach Beginn des Bewilligungszeitraums zufließen.

(4) Beträgt der Bewilligungszeitraum nicht zwölf Monate, ist als Einkommen das Zwölffache des im Sinne der Absätze 1 bis 3 und des § 24 Abs. 2 im Bewilligungszeitraum zu erwartenden durchschnittlichen monatlichen Einkommens zu Grunde zu legen.

§ 16 Abzugsbeträge für Steuern und Sozialversicherungsbeiträge. (1) [1]Bei der Ermittlung des Jahreseinkommens sind von dem Betrag, der sich nach den §§ 14 und 15 ergibt, jeweils 10 Prozent abzuziehen, wenn zu erwarten ist, dass
1. Steuern vom Einkommen,
2. Pflichtbeiträge zur gesetzlichen Kranken- und Pflegeversicherung,
3. Pflichtbeiträge zur gesetzlichen Rentenversicherung

im Bewilligungszeitraum zu leisten sind. [2]Satz 1 Nr. 2 und 3 gilt entsprechend, wenn keine Pflichtbeiträge, aber laufende Beiträge zu öffentlichen oder privaten Versicherungen oder ähnlichen Einrichtungen zu leisten sind, die dem Zweck der Pflichtbeiträge nach Satz 1 Nr. 2 oder Nr. 3 entsprechen. [3]Satz 2 gilt auch, wenn die Beiträge zu Gunsten eines zu berücksichtigenden Haushaltsmitgliedes zu leisten sind. [4]Die Sätze 2 und 3 gelten nicht, wenn eine im Wesentlichen beitragsfreie Sicherung oder eine Sicherung besteht, für die Beiträge von Dritten zu leisten sind.

(2) Ergibt sich kein Abzugsbetrag nach Absatz 1, sind von dem Betrag, der sich nach den §§ 14 und 15 ergibt, 6 Prozent abzuziehen.

§ 17 Freibeträge. Bei der Ermittlung des Gesamteinkommens sind die folgenden jährlichen Freibeträge abzuziehen:
1. 1 500 Euro für jedes schwerbehinderte zu berücksichtigende Haushaltsmitglied mit einem Grad der Behinderung
   a) von 100 oder
   b) von wenigstens 80 bei Pflegebedürftigkeit im Sinne des § 14 des Elften Buches Sozialgesetzbuch und gleichzeitiger häuslicher oder teilstationärer Pflege oder Kurzzeitpflege;
2. 1 200 Euro für jedes schwerbehinderte zu berücksichtigende Haushaltsmitglied mit einem Grad der Behinderung von unter 80 bei Pflegebedürftigkeit im Sinne des § 14 des Elften Buches Sozialgesetzbuch und gleichzeitiger häuslicher oder teilstationärer Pflege oder Kurzzeitpflege;
3. 750 Euro für jedes zu berücksichtigende Haushaltsmitglied, das Opfer der nationalsozialistischen Verfolgung oder ihm im Sinne des Bundesentschädigungsgesetzes gleichgestellt ist;

4. 600 Euro für jedes Haushaltsmitglied unter zwölf Jahren, für das Kindergeld nach dem Einkommensteuergesetz oder dem Bundeskindergeldgesetz oder eine in § 65 Abs. 1 Satz 1 des Einkommensteuergesetzes genannte Leistung gewährt wird, wenn die wohngeldberechtigte Person allein mit noch nicht volljährigen Haushaltsmitgliedern zusammenwohnt und wegen Erwerbstätigkeit oder Ausbildung nicht nur kurzfristig von der Wohn- und Wirtschaftsgemeinschaft abwesend ist;
5. ein Betrag in Höhe des eigenen Einkommens jedes Kindes eines Haushaltsmitgliedes, höchstens jedoch 600 Euro, wenn das Kind ein zu berücksichtigendes Haushaltsmitglied und mindestens 16 Jahre, aber noch nicht 25 Jahre alt ist.

§ 18 Abzugsbeträge für Unterhaltsleistungen. [1]Bei der Ermittlung des Gesamteinkommens sind die folgenden zu erwartenden Aufwendungen zur Erfüllung gesetzlicher Unterhaltsverpflichtungen abzuziehen:
1. bis zu 3 000 Euro jährlich für ein zu berücksichtigendes Haushaltsmitglied, das wegen Berufsausbildung auswärts wohnt, soweit es nicht von Nummer 2 erfasst ist;
2. bis zu 3 000 Euro jährlich für ein Kind, das Haushaltsmitglied nach § 5 Abs. 6 ist; dies gilt nur für Aufwendungen, die an das Kind als Haushaltsmitglied bei dem anderen Elternteil geleistet werden;
3. bis zu 6 000 Euro jährlich für einen früheren oder dauernd getrennt lebenden Ehegatten oder Lebenspartner oder eine frühere oder dauernd getrennt lebende Lebenspartnerin, der oder die kein Haushaltsmitglied ist;
4. bis zu 3 000 Euro jährlich für eine sonstige Person, die kein Haushaltsmitglied ist.

[2]Liegt in den Fällen des Satzes 1 eine notariell beurkundete Unterhaltsvereinbarung, ein Unterhaltstitel oder ein Bescheid vor, sind die jährlichen Aufwendungen bis zu dem darin festgelegten Betrag abzuziehen.

Kapitel 5. Höhe des Wohngeldes

§ 19 Höhe des Wohngeldes. (1) [1]Das ungerundete monatliche Wohngeld für bis zu zwölf zu berücksichtigende Haushaltsmitglieder beträgt

$$1{,}08 \cdot (M - (a + b \cdot M + c \cdot Y) \cdot Y) \text{ Euro.}$$

[2]„M" ist die gerundete zu berücksichtigende monatliche Miete oder Belastung in Euro. [3]„Y" ist das gerundete monatliche Gesamteinkommen in Euro. [4]„a", „b" und „c" sind nach der Anzahl der zu berücksichtigenden Haushaltsmitglieder unterschiedene Werte und ergeben sich aus der Anlage 1.

(2) Die zur Berechnung des Wohngeldes erforderlichen Rechenschritte und Rundungen sind in der Reihenfolge auszuführen, die sich aus der Anlage 2 ergibt.

(3) Sind mehr als zwölf Haushaltsmitglieder zu berücksichtigen, erhöht sich für das 13. und jedes weitere zu berücksichtigende Haushaltsmitglied das nach den Absätzen 1 und 2 berechnete monatliche Wohngeld um jeweils 43 Euro, höchstens jedoch bis zur Höhe der zu berücksichtigenden Miete oder Belastung.

Teil 3. Nichtbestehen des Wohngeldanspruchs

§ 20 Gesetzeskonkurrenz. (1) [1]Ein alleinstehender Wehrpflichtiger im Sinne des § 7a Abs. 1 des Unterhaltssicherungsgesetzes hat für die Dauer seines Grundwehrdienstes keinen Wohngeldanspruch, es sei denn, die Mietbeihilfe nach § 7a des Unterhaltssicherungsgesetzes ist abgelehnt worden; § 25 Abs. 3 gilt entsprechend. [2]Ist dem Wehrpflichtigen Wohngeld für einen Zeitraum bewilligt worden, in den der Beginn des Grundwehrdienstes fällt, ist das Wohngeld bis zum Ablauf des Bewilligungszeitraums in gleicher Höhe weiterzuleisten; § 27 Abs. 2 und § 28 bleiben unberührt. [3]Die Sätze 1 und 2 gelten entsprechend für Personen, für die § 7a Abs. 1 des Unterhaltssicherungsgesetzes unmittelbar oder entsprechend gilt.

(2) [1]Stehen allen Haushaltsmitgliedern Leistungen zur Förderung der Ausbildung nach dem Bundesausbildungsförderungsgesetz oder den §§ 59, 101 Abs. 3 oder § 104 des Dritten Buches Sozialgesetzbuch dem Grunde nach zu oder stünden ihnen diese Leistungen im Fall eines Antrages dem Grunde nach zu, besteht kein Wohngeldanspruch. [2]Satz 1 gilt nicht, wenn die Leistungen ausschließlich als Darlehen gewährt werden. [3]Satz 1 gilt auch, wenn dem Grunde nach Förderungsberechtigte der Höhe nach keinen Anspruch auf Förderung haben. [4]Ist Wohngeld für einen Zeitraum bewilligt, in den der Beginn der Ausbildung fällt, ist das Wohngeld bis zum Ablauf des Bewilligungszeitraums in gleicher Höhe weiterzuleisten; § 27 Abs. 2 und § 28 bleiben unberührt.

§ 21 Sonstige Gründe. Ein Wohngeldanspruch besteht nicht,
1. wenn das Wohngeld weniger als 10 Euro monatlich betragen würde,
2. wenn alle Haushaltsmitglieder nach den §§ 7 und 8 Abs. 1 vom Wohngeld ausgeschlossen sind oder
3. soweit die Inanspruchnahme missbräuchlich wäre, insbesondere wegen erheblichen Vermögens.

Teil 4. Bewilligung, Zahlung und Änderung des Wohngeldes

§ 22 Wohngeldantrag. (1) Wohngeld wird nur auf Antrag der wohngeldberechtigten Person geleistet.

(2) Im Fall des § 3 Abs. 3 wird vermutet, dass die antragstellende Person von den anderen Haushaltsmitgliedern als wohngeldberechtigte Person bestimmt ist.

(3) [1]Zieht die wohngeldberechtigte Person aus oder stirbt sie, kann der Antrag nach § 27 Abs. 1 auch von einem anderen Haushaltsmitglied gestellt werden, das die Voraussetzungen des § 3 Abs. 1 oder Abs. 2 erfüllt. [2]§ 3 Abs. 3 bis 5 gilt entsprechend.

(4) Wird ein Wohngeldantrag für die Zeit nach dem laufenden Bewilligungszeitraum früher als zwei Monate vor Ablauf dieses Zeitraums gestellt, gilt der Erste des zweiten Monats vor Ablauf dieses Zeitraums als Zeitpunkt der Antragstellung im Sinne des § 24 Abs. 2.

(5) § 65a des Ersten und § 115 des Zehnten Buches Sozialgesetzbuch sind nicht anzuwenden.

§ 23 Auskunftspflicht. (1) [1]Soweit die Durchführung dieses Gesetzes es erfordert, sind folgende Personen verpflichtet, der Wohngeldbehörde Auskunft über ihre für das Wohngeld maßgebenden Verhältnisse zu geben:
1. die Haushaltsmitglieder,
2. die sonstigen Personen, die mit der wohngeldberechtigten Person den Wohnraum gemeinsam bewohnen, und
3. bei einer Prüfung nach § 21 Nr. 3 zur Feststellung eines Unterhaltsanspruchs auch
   a) der Ehegatte, der Lebenspartner oder die Lebenspartnerin,
   b) der frühere Ehegatte, der frühere Lebenspartner oder die frühere Lebenspartnerin,
   c) die Kinder der zu berücksichtigenden Haushaltsmitglieder und
   d) die Eltern der zu berücksichtigenden Haushaltsmitglieder,

die keine Haushaltsmitglieder sind.
[2]Die Haushaltsmitglieder sind verpflichtet, ihr Geschlecht anzugeben (§ 33 Abs. 3 Satz 1 Nr. 6 und § 35 Abs. 1 Nr. 5).

(2) Soweit die Durchführung dieses Gesetzes es erfordert, sind die Arbeitgeber der zu berücksichtigenden Haushaltsmitglieder verpflichtet, der Wohngeldbehörde über Art und Dauer des Arbeitsverhältnisses sowie über Arbeitsstätte und Arbeitsverdienst Auskunft zu geben.

(3) Der Empfänger oder die Empfängerin der Miete ist verpflichtet, der Wohngeldbehörde über die Höhe und Zusammensetzung der Miete sowie

über andere das Miet- oder Nutzungsverhältnis betreffende Umstände Auskunft zu geben, soweit die Durchführung dieses Gesetzes es erfordert.

(4) [1]Zur Aufdeckung rechtswidriger Inanspruchnahme von Wohngeld sind die Kapitalerträge auszahlenden Stellen, denen ein zu berücksichtigendes Haushaltsmitglied einen Freistellungsauftrag für Kapitalerträge erteilt hat, verpflichtet, der Wohngeldbehörde Auskunft über die Höhe der zugeflossenen Kapitalerträge zu erteilen. [2]Ein Auskunftsersuchen der Wohngeldbehörde ist nur zulässig, wenn auf Grund eines Datenabgleichs nach § 33 der Verdacht besteht oder feststeht, dass Wohngeld rechtswidrig in Anspruch genommen wurde oder wird und dass das zu berücksichtigende Haushaltsmitglied, auch soweit es dazu berechtigt ist, nicht oder nicht vollständig bei der Ermittlung der Kapitalerträge mitwirkt.

(5) Auf die nach den Absätzen 1 bis 3 Auskunftspflichtigen sind die §§ 60 und 65 Abs. 1 und 3 des Ersten Buches Sozialgesetzbuch entsprechend anzuwenden.

§ 24 Wohngeldbehörde und Entscheidung. (1) [1]Über den Wohngeldantrag muss die nach Landesrecht zuständige oder von der Landesregierung durch Rechtsverordnung oder auf sonstige Weise bestimmte Behörde (Wohngeldbehörde) schriftlich entscheiden. [2]Die Landesregierung kann ihre Befugnis nach Satz 1, die Zuständigkeit der Wohngeldbehörden zu bestimmen, auf die für die Ausführung des Wohngeldgesetzes zuständige oberste Landesbehörde übertragen. [3]§ 69 des Ersten Buches Sozialgesetzbuch bleibt unberührt.

(2) [1]Der Entscheidung sind die Verhältnisse im Bewilligungszeitraum, die im Zeitpunkt der Antragstellung zu erwarten sind, zu Grunde zu legen. [2]Treten nach dem Zeitpunkt der Antragstellung bis zur Bekanntgabe des Wohngeldbescheides Änderungen der Verhältnisse im Bewilligungszeitraum ein, sind sie grundsätzlich nicht zu berücksichtigen; Änderungen im Sinne des § 27 Abs. 1 und 2, § 28 Abs. 1 bis 3 oder § 43 sollen berücksichtigt werden. [3]Satz 2 gilt für nach dem Zeitpunkt der Antragstellung bis zur Bekanntgabe des Wohngeldbescheides zu erwartende Änderungen entsprechend.

(3) [1]Der Bewilligungsbescheid muss die in § 27 Abs. 3 Satz 1 Nr. 2 und 3 genannten Beträge ausweisen und einen Hinweis über die Mitteilungspflichten nach § 27 Abs. 3 und 4 sowie § 28 Abs. 1 Satz 2 und Abs. 4 Satz 1 enthalten. [2]Er soll einen Hinweis enthalten, dass der Wohngeldantrag für die Zeit nach Ablauf des Bewilligungszeitraums wiederholt werden kann.

(4) Für die Aufhebung eines Wohngeldbescheides, die Rückforderung zu erstattenden Wohngeldes sowie die Unterrichtung und den Hinweis nach § 28 Abs. 5 ist die Wohngeldbehörde zuständig, die den Wohngeldbescheid erlassen hat.

§ 25 Bewilligungszeitraum. (1) [1]Das Wohngeld soll für zwölf Monate bewilligt werden. [2]Ist zu erwarten, dass sich die maßgeblichen Verhältnisse vor Ablauf von zwölf Monaten erheblich ändern, soll der Bewilligungszeitraum entsprechend verkürzt werden; im Einzelfall kann der Bewilligungszeitraum geteilt werden.

(2) [1]Der Bewilligungszeitraum beginnt am Ersten des Monats, in dem der Wohngeldantrag gestellt worden ist. [2]Treten die Voraussetzungen für die Bewilligung des Wohngeldes erst in einem späteren Monat ein, beginnt der Bewilligungszeitraum am Ersten dieses Monats.

(3) [1]Der Bewilligungszeitraum beginnt am Ersten des Monats, von dem ab Leistungen im Sinne des § 7 Abs. 1 abgelehnt worden sind, wenn der Wohngeldantrag vor Ablauf des Kalendermonats gestellt wird, der auf die Kenntnis der Ablehnung folgt. [2]Dies gilt entsprechend, wenn der Ausschluss nach § 8 Abs. 1 Satz 3 oder Abs. 2 als nicht erfolgt gilt. [3]Ist ein Bewilligungsbescheid nach § 28 Abs. 3 unwirksam geworden, beginnt abweichend von den Sätzen 1 und 2 der Bewilligungszeitraum frühestens am Ersten des Monats, von dem an die Unwirksamkeit eingetreten ist.

(4) Der neue Bewilligungszeitraum im Fall des § 27 Abs. 1 Satz 2 beginnt am Ersten des Monats, von dem an die erhöhte Miete oder Belastung rückwirkend berücksichtigt wird, wenn der Antrag vor Ablauf des Kalendermonats gestellt wird, der auf die Kenntnis von der Erhöhung der Miete oder Belastung folgt.

(5) Der neue Bewilligungszeitraum im Fall des § 28 Abs. 3 beginnt am Ersten des Monats, an dem die Unwirksamkeit des Bewilligungsbescheides eintritt, wenn der Wohngeldantrag vor Ablauf des Kalendermonats gestellt wird, der auf die Kenntnis von der Unwirksamkeit folgt.

§ 26 Zahlung des Wohngeldes. (1) [1]Das Wohngeld ist an die wohngeldberechtigte Person zu zahlen. [2]Es kann mit schriftlicher Einwilligung der wohngeldberechtigten Person oder, wenn dies im Einzelfall geboten ist, auch ohne deren Einwilligung, an ein anderes Haushaltsmitglied, an den Empfänger oder die Empfängerin der Miete oder in den Fällen des § 3 Abs. 1 Satz 2 Nr. 3 an den Leistungsträger im Sinne des § 12 des Ersten Buches Sozialgesetzbuch gezahlt werden. [3]Wird das Wohngeld nach Satz 2 gezahlt, ist die wohngeldberechtigte Person hiervon zu unterrichten. [4]Wird das Wohngeld an ein anderes Haushaltsmitglied gezahlt, ist es über die in § 27 Abs. 3 Satz 1 Nr. 2 und 3 genannten Beträge und seine Mitteilungspflichten nach § 27 Abs. 3 Satz 1 und § 28 Abs. 1 Satz 2 und Abs. 4 Satz 1 schriftlich zu unterrichten.

(2) [1]Das Wohngeld ist monatlich im Voraus auf ein Konto eines Haushaltsmitgliedes bei einem Geldinstitut im Inland zu zahlen. [2]Ist ein solches Konto

nicht vorhanden, kann das Wohngeld an den Wohnsitz der wohngeldberechtigten Person übermittelt werden; die dadurch veranlassten Kosten sollen vom Wohngeld abgezogen werden.

§ 27 Änderung des Wohngeldes. (1) [1]Das Wohngeld ist auf Antrag neu zu bewilligen, wenn sich im laufenden Bewilligungszeitraum

1. die Anzahl der zu berücksichtigenden Haushaltsmitglieder erhöht,
2. die zu berücksichtigende Miete oder Belastung abzüglich der Beträge für Heizkosten um mehr als 15 Prozent erhöht oder
3. das Gesamteinkommen um mehr als 15 Prozent verringert

und sich dadurch das Wohngeld erhöht. [2]Im Fall des Satzes 1 Nr. 2 ist das Wohngeld auch rückwirkend zu bewilligen, frühestens jedoch ab Beginn des laufenden Bewilligungszeitraums, wenn sich die zu berücksichtigende Miete oder Belastung abzüglich der Beträge für Heizkosten rückwirkend um mehr als 15 Prozent erhöht hat. [3]Satz 1 Nr. 3 ist auch anzuwenden, wenn sich das Gesamteinkommen um mehr als 15 Prozent verringert, weil sich die Anzahl der zu berücksichtigenden Haushaltsmitglieder verringert hat.

(2) [1]Über die Leistung des Wohngeldes ist von Amts wegen mit Wirkung vom Zeitpunkt der Änderung der Verhältnisse an neu zu entscheiden, wenn sich im laufenden Bewilligungszeitraum nicht nur vorübergehend

1. die Anzahl der zu berücksichtigenden Haushaltsmitglieder auf mindestens ein zu berücksichtigendes Haushaltsmitglied verringert; § 6 Abs. 2 bleibt unberührt,
2. die zu berücksichtigende Miete oder Belastung abzüglich der Beträge für Heizkosten um mehr als 15 Prozent verringert; § 6 Abs. 2 bleibt unberührt, oder
3. das Gesamteinkommen um mehr als 15 Prozent erhöht

und dadurch das Wohngeld wegfällt oder sich verringert. [2]Als Zeitpunkt der Änderung der Verhältnisse gilt im Fall des Satzes 1 Nr. 1 der Tag nach dem Auszug, im Fall des Satzes 1 Nr. 2 der Beginn des Zeitraums, für den sich die zu berücksichtigende Miete oder Belastung abzüglich der Beträge für Heizkosten um mehr als 15 Prozent verringert, und im Fall des Satzes 1 Nr. 3 der Beginn des Zeitraums, für den das erhöhte Einkommen bezogen wird, das zu einer Erhöhung des Gesamteinkommens um mehr als 15 Prozent führt. [3]Tritt die Änderung der Verhältnisse nicht zum Ersten eines Monats ein, ist mit Wirkung vom Ersten des nächsten Monats an zu entscheiden. [4]Satz 1 Nr. 3 ist auch anzuwenden, wenn sich das Gesamteinkommen um mehr als 15 Prozent erhöht, weil sich die Anzahl der zu berücksichtigenden Haushaltsmitglieder erhöht hat. [5]Als Zeitpunkt der Antragstellung im Sinne des § 24 Abs. 2 gilt der Zeitpunkt der Kenntnis der Wohngeldbehörde von den geänderten Verhältnissen.

(3) [1]Die wohngeldberechtigte Person und das Haushaltsmitglied, an welches das Wohngeld nach § 26 Abs. 1 Satz 2 gezahlt wird, müssen der Wohngeldbehörde unverzüglich mitteilen, wenn sich im laufenden Bewilligungszeitraum nicht nur vorübergehend

1. die Anzahl der zu berücksichtigenden Haushaltsmitglieder (§ 6 Abs. 1) auf mindestens ein zu berücksichtigendes Haushaltsmitglied verringert oder die Anzahl der vom Wohngeld ausgeschlossenen Haushaltsmitglieder (§§ 7 und 8 Abs. 1) erhöht,
2. die monatliche Miete (§ 9) oder die monatliche Belastung (§ 10) um mehr als 15 Prozent gegenüber der im Bewilligungsbescheid genannten Miete oder Belastung verringert oder
3. die Summe aus den monatlichen positiven Einkünften nach § 14 Abs. 1 und den monatlichen Einnahmen nach § 14 Abs. 2 aller zu berücksichtigenden Haushaltsmitglieder um mehr als 15 Prozent gegenüber dem im Bewilligungsbescheid genannten Betrag erhöht; dies gilt auch, wenn sich der Betrag um mehr als 15 Prozent erhöht, weil sich die Anzahl der zu berücksichtigenden Haushaltsmitglieder erhöht hat.

[2]Die zu berücksichtigenden Haushaltsmitglieder sind verpflichtet, der wohngeldberechtigten Person und dem Haushaltsmitglied, an welches das Wohngeld nach § 26 Abs. 1 Satz 2 gezahlt wird, Änderungen ihrer monatlichen positiven Einkünfte nach § 14 Abs. 1 und ihrer monatlichen Einnahmen nach § 14 Abs. 2 mitzuteilen.

(4) Die Absätze 2 und 3 gelten entsprechend, wenn sich die Änderungen nach Absatz 2 Satz 1 und 4 und Absatz 3 Satz 1 auf einen abgelaufenen Bewilligungszeitraum beziehen, längstens für drei Jahre vor Kenntnis der wohngeldberechtigten Person oder der zu berücksichtigenden Haushaltsmitglieder von der Änderung der Verhältnisse; der Kenntnis steht die Nichtkenntnis infolge grober Fahrlässigkeit gleich.

§ 28 Unwirksamkeit des Bewilligungsbescheides und Wegfall des Wohngeldanspruchs. (1) [1]Der Bewilligungsbescheid wird vom Ersten des Monats an unwirksam, in dem der Wohnraum, für den Wohngeld bewilligt ist, von keinem zu berücksichtigenden Haushaltsmitglied mehr genutzt wird; erfolgt die Nutzungsaufgabe nicht zum Ersten eines Monats, wird der Bewilligungsbescheid vom Ersten des nächsten Monats an unwirksam. [2]Die wohngeldberechtigte Person und das Haushaltsmitglied, an welches das Wohngeld nach § 26 Abs. 1 Satz 2 gezahlt wird, müssen der Wohngeldbehörde unverzüglich mitteilen, dass der Wohnraum nicht mehr genutzt wird.

(2) [1]Der Wohngeldanspruch fällt für den Monat weg, in dem das Wohngeld vollständig oder überwiegend nicht zur Bezahlung der Miete oder zur Aufbringung der Belastung verwendet wird (zweckwidrige Verwendung). [2]Die

zweckwidrige Verwendung gilt als wesentliche Änderung der Verhältnisse im Sinne des § 48 Abs. 1 Satz 1 und 2 des Zehnten Buches Sozialgesetzbuch. [3]Die Sätze 1 und 2 gelten nicht, soweit der Wohngeldanspruch Gegenstand einer Aufrechnung, Verrechnung oder Pfändung nach den §§ 51, 52, 54 und 55 des Ersten Buches Sozialgesetzbuch ist oder auf einen Leistungsträger im Sinne des § 12 des Ersten Buches Sozialgesetzbuch übergegangen ist.

(3) [1]Der Bewilligungsbescheid wird von dem Zeitpunkt an unwirksam, ab dem ein zu berücksichtigendes Haushaltsmitglied nach den §§ 7 und 8 Abs. 1 vom Wohngeld ausgeschlossen ist. [2]Im Fall des § 8 Abs. 1 Satz 3 bleibt der Bewilligungsbescheid unwirksam.

(4) [1]Die wohngeldberechtigte Person und das Haushaltsmitglied, an welches das Wohngeld nach § 26 Abs. 1 Satz 2 gezahlt wird, müssen der Wohngeldbehörde unverzüglich mitteilen, wenn für ein zu berücksichtigendes Haushaltsmitglied ein Verwaltungsverfahren zur Feststellung von Grund und Höhe einer Leistung nach § 7 Abs. 1 oder Abs. 2 begonnen hat oder ein zu berücksichtigendes Haushaltsmitglied eine Leistung nach § 7 Abs. 1 empfängt. [2]Die zu berücksichtigenden Haushaltsmitglieder sind verpflichtet, der wohngeldberechtigten Person und dem Haushaltsmitglied, an welches das Wohngeld nach § 26 Abs. 1 Satz 2 gezahlt wird, die in Satz 1 genannten Tatsachen mitzuteilen.

(5) Die wohngeldberechtigte Person ist von der Unwirksamkeit des Bewilligungsbescheides zu unterrichten und im Fall des Absatzes 3 auf die Antragsfrist nach § 25 Abs. 3 Satz 1 und 2 oder Abs. 5 hinzuweisen.

(6) Der Wohngeldanspruch ändert sich nur wegen der in § 27, den vorstehenden Absätzen 1 bis 3 oder § 43 Abs. 1 genannten Umstände.

§ 29 Haftung, Aufrechnung und Verrechnung. (1) Ist Wohngeld nach § 50 des Zehnten Buches Sozialgesetzbuch zu erstatten, haften neben der wohngeldberechtigten Person die volljährigen und bei der Berechnung des Wohngeldes berücksichtigten Haushaltsmitglieder als Gesamtschuldner.

(2) Die Wohngeldbehörde kann mit Ansprüchen auf Erstattung zu Unrecht erbrachten Wohngeldes abweichend von § 51 Abs. 2 des Ersten Buches Sozialgesetzbuch gegen Wohngeldansprüche statt bis zu deren Hälfte in voller Höhe aufrechnen.

(3) Die Wohngeldbehörde kann Ansprüche eines anderen Leistungsträgers abweichend von § 52 des Ersten Buches Sozialgesetzbuch mit der ihr obliegenden Wohngeldleistung verrechnen, soweit nach Absatz 2 die Aufrechnung zulässig ist.

§ 30 Rücküberweisung und Erstattung im Todesfall. (1) [1]Wird der Bewilligungsbescheid nach § 28 Abs. 1 Satz 1 auf Grund eines Todesfalles unwirksam, gilt Wohngeld, das für die Zeit nach dem Tod des zu berücksichtigenden Haushaltsmitgliedes auf ein Konto bei einem Geldinstitut im Inland überwiesen wurde, als unter Vorbehalt geleistet. [2]Das Geldinstitut muss es der überweisenden Behörde oder der Wohngeldbehörde zurücküberweisen, wenn diese es als zu Unrecht geleistet zurückfordert. [3]Eine Verpflichtung zur Rücküberweisung besteht nicht, soweit

1. über den entsprechenden Betrag bei Eingang der Rückforderung bereits anderweitig verfügt worden ist, es sei denn, die Rücküberweisung kann aus einem Guthaben erfolgen, oder
2. die Wohngeldbehörde das Wohngeld an den Empfänger oder die Empfängerin der Miete überwiesen hat.

[4]Das Geldinstitut darf den nach Satz 1 überwiesenen Betrag nicht zur Befriedigung eigener Forderungen verwenden.

(2) [1]Wird der Bewilligungsbescheid nach § 28 Abs. 1 Satz 1 auf Grund eines Todesfalles unwirksam und ist Wohngeld weiterhin geleistet worden, sind mit Ausnahme des Empfängers oder der Empfängerin der Miete folgende Personen verpflichtet, der Wohngeldbehörde den entsprechenden Betrag zu erstatten:

1. Personen, die das Wohngeld unmittelbar in Empfang genommen haben,
2. Personen, auf deren Konto der entsprechende Betrag durch ein bankübliches Zahlungsgeschäft weitergeleitet wurde, und
3. Personen, die über den entsprechenden Betrag verfügungsberechtigt sind und ein bankübliches Zahlungsgeschäft zu Lasten des Kontos vorgenommen oder zugelassen haben.

[2]Der Erstattungsanspruch ist durch Verwaltungsakt geltend zu machen. [3]Ein Geldinstitut, das eine Rücküberweisung mit dem Hinweis abgelehnt hat, dass über den entsprechenden Betrag bereits anderweitig verfügt wurde, muss der überweisenden Behörde oder der Wohngeldbehörde auf Verlangen Name und Anschrift der in Satz 1 Nr. 2 und 3 genannten Personen und etwaiger neuer Kontoinhaber oder Kontoinhaberinnen benennen. [4]Ein Anspruch nach § 50 des Zehnten Buches Sozialgesetzbuch bleibt unberührt.

(3) Der Rücküberweisungs- und der Erstattungsanspruch verjähren in vier Jahren nach Ablauf des Kalenderjahres, in dem die Wohngeldbehörde Kenntnis von der Überzahlung erlangt hat.

§ 31 Rücknahme eines rechtswidrigen nicht begünstigenden Wohngeldbescheides. [1]Wird ein rechtswidriger nicht begünstigender Wohngeldbescheid mit Wirkung für die Vergangenheit zurückgenommen, muss die Wohngeldbehörde längstens für zwei Jahre vor der Rücknahme Wohngeld leisten. [2]Im Übrigen bleibt § 44 des Zehnten Buches Sozialgesetzbuch unberührt.

Teil 5. Kostentragung und Datenabgleich

§ 32 Erstattung des Wohngeldes durch den Bund. Wohngeld nach diesem Gesetz, das von einem Land gezahlt worden ist, ist diesem zur Hälfte vom Bund zu erstatten.

§ 33 Datenabgleich. (1) [1]Die Wohngeldbehörde ist verpflichtet, auf Verlangen

1. der zuständigen Behörde für die Erhebung der Ausgleichszahlung nach dem Gesetz über den Abbau der Fehlsubventionierung im Wohnungswesen und den hierzu erlassenen landesrechtlichen Vorschriften und
2. der jeweils zuständigen Behörde nach entsprechenden Gesetzen der Länder

diesen Behörden mitzuteilen, ob der betroffene Wohnungsinhaber Wohngeld erhält. [2]Maßgebend hierfür ist der Zeitraum, der zwischen dem Zeitpunkt nach § 3 Abs. 2 des Gesetzes über den Abbau der Fehlsubventionierung im Wohnungswesen und den hierzu erlassenen landesrechtlichen Vorschriften oder nach entsprechenden Gesetzen der Länder und der Erteilung des Bescheides über die Ausgleichszahlung liegt.

(1a) Die Wohngeldbehörde darf vor der Entscheidung über den Wohngeldantrag eine Abfrage nach den §§ 101 bis 103 des Vierten Buches Sozialgesetzbuch vornehmen.

(2) [1]Die Wohngeldbehörde darf, um die rechtswidrige Inanspruchnahme von Wohngeld zu vermeiden oder aufzudecken, die Haushaltsmitglieder regelmäßig durch einen Datenabgleich daraufhin überprüfen,

1. ob und für welche Zeiträume Leistungen nach § 7 Abs. 1 beantragt oder empfangen werden oder wurden oder ein Ausschlussgrund nach § 7 Abs. 2, Abs. 3 oder § 8 Abs. 1 vorliegt oder vorlag,
2. ob und welche Daten nach § 45d Abs. 1 und § 45e des Einkommensteuergesetzes dem Bundeszentralamt für Steuern übermittelt worden sind,
3. ob und für welche Zeiträume bereits Wohngeld beantragt oder empfangen wird oder wurde,
4. ob und von welchem Zeitpunkt an die Bundesagentur für Arbeit die Leistung von Arbeitslosengeld eingestellt hat,
5. ob und von welchem Zeitpunkt an ein zu berücksichtigendes Haushaltsmitglied in der Wohnung, für die Wohngeld geleistet wurde, nicht mehr gemeldet ist oder seinen Wohnungsstatus geändert hat,
6. ob und für welche Zeiträume eine Versicherungspflicht im Sinne des § 2 Abs. 1 des Vierten Buches Sozialgesetzbuch oder eine geringfügige Beschäftigung besteht oder bestand und entsprechende Daten an die Datenstelle der Träger der Rentenversicherung (Datenstelle) und die Minijob-

Zentrale der Deutschen Rentenversicherung Knappschaft-Bahn-See übermittelt worden sind,
7. ob, in welcher Höhe und für welche Zeiträume Leistungen der Renten- und Unfallversicherungen durch die Deutsche Post AG oder die Deutsche Rentenversicherung Knappschaft-Bahn-See gezahlt worden sind.

[2]Richtet sich eine Überprüfung auf einen abgelaufenen Bewilligungszeitraum, ist diese bis zum Ablauf von zehn Jahren nach Bekanntgabe des zugehörigen Bewilligungsbescheides zulässig.

(3) [1]Zur Durchführung des Datenabgleichs dürfen nur
1. Name, Vorname (Rufname), Geburtsname,
2. Geburtsdatum, Geburtsort,
3. Anschrift,
4. Tatsache des Wohngeldantrages und des Wohngeldempfangs,
5. Zeitraum des Wohngeldempfangs und
6. Geschlecht

an die in Absatz 1 Satz 1 und Absatz 2 Satz 1 Nr. 2, 4, 6 und 7 genannten Stellen und die für die Leistungen nach Absatz 2 Satz 1 Nr. 1 und 3 sowie die für die Meldedaten nach Absatz 2 Satz 1 Nr. 5 zuständigen Stellen übermittelt werden. [2]Die Daten, die der Wohngeldbehörde oder der sonst nach Landesrecht für den Datenabgleich zuständigen oder von der Landesregierung durch Rechtsverordnung oder auf sonstige Weise für den Datenabgleich bestimmten Stelle übermittelt werden, dürfen nur für den Zweck der Überprüfung nach den Absätzen 1 und 2 genutzt werden. [3]Die übermittelten Daten, bei denen die Überprüfung zu keinen abweichenden Feststellungen führt, sind unverzüglich zu löschen oder zu vernichten. [4]Die Betroffenen sind von der Wohngeldbehörde auf die Datenübermittlung hinzuweisen.

(4) [1]Die in Absatz 2 Satz 1 Nr. 2, 4, 6 und 7 genannten und die für die Leistungen nach Absatz 2 Satz 1 Nr. 1 und 3 sowie die für Meldedaten nach Absatz 2 Satz 1 Nr. 5 zuständigen Stellen führen den Datenabgleich durch und übermitteln die Daten über Feststellungen im Sinne des Absatzes 2 an die Wohngeldbehörde oder die sonst nach Landesrecht für den Datenabgleich zuständige oder von der Landesregierung durch Rechtsverordnung oder auf sonstige Weise für den Datenabgleich bestimmte Stelle oder über eine dieser Stellen an die Wohngeldbehörde. [2]Die jenen Stellen überlassenen Daten und Datenträger sind nach Durchführung des Datenabgleichs unverzüglich zurückzugeben, zu löschen oder zu vernichten.

(5) [1]Der Datenabgleich nach den Absätzen 1 und 2 ist auch in automatisierter Form zulässig. [2]Hierzu dürfen die erforderlichen Daten nach den Absätzen 1 bis 3 auch der Datenstelle als Vermittlungsstelle übermittelt werden. [3]Die Datenstelle darf die nach den Absätzen 1 bis 3 übermittelten Daten speichern, nutzen und an die in Absatz 2 Satz 1 Nr. 2, 4, 6 und 7 genannten Stellen

weiter übermitteln, soweit dies für den Datenabgleich nach den Absätzen 1 und 2 erforderlich ist. [4]Die Datenstelle darf die Daten der Stammsatzdatei im Sinne des § 150 des Sechsten Buches Sozialgesetzbuch und der bei ihr für die Prüfung bei den Arbeitgebern geführten Datei im Sinne des § 28p Abs. 8 Satz 2 des Vierten Buches Sozialgesetzbuch nutzen, soweit dies für den Datenabgleich nach den Absätzen 1 und 2 erforderlich ist. [5]Die Datenstelle gleicht die übermittelten Daten ab und leitet Feststellungen im Sinne des Absatzes 2 an die übermittelnde Wohngeldbehörde oder die sonst nach Landesrecht für den Datenabgleich zuständige oder von der Landesregierung durch Rechtsverordnung oder auf sonstige Weise für den Datenabgleich bestimmte Stelle oder über eine dieser Stellen an die übermittelnde Wohngeldbehörde zurück. [6]Die nach Satz 3 bei der Datenstelle gespeicherten Daten sind unverzüglich nach Abschluss der Datenabgleiche zu löschen. [7]Bei einer Weiterübermittlung der Daten nach Satz 3 gilt Absatz 4 für die in Absatz 2 Satz 1 Nr. 2, 4, 6 und 7 genannten Stellen entsprechend.

(6) [1]Die Landesregierung kann ihre Befugnis, eine Stelle für den Datenabgleich zu bestimmen (Absatz 3 Satz 2, Absatz 4 Satz 1 und Absatz 5 Satz 5), auf die für die Ausführung des Wohngeldgesetzes zuständige oberste Landesbehörde übertragen. [2]§ 69 des Ersten Buches Sozialgesetzbuch bleibt unberührt.

(7) Die Landesregierungen werden ermächtigt, durch Rechtsverordnung die Einzelheiten des Verfahrens des automatisierten Datenabgleichs und die Kosten des Verfahrens zu regeln, solange und soweit nicht die Bundesregierung von der Ermächtigung nach § 38 Nr. 3 Gebrauch gemacht hat.

Teil 6. Wohngeldstatistik

§ 34 Zweck der Wohngeldstatistik, Auskunfts- und Hinweispflicht. (1) Über die Anträge und Entscheidungen nach diesem Gesetz sowie über die persönlichen und sachlichen Verhältnisse der wohngeldberechtigten Personen, die für die Berechnung des regionalen Mietenniveaus (§ 12 Abs. 3 und 4), den Wohngeld- und Mietenbericht (§ 39), die Beurteilung der Auswirkungen dieses Gesetzes und dessen Fortentwicklung erforderlich sind, ist eine Bundesstatistik zu führen.

(2) [1]Für die Erhebung sind die Wohngeldbehörden auskunftspflichtig. [2]Die Angaben der in § 23 Abs. 1 bis 3 bezeichneten Personen dienen zur Ermittlung der statistischen Daten im Rahmen der Erhebungsmerkmale (§ 35).

(3) Die wohngeldberechtigte Person ist auf die Verwendung der auf Grund der Bearbeitung bekannten Daten für die Wohngeldstatistik und auf die Möglichkeit der Übermittlung nach § 36 Abs. 2 Satz 2 hinzuweisen.

§ 35 Erhebungsmerkmale. (1) Erhebungsmerkmale sind

1. die Art des Wohngeldantrages und der Entscheidung;
2. der Betrag des im Berichtszeitraum gezahlten Wohngeldes;
3. der Beginn und das Ende des Bewilligungszeitraums nach Monat und Jahr; die Art und die Höhe des monatlichen Wohngeldes;
4. die Beteiligung der wohngeldberechtigten Person am Erwerbsleben, ihre Stellung im Beruf, die Anzahl der bei der Berechnung des Wohngeldes zu berücksichtigenden Haushaltsmitglieder, für die Kindergeld nach dem Einkommensteuergesetz oder dem Bundeskindergeldgesetz oder eine in § 65 Abs. 1 Satz 1 des Einkommensteuergesetzes genannte Leistung gewährt wird, und die Zahl der zu berücksichtigenden Haushaltsmitglieder; ist mindestens ein Haushaltsmitglied vom Wohngeld ausgeschlossen, sind auch die Gesamtzahl der Haushaltsmitglieder und die Zahl der vom Wohngeld ausgeschlossenen Haushaltsmitglieder Erhebungsmerkmale;
5. das Geschlecht der wohngeldberechtigten Person;
6. der bei der Berechnung des Wohngeldes berücksichtigte Höchstbetrag für Miete und Belastung (§ 12 Abs. 1), im Fall des § 11 Abs. 3 der Anteil des Höchstbetrages, der dem Anteil der zu berücksichtigenden Haushaltsmitglieder an der Gesamtzahl der Haushaltsmitglieder entspricht;
7. die Wohnverhältnisse der zu berücksichtigenden Haushaltsmitglieder nach Größe der Wohnung, nach Höhe der monatlichen Miete oder Belastung, im Fall des § 10 Abs. 2 Satz 2 die Belastung aus Zinsen und Tilgung, nach öffentlicher Förderung der Wohnung oder Förderung nach dem Wohnraumförderungsgesetz oder entsprechenden Gesetzen der Länder, der Grund der Wohngeldberechtigung (§ 3 Abs. 1 bis 3) sowie die Gemeinde und deren Mietenstufe (§ 12); ist mindestens ein Haushaltsmitglied vom Wohngeld ausgeschlossen, sind die Größe der Wohnung und die Höhe der monatlichen Miete oder Belastung kopfteilig zu erheben;
8. die Summe der positiven Einkünfte im Sinne des § 2 Abs. 1 und 2 des Einkommensteuergesetzes zuzüglich der Einnahmen nach § 14 Abs. 2 der zu berücksichtigenden Haushaltsmitglieder nach Art und Höhe, die Beträge und Umstände nach § 14 Abs. 3 und den §§ 16 bis 18 sowie das monatliche Gesamteinkommen; im Fall einer nach den §§ 7 und 8 Abs. 1 vom Wohngeld ausgeschlossenen wohngeldberechtigten Person ist die Art der beantragten oder empfangenen Leistung nach § 7 Abs. 1 Erhebungsmerkmal;
9. der Monat und das Jahr der Berechnung des Wohngeldes und die angewandte Gesetzesfassung;
10. die Höhe des nach § 44 geleisteten einmaligen zusätzlichen Wohngeldbetrages nach der Anzahl der nach § 44 zu berücksichtigenden Personen.

(2) Hilfsmerkmale sind der Name und die Anschrift der auskunftspflichtigen Wohngeldbehörde.

(3) [1]Zur Prüfung der Richtigkeit der Statistik dienen Wohngeldnummern, die keine Angaben über persönliche oder sachliche Verhältnisse der wohngeldberechtigten Personen sowie der in § 23 Abs. 1 bis 3 bezeichneten Personen enthalten oder einen Rückschluss auf solche zulassen. [2]Die Wohngeldnummern sind spätestens nach Ablauf von fünf Jahren seit dem Zeitpunkt, zu dem die Erhebung durchgeführt worden ist (§ 36 Abs. 1), zu löschen.

§ 36 Erhebungszeitraum, Zusatz- und Sonderaufbereitungen. (1) [1]Die Erhebung der Angaben nach § 35 Abs. 1 ist vierteljährlich für das jeweils abgelaufene Kalendervierteljahr durchzuführen. [2]Die statistischen Landesämter stellen dem Statistischen Bundesamt unverzüglich nach Ablauf des Berichtszeitraums oder zu dem in der Rechtsverordnung nach § 38 angegebenen Zeitpunkt folgende Angaben zur Verfügung:

1. vierteljährlich
   a) für den Berichtszeitraum die Angaben nach § 35 Abs. 1 Nr. 1 bis 3;
   b) für den vergleichbaren Berichtszeitraum des vorausgehenden Kalenderjahres die Angaben nach § 35 Abs. 1 Nr. 1 und 3 unter Berücksichtigung der rückwirkenden Entscheidungen aus den folgenden zwölf Monaten;
2. jährlich die Angaben nach § 35 Abs. 1 Nr. 3 bis 9 für den Monat Dezember unter Berücksichtigung der rückwirkenden Entscheidungen aus dem folgenden Kalendervierteljahr.

(2) [1]Einzelangaben nach § 35 Abs. 1 aus einer Zufallsstichprobe mit einem Auswahlsatz von 25 Prozent der wohngeldberechtigten Personen sind dem Statistischen Bundesamt jährlich unverzüglich nach Ablauf des Berichtszeitraums für Zusatzaufbereitungen zur Verfügung zu stellen. [2]Für diesen Zweck dürfen die Einzelangaben, bei denen Wohn- und Wirtschaftsgemeinschaften mit mehr als fünf zu berücksichtigenden Haushaltsmitgliedern in einer Gruppe zusammenzufassen sind, ohne Wohngeldnummer auch dem Bundesministerium für Verkehr, Bau und Stadtentwicklung oder, wenn die Aufgabe der Zusatzaufbereitung an das Bundesamt für Bauwesen und Raumordnung übertragen worden ist, an dieses übermittelt werden. [3]Bei der empfangenden Stelle ist eine Organisationseinheit einzurichten, die räumlich, organisatorisch und personell von anderen Aufgabenbereichen zu trennen ist. [4]Die in dieser Organisationseinheit tätigen Personen müssen Amtsträger oder für den öffentlichen Dienst besonders Verpflichtete sein. [5]Sie dürfen aus ihrer Tätigkeit gewonnene Erkenntnisse nur für Zwecke des § 34 Abs. 1 verwenden. [6]Die nach Satz 2 übermittelten Einzelangaben dürfen nicht mit anderen Daten zusammengeführt werden.

(3) Auf Anforderung stellen die statistischen Landesämter die von ihnen erfassten Einzelangaben dem Statistischen Bundesamt für Sonderaufbereitungen des Bundes zur Verfügung.

Teil 7. Schlussvorschriften

§ 37 Bußgeld. (1) Ordnungswidrig handelt, wer vorsätzlich oder leichtfertig
1. entgegen § 23 Abs. 1 bis 3 eine Auskunft nicht, nicht richtig, nicht vollständig oder nicht rechtzeitig gibt oder
2. entgegen § 27 Abs. 3 Satz 1, auch in Verbindung mit Abs. 4, oder § 28 Abs. 1 Satz 2 oder Abs. 4 Satz 1 eine Änderung in den Verhältnissen, die für den Wohngeldanspruch erheblich ist, nicht, nicht richtig, nicht vollständig oder nicht rechtzeitig mitteilt.

(2) Die Ordnungswidrigkeit kann mit einer Geldbuße bis zu zweitausend Euro geahndet werden.

(3) Verwaltungsbehörden im Sinne des § 36 Abs. 1 Nr. 1 des Gesetzes über Ordnungswidrigkeiten sind die Wohngeldbehörden.

§ 38[4] Verordnungsermächtigung. Die Bundesregierung wird ermächtigt, durch Rechtsverordnung mit Zustimmung des Bundesrates
1. nähere Vorschriften zur Durchführung dieses Gesetzes über die Ermittlung
   a) der zu berücksichtigenden Miete oder Belastung (§§ 9 bis 12) und
   b) des Einkommens (§§ 13 bis 18)

zu erlassen, wobei pauschalierende Regelungen getroffen werden dürfen, soweit die Ermittlung im Einzelnen nicht oder nur mit unverhältnismäßig großen Schwierigkeiten möglich ist;
2. die Mietenstufen für Gemeinden festzulegen (§ 12);
3. die Einzelheiten des Verfahrens des automatisierten Datenabgleichs und die Kosten des Verfahrens (§ 33) zu regeln.

§ 39 Wohngeld- und Mietenbericht. Die Bundesregierung berichtet dem Deutschen Bundestag alle vier Jahre bis zum 30. Juni über die Durchführung dieses Gesetzes und über die Entwicklung der Mieten für Wohnraum.

§ 40 Einkommen bei anderen Sozialleistungen. Das einer vom Wohngeld ausgeschlossenen wohngeldberechtigten Person bewilligte Wohngeld ist bei Sozialleistungen nicht als deren Einkommen zu berücksichtigen.

§ 41 Auswirkung von Rechtsänderungen auf die Wohngeldentscheidung.
(1) Ist im Zeitpunkt des Inkrafttretens von Änderungen dieses Gesetzes oder der Wohngeldverordnung über einen Wohngeldantrag noch nicht ent-

4 § 38 ist gem. Art. 6 Abs. 2 Satz 1 G v. 24. 9. 2008 (BGBl. I S. 1856) am 1. 10. 2008 in Kraft getreten.

schieden, ist für die Zeit bis zum Inkrafttreten der Änderungen nach dem bis dahin geltenden Recht, für die darauf folgende Zeit nach dem neuen Recht zu entscheiden.

(2) Ist vor dem Inkrafttreten von Änderungen dieses Gesetzes oder der Wohngeldverordnung über einen Wohngeldantrag entschieden worden, verbleibt es für die Leistung des Wohngeldes auf Grund dieses Antrages bei der Anwendung des jeweils bis zu der Entscheidung geltenden Rechts.

Teil 8. Überleitungsvorschriften

§ 42 Gesetz zur Neuregelung des Wohngeldrechts und zur Änderung des Sozialgesetzbuches. (1) [1]Ist bis zum 31. Dezember 2008 über einen Wohngeldantrag, einen Antrag nach § 29 Abs. 1 oder Abs. 2 des Wohngeldgesetzes in der bis zum 31. Dezember 2008 geltenden Fassung oder in einem Verfahren nach § 29 Abs. 3 des Wohngeldgesetzes in der bis zum 31. Dezember 2008 geltenden Fassung noch nicht entschieden worden, ist für die Zeit bis zum 31. Dezember 2008 nach dem bis dahin geltenden Recht, für die darauf folgende Zeit nach dem neuen Recht zu entscheiden. [2]Ist in den Fällen des Satzes 1 das ab dem 1. Januar 2009 zu bewilligende Wohngeld geringer als das für Dezember 2008 zu bewilligende Wohngeld, verbleibt es auch für den Teil des Bewilligungszeitraums ab dem 1. Januar 2009 bei diesem Wohngeld; § 24 Abs. 2 und § 27 Abs. 2 bleiben unberührt.

(2) [1]Ist Wohngeld vor dem 1. Januar 2009 bewilligt worden und liegt mindestens ein Teil des Bewilligungszeitraums im Jahr 2009, ist von Amts wegen über die Leistung des Wohngeldes für den nach dem 31. Dezember 2008 liegenden Teil des Bewilligungszeitraums unter Anwendung des ab dem 1. Januar 2009 geltenden Rechts nach Ablauf des Bewilligungszeitraums schriftlich neu zu entscheiden; ergibt sich kein höheres Wohngeld, verbleibt es bei dem bereits bewilligten Wohngeld. [2]In den Fällen des Satzes 1 sind bei der Entscheidung abweichend von § 24 Abs. 2 die tatsächlichen Verhältnisse im Zeitraum, für den über die Leistung des Wohngeldes rückwirkend neu zu entscheiden ist, zu Grunde zu legen. [3]Die §§ 29 und 30 des Wohngeldgesetzes in der bis zum 31. Dezember 2008 geltenden Fassung und die §§ 27 und 28 bleiben unberührt. [4]Liegt das Ende des Bewilligungszeitraums, über den nach Satz 1 neu zu entscheiden ist, nach dem 31. März 2009, kann eine angemessene vorläufige Zahlung geleistet werden.

(3) Ist über einen nach dem 31. Dezember 2008 gestellten Wohngeldantrag, einen Antrag nach § 27 Abs. 1 oder in einem Verfahren nach § 27 Abs. 2 zu entscheiden und beginnt der Bewilligungszeitraum vor dem 1. Januar 2009, ist Absatz 1 entsprechend anzuwenden.

(4) [1]Wären bei einer Entscheidung nach den Absätzen 1 und 3 Haushaltsmitglieder nach § 6 zu berücksichtigen, die in einem anderen Bescheid für denselben Wohnraum bereits als zum Haushalt rechnende Familienmitglieder berücksichtigt worden sind, bleibt dieser andere Bescheid von der Entscheidung nach den Absätzen 1 und 3 unberührt. [2]Bei der Entscheidung nach den Absätzen 1 und 3 ist das Wohngeld ohne die Haushaltsmitglieder nach Satz 1 und unter entsprechender Anwendung des § 11 Abs. 3 zu berechnen. [3]Die Fälle der Sätze 1 und 2 gelten als erhebliche Änderung der maßgeblichen Verhältnisse nach § 25 Abs. 1 Satz 2.

(5) [1]Bei Wohn- und Wirtschaftsgemeinschaften von Personen, welche die Voraussetzungen nach § 4 des Wohngeldgesetzes in der bis zum 31. Dezember 2008 geltenden Fassung nicht erfüllen und keinen gemeinsamen Wohngeldbescheid erhalten haben, ist bei der Entscheidung nach Absatz 2 rückwirkend das Wohngeld gemeinsam zu berechnen, wenn die Voraussetzungen nach den §§ 5 und 6 Abs. 1 erfüllt werden. [2]Enden die Bewilligungszeiträume in den Fällen des Satzes 1 nicht gleichzeitig, ist abweichend von Absatz 2 Satz 1 Halbsatz 1 nach dem Ende des zuletzt ablaufenden Bewilligungszeitraums für alle zu berücksichtigenden Haushaltsmitglieder nach § 6 einheitlich neu zu entscheiden. [3]Beträgt der Zeitraum zwischen dem Ende des zuerst ablaufenden Bewilligungszeitraums und dem Ende des zuletzt ablaufenden Bewilligungszeitraums mehr als drei Monate, ist auf Antrag eine angemessene vorläufige Zahlung zu leisten.

§ 43 Weitergeltung bisherigen Rechts. (1) [1]Ist nach dem 31. Dezember 2000 bis zum 14. Juli 2005 über einen Wohngeldantrag entschieden worden, liegt der Bewilligungszeitraum mindestens teilweise in der Zeit vom 1. Januar 2001 bis 31. Dezember 2004 und ergibt sich auf Grund der §§ 10a und 10b des Wohngeldgesetzes in der bis zum 31. Dezember 2008 geltenden Fassung eine Änderung des Wohngeldes oder im Fall einer früheren Ablehnung ein Wohngeldanspruch, ist über die Leistung des Wohngeldes von Amts wegen unter Aufhebung des bisherigen Wohngeldbescheides vom Zeitpunkt der rückwirkenden Änderung an neu zu entscheiden; § 31 ist nicht anzuwenden. [2]Der Wohngeldbescheid ist in dem Umfang nicht aufzuheben, in dem sich die dem Wohngeldempfänger oder der Wohngeldempfängerin gewährte Hilfe in besonderen Lebenslagen nach dem Bundessozialhilfegesetz wegen des auf Grund des Bescheides geleisteten Wohngeldes verringert hat. [3]Für die Neuentscheidung kann ein einziger Bewilligungszeitraum festgesetzt werden. [4]Ein gestellter Wohngeldantrag ist in der Regel als bis zu dem Zeitpunkt der Neuentscheidung nach Satz 1 gestellt anzusehen.

(2) Die §§ 10c und 40 Abs. 5 des Wohngeldgesetzes in der bis zum 31. Dezember 2008 geltenden Fassung sind weiterhin anzuwenden.

§ 44 Einmaliger zusätzlicher Wohngeldbetrag. (1) [1]Ist Wohngeld bewilligt worden und liegt mindestens ein Monat des Bewilligungszeitraums in der Zeit vom 1. Oktober 2008 bis zum 31. März 2009, ist von Amts wegen ein einmaliger zusätzlicher Wohngeldbetrag nach der Anzahl der zu berücksichtigenden Personen zu leisten. [2]Zu berücksichtigende Personen im Sinne des Satzes 1 sind die zum Haushalt rechnenden Familienmitglieder im Sinne des § 4des Wohngeldgesetzes in der bis zum 31. Dezember 2008 geltenden Fassung oder die zu berücksichtigenden Haushaltsmitglieder (§ 6). [3]Der einmalige zusätzliche Wohngeldbetrag beträgt für

eine zu berücksichtigende Person	100 Euro,
zwei zu berücksichtigende Personen	130 Euro,
drei zu berücksichtigende Personen	155 Euro,
vier zu berücksichtigende Personen	180 Euro,
fünf zu berücksichtigende Personen	205 Euro und
jede weitere zu berücksichtigende Person zusätzlich	25 Euro.

(2) [1]Für die Berechnung des einmaligen zusätzlichen Wohngeldbetrages ist die Anzahl der zu berücksichtigenden Personen maßgebend, die bei der Wohngeldbewilligung im Sinne des Absatzes 1 Satz 1 zu Grunde gelegt wurde. [2]Liegt der Wohngeldbewilligung für Oktober 2008 bis März 2009 eine unterschiedliche Anzahl der zu berücksichtigenden Personen zu Grunde, ist der erste Monat des Zeitraums Oktober 2008 bis März 2009 maßgebend, für den Wohngeld bewilligt wurde.

(3) [1]Der einmalige zusätzliche Wohngeldbetrag wird nur an den Wohngeldempfänger, ein zum Haushalt rechnendes Familienmitglied im Sinne des § 28 Abs. 1 Satz 1 und 2 des Wohngeldgesetzes in der bis zum 31. Dezember 2008 geltenden Fassung, die wohngeldberechtigte Person oder an ein anderes Haushaltsmitglied geleistet. [2]Im Übrigen bleiben § 28 des Wohngeldgesetzes in der bis zum 31. Dezember 2008 geltenden Fassung und § 26 unberührt.

(4) [1]Wird nach der Leistung des einmaligen zusätzlichen Wohngeldbetrages der Wohngeldbescheid, welcher der Wohngeldbewilligung im Sinne des Absatzes 1 Satz 1 zu Grunde liegt, aufgehoben oder unwirksam, ist dieser Betrag abweichend von § 28 Abs. 6 nur zu erstatten, wenn für keinen der Monate Oktober 2008 bis März 2009 ein Wohngeldanspruch mehr besteht. [2]Entfällt auf Grund der Aufhebung oder der Unwirksamkeit des Wohngeldbescheides nach Satz 1 der Wohngeldanspruch für den Monat, der für die Berechnung des einmaligen zusätzlichen Wohngeldbetrages nach Absatz 2 maßgebend war, und besteht der Wohngeldanspruch noch für mindestens einen der Monate Oktober 2008 bis März 2009, ist über die Leistung des einmaligen zusätzlichen Wohngeldbetrages nach Maßgabe der Absätze 1 und 2

neu zu entscheiden, wenn sich die Anzahl der zu berücksichtigenden Personen ändert. [3]Ist Wohngeld vor dem 1. Januar 2009 bewilligt worden, liegt mindestens ein Teil des Bewilligungszeitraums in einem der Monate Januar bis März 2009 und wird der Wohngeldbescheid nach Satz 1 mindestens für die Monate Oktober bis Dezember 2008 aufgehoben oder unwirksam, bleibt für die Berechnung des einmaligen zusätzlichen Wohngeldbetrages die Zahl der zum Haushalt rechnenden Familienmitglieder nach § 4 des Wohngeldgesetzes in der bis zum 31. Dezember 2008 geltenden Fassung für den ersten Monat des Zeitraums Januar bis März 2009, für den Wohngeld bewilligt wurde, maßgebend. [4]Satz 3 gilt auch, wenn bereits nach § 27 oder § 42 Abs. 2 oder Abs. 5 entschieden worden ist.

(5) Der einmalige zusätzliche Wohngeldbetrag ist bei Sozialleistungen, deren Zahlung von anderen Einkommen abhängig ist, nicht als Einkommen zu berücksichtigen.

Anlage 1 (zu § 19 Abs. 1)

Werte für „a", „b" und „c"

Die in die Formel nach § 19 Abs. 1 Satz 1 einzusetzenden, nach der Anzahl der zu berücksichtigenden Haushaltsmitglieder unterschiedenen Werte „a", „b" und „c" sind der nachfolgenden Tabelle zu entnehmen:

	1 Haushaltsmitglied	2 Haushaltsmitglieder	3 Haushaltsmitglieder	4 Haushaltsmitglieder	5 Haushaltsmitglieder	6 Haushaltsmitglieder
a	6,300E-2	5,700E-2	5,500E-2	4,700E-2	4,200E-2	3,700E-2
b	7,963E-4	5,761E-4	5,176E-4	3,945E-4	3,483E-4	3,269E-4
c	9,102E-5	6,431E-5	3,250E-5	2,325E-5	2,151E-5	1,519E-5
	7 Haushaltsmitglieder	8 Haushaltsmitglieder	9 Haushaltsmitglieder	10 Haushaltsmitglieder	11 Haushaltsmitglieder	12 Haushaltsmitglieder
a	3,300E-2	2,300E-2	– 1,970E-2	– 4,010E-2	– 6,600E-2	– 8,990E-2
b	3,129E-4	2,959E-4	2,245E-4	1,565E-4	1,200E-4	1,090E-4
c	8,745E-6	7,440E-6	3,459E-5	5,140E-5	5,686E-5	6,182E-5

Hierbei bedeuten: E-2 geteilt durch 100,
E-4 geteilt durch 10 000,
E-5 geteilt durch 100 000,
E-6 geteilt durch 1 000 000.

Anlage 2 (zu § 19 Abs. 2)

Rechenschritte und Rundungen

1. „M" ist die gerundete zu berücksichtigende monatliche Miete oder Belastung (§ 19 Abs. 1 Satz 2). Bei der Umrechnung der ungerundeten zu berücksichtigenden monatlichen Miete oder Belastung im Sinne der §§ 11 und 12 („M*") auf „M" gilt:
   Um „M" zu erhalten, ist „M*" auf den nächsten durch 10 ohne Rest teilbaren vollen Euro-Betrag aufzurunden, wenn „M*" nicht bereits durch 10 ohne Rest teilbar ist. Wenn „M*" durch 10 ohne Rest teilbar ist, bleibt „M*" unverändert. Von dem sich ergebenden Betrag sind stets 5 Euro abzuziehen.
2. „Y" ist das gerundete monatliche Gesamteinkommen (§ 19 Abs. 1 Satz 3). Bei der Umrechnung des ungerundeten monatlichen Gesamteinkommens im Sinne des § 13 („Y*") auf „Y" gilt:
   Um „Y" zu erhalten, ist „Y*" auf den nächsten durch 10 ohne Rest teilbaren vollen Euro-Betrag aufzurunden, wenn es nicht bereits durch 10 ohne Rest teilbar ist. Wenn „Y*" durch 10 ohne Rest teilbar ist, bleibt „Y*" unverändert. Von dem sich ergebenden Betrag sind stets 5 Euro abzuziehen.
3. Werte für „M" und „Y", die unterhalb der folgenden Tabellenwerte liegen, werden durch diese ersetzt:

	1 Haushaltsmitglied	2 Haushaltsmitglieder	3 Haushaltsmitglieder	4 Haushaltsmitglieder	5 Haushaltsmitglieder	6 Haushaltsmitglieder
M	45	55	65	75	85	85
Y	205	245	265	315	345	365
	7 Haushaltsmitglieder	**8 Haushaltsmitglieder**	**9 Haushaltsmitglieder**	**10 Haushaltsmitglieder**	**11 Haushaltsmitglieder**	**12 Haushaltsmitglieder**
M	95	105	115	125	155	245
Y	385	415	585	805	1 085	1 255

4. Der ungerundete monatliche Miet- oder Lastenzuschuss ergibt sich durch Einsetzen der Werte für „a", „b", „c" (Anlage 1) und für „M" und „Y" in die Formel nach § 19 Abs. 1 Satz 1 und durch Ausführen der vier folgenden Rechenschritte:
   Berechnung der Dezimalzahlen
   $z1 = a + b \cdot M + c \cdot Y,$
   $z2 = z1 \cdot Y,$
   $z3 = M - z2,$
   $z4 = 1{,}08 \cdot z3.$

Hierbei sind die Dezimalzahlen als Festkommazahlen mit zehn Nachkommastellen zu berechnen.

5. Dieser ungerundete monatliche Miet- oder Lastenzuschuss ist auf den nächsten vollen Euro-Betrag aufzurunden, wenn der sich ohne Rundung ergebende restliche Cent-Betrag größer als oder gleich 50 ist; er ist auf den nächsten vollen Euro-Betrag abzurunden, wenn der sich ohne Rundung ergebende restliche Cent-Betrag kleiner als 50 ist.

2. Wohngeldverordnung (WoGV)[1]

In der Fassung der Bekanntmachung vom 19. Oktober 2001[2] (BGBl. I S. 2722), zuletzt geänd. durch Art. 1 Zehnte ÄndVO v. 15. 12. 2008 (BGBl. I S. 2486).

Teil 1. Anwendungsbereich

§ 1 Anwendungsbereich. (1) Die Miete und der Mietwert im Sinne des Wohngeldgesetzes sind nach den Vorschriften des Teils 2 dieser Verordnung zu ermitteln.

(2) Die Belastung im Sinne des Wohngeldgesetzes ist nach Teil 3 dieser Verordnung zu berechnen, soweit nicht nach § 10 Abs. 2 Satz 2 des Wohngeldgesetzes von einer vollständigen Wohngeld-Lastenberechnung abgesehen werden kann.

(3) Die Mietenstufen für Gemeinden ergeben sich aus der dieser Verordnung beigefügten Anlage.

§ 1a *aufgehoben*

Teil 2. Ermittlung der Miete

§ 2 Miete. (1) Zur Miete im Sinne des § 9 Abs. 1 des Wohngeldgesetzes gehören auch Beträge, die im Zusammenhang mit dem Miet- oder mietähnlichen Nutzungsverhältnis auf Grund eines Vertrages mit dem Vermieter oder einem Dritten an einen Dritten zu zahlen sind.

(2) Zur Miete gehören nicht Vergütungen für Leistungen, die nicht die eigentliche Wohnraumnutzung betreffen, namentlich Vergütungen für die Überlassung einer Garage, eines Stellplatzes oder eines Hausgartens.

§ 3 Mietvorauszahlungen und Mieterdarlehen. (1) Ist die Miete ganz oder teilweise im Voraus bezahlt worden (Mietvorauszahlung), sind die im Voraus bezahlten Beträge so zu behandeln, als ob sie jeweils in dem Zeitraum bezahlt worden wären, für den sie bestimmt sind.

---

1 Die VO wurde erlassen auf Grund von § 36 Abs. 1 WoGG.

2 Neubekanntmachung der WoGV idF der Bek. v. 6. 2. 2001 (BGBl. I S. 192) in der ab 1. 1. 2002 geltenden Fassung.

(2) Hat der Mieter dem Vermieter ein Mieterdarlehen gegeben und wird die Forderung des Mieters aus dem Mieterdarlehen ganz oder teilweise mit der Miete verrechnet, gehören zur Miete auch die Beträge, um die sich die Miete hierdurch tatsächlich vermindert.

§ 4 Sach- und Dienstleistungen des Mieters. (1) Erbringt der Mieter Sach- oder Dienstleistungen für den Vermieter und wird deshalb die Miete ermäßigt, ist die ermäßigte Miete zu Grunde zu legen.

(2) Erbringt der Mieter Sach- oder Dienstleistungen für den Vermieter und erhält er dafür von diesem eine bestimmte Vergütung, ist diese Vergütung ohne Einfluss auf die Miete.

§ 5 Nicht feststehende Betriebskosten. Stehen bei der Entscheidung über den Mietzuschussantrag die Umlagen für Betriebskosten ganz oder teilweise nicht fest, sind Erfahrungswerte als Pauschbeträge anzusetzen.

§ 6 Außer Betracht bleibende Kosten, Zuschläge und Vergütungen. (1) Kosten, die nach § 9 Abs. 2 Nr. 1 und 2 des Wohngeldgesetzes außer Betracht bleiben, sind:

1. Betriebskosten für zentrale Heizungs- und Brennstoffversorgungsanlagen sowie zentrale Warmwasserversorgungsanlagen im Sinne des § 2 Nr. 4 Buchstabe a, b und d sowie Nr. 5 Buchstabe a und c der Betriebskostenverordnung;
2. Kosten der eigenständig gewerblichen Lieferung von Wärme und Warmwasser im Sinne des § 2 Nr. 4 Buchstabe c und Nr. 5 Buchstabe b der Betriebskostenverordnung. In den Kosten der Lieferung enthaltene Beträge für Kapitalkosten, Abschreibungen sowie für Verwaltungs- und Instandhaltungskosten, werden der Miete zugerechnet.

(2) [1]Sind in § 9 Abs. 2 des Wohngeldgesetzes bezeichnete Kosten, Zuschläge und Vergütungen in der Miete enthalten, ohne dass ein besonderer Betrag hierfür angegeben ist, oder können in § 9 Abs. 2 Nr. 1 oder Nr. 2 des Wohngeldgesetzes bezeichnete Betriebskosten im Einzelnen nicht oder nur mit unverhältnismäßig großen Schwierigkeiten ermittelt werden, sind von der Miete zunächst folgende Pauschbeträge abzusetzen:

1. für Betriebskosten für zentrale Heizungs- und Brennstoffversorgungsanlagen oder die eigenständig gewerbliche Lieferung von Wärme 0,80 Euro monatlich je Quadratmeter Wohnfläche;
2. für Betriebskosten für zentrale Warmwasserversorgungsanlagen oder die eigenständig gewerbliche Lieferung von Warmwasser 0,15 Euro monatlich je Quadratmeter Wohnfläche;

3. für Untermietzuschläge je Untermietverhältnis 2,50 Euro monatlich, wenn der untervermietete Wohnraum von einer Person benutzt wird, oder 5,00 Euro monatlich, wenn der untervermietete Wohnraum von zwei oder mehr Personen benutzt wird.

[2]Von der sich danach ergebenden Miete sind abzusetzen

1. für Vergütungen für die Überlassung von Möbeln, ausgenommen übliche Einbaumöbel,
   a) bei Teilmöblierung 10 Prozent der auf den teilmöbliert gemieteten Wohnraum entfallenden Miete,
   b) bei Vollmöblierung 20 Prozent der auf den vollmöbliert gemieteten Wohnraum entfallenden Miete;
2. für Zuschläge für die Benutzung von Wohnraum zu anderen als Wohnzwecken, insbesondere zu gewerblichen oder beruflichen Zwecken, 30 Prozent der auf diesen Raum entfallenden Miete.

(3) Bei der Ermittlung des Mietwertes nach § 7 und der Untermiete sind die Absätze 1 und 2 entsprechend anzuwenden.

§ 7 Mietwert. (1) [1]Als Mietwert des Wohnraums (§ 9 Abs. 3 Satz 1 des Wohngeldgesetzes) soll der Betrag zu Grunde gelegt werden, der der Miete für vergleichbaren Wohnraum entspricht. [2]Dabei sind Unterschiede des Wohnwertes, insbesondere in der Größe, Lage und Ausstattung des Wohnraums, durch angemessene Zu- oder Abschläge zu berücksichtigen.

(2) Der Mietwert ist zu schätzen, wenn ein der Miete für vergleichbaren Wohnraum entsprechender Betrag nicht zu Grunde gelegt werden kann.

Teil 3. Wohngeld-Lastenberechnung

§ 8 Aufstellung der Wohngeld-Lastenberechnung. [1]Bei der Aufstellung der Wohngeld-Lastenberechnung ist von der im Bewilligungszeitraum zu erwartenden Belastung auszugehen. [2]Ist die Belastung für das dem Bewilligungszeitraum vorangegangene Kalenderjahr feststellbar und ist eine Änderung im Bewilligungszeitraum nicht zu erwarten, ist von dieser Belastung auszugehen.

§ 9 Gegenstand und Inhalt der Wohngeld-Lastenberechnung. (1) [1]Als Belastung ist die Belastung zu berücksichtigen, die auf den selbst genutzten Wohnraum entfällt. [2]Selbst genutzter Wohnraum ist der Wohnraum, der von der wohngeldberechtigten Person und den zu berücksichtigenden Haushaltsmitgliedern zu Wohnzwecken benutzt wird.

(2) Als Belastung ist zu berücksichtigen:
1. bei einer Eigentumswohnung die Belastung für den im Sondereigentum stehenden Wohnraum und den damit verbundenen Miteigentumsanteil an dem gemeinschaftlichen Eigentum,
2. bei einer Wohnung in der Rechtsform des eigentumsähnlichen Dauerwohnrechts die Belastung für den Wohnraum und den Teil des Grundstücks, auf den sich das Dauerwohnrecht erstreckt,
3. bei einem landwirtschaftlichen Betrieb die Belastung für den Wohnraum.

(3) [1]In die Wohngeld-Lastenberechnung sind in den Fällen des § 3 Abs. 2 des Wohngeldgesetzes auch zugehörige Nebengebäude, Anlagen und bauliche Einrichtungen sowie das Grundstück einzubeziehen; dies gilt jedoch nicht bei einem landwirtschaftlichen Betrieb mit Wohnteil. [2]Das Grundstück besteht aus den überbauten und den dazugehörigen Flächen.

(4) In der Wohngeld-Lastenberechnung sind die Fremdmittel und die Belastung auszuweisen.

§ 10 Fremdmittel. Fremdmittel im Sinne dieser Verordnung sind
1. Darlehen,
2. gestundete Restkaufgelder,
3. gestundete öffentliche Lasten des Grundstücks

ohne Rücksicht darauf, ob sie dinglich gesichert sind oder nicht.

§ 11 Ausweisung der Fremdmittel. (1) [1]In der Wohngeld-Lastenberechnung sind Fremdmittel mit dem Nennbetrag auszuweisen, wenn sie der Finanzierung folgender Zwecke gedient haben:
1. des Wohnungsbaus im Sinne des § 16 Abs. 1 und 2 des Wohnraumförderungsgesetzes; maßgebend ist der Wohnraumbegriff des § 2 des Wohngeldgesetzes;
2. der Verbesserung des Gegenstandes der Wohngeld-Lastenberechnung durch Modernisierung im Sinne des § 16 Abs. 3 des Wohnraumförderungsgesetzes; maßgebend ist der Wohnraumbegriff des § 2 des Wohngeldgesetzes;
3. der nachträglichen Errichtung oder des nachträglichen Ausbaus einer dem öffentlichen Verkehr dienenden Verkehrsfläche oder des nachträglichen Anschlusses an Versorgungs- und Entwässerungsanlagen;
4. des Kaufpreises und der Erwerbskosten für den Gegenstand der Wohngeld-Lastenberechnung.

[2]Zu den mit dem Nennbetrag auszuweisenden Fremdmitteln gehören auch Darlehen zur Deckung der laufenden Aufwendungen sowie Annuitätsdarlehen aus Mitteln öffentlicher Haushalte.

(2) [1]Sind die in Absatz 1 bezeichneten Fremdmittel durch andere Fremdmittel ersetzt worden, so sind in der Wohngeld-Lastenberechnung die anderen Mittel an Stelle der ersetzten Mittel höchstens mit dem Betrag auszuweisen, der bis zur Ersetzung noch nicht getilgt war, im Fall der Ablösung im Sinne der Ablösungsverordnung[3] jedoch nur mit dem Ablösungsbetrag. [2]Eine Ersetzung liegt nicht vor, wenn Dauerfinanzierungsmittel an die Stelle von Zwischenfinanzierungsmitteln treten.

(3) Ist für die in den Absätzen 1 und 2 bezeichneten Fremdmittel Kapitaldienst nicht, noch nicht oder nicht mehr zu leisten, sind sie in der Wohngeld-Lastenberechnung nicht auszuweisen.

§ 12 Belastung aus dem Kapitaldienst. (1) [1]Als Belastung aus dem Kapitaldienst sind auszuweisen:
1. die Zinsen und laufenden Nebenleistungen, insbesondere Verwaltungskostenbeiträge der ausgewiesenen Fremdmittel,
2. die Tilgungen der ausgewiesenen Fremdmittel,
3. die laufenden Bürgschaftskosten der ausgewiesenen Fremdmittel,
4. die Erbbauzinsen, Renten und sonstigen wiederkehrenden Leistungen zur Finanzierung der in § 11 genannten Zwecke.

[2]Als Tilgungen sind auch die
a) Prämien für Personenversicherungen zur Rückzahlung von Festgeldhypotheken und
b) Bausparbeiträge, wenn der angesparte Betrag für die Rückzahlung von Fremdmitteln zweckgebunden ist,

in Höhe von 2 Prozent dieser Fremdmittel auszuweisen.

(2) [1]Für die in Absatz 1 Nr. 1 und 2 genannte Belastung aus dem Kapitaldienst darf höchstens die vereinbarte Jahresleistung angesetzt werden. [2]Ist die tatsächliche Leistung geringer, ist die geringere Leistung anzusetzen.

§ 13 Belastung aus der Bewirtschaftung. (1) Als Belastung aus der Bewirtschaftung sind Instandhaltungskosten, Betriebskosten ohne die Heizkosten und Verwaltungskosten auszuweisen.

(2) [1]Als Instandhaltungs- und Betriebskosten sind im Jahr 20 Euro je Quadratmeter Wohnfläche und je Quadratmeter Nutzfläche der Geschäftsräume sowie die für den Gegenstand der Wohngeld-Lastenberechnung entrichtete Grundsteuer anzusetzen. [2]Als Verwaltungskosten sind die für den Gegenstand der Wohngeld-Lastenberechnung an einen Dritten für die Verwaltung geleisteten Beträge anzusetzen. [3]Über die in den Sätzen 1 und 2 genannten Beträge hinaus dürfen Bewirtschaftungskosten nicht angesetzt werden.

3 Aufgehoben mWv 1. 1. 2002 durch G v. 13. 9. 2001 (BGBl. I S. 2376).

§ 14 Nutzungsentgelte und Wärmelieferungskosten. (1) [1]Leistet die wohngeldberechtigte Person an Stelle des Kapitaldienstes, der Instandhaltungskosten, der Betriebskosten und der Verwaltungskosten ein Nutzungsentgelt an einen Dritten, so ist das Nutzungsentgelt in der Wohngeld-Lastenberechnung in Höhe der nach den §§ 12 und 13 ansetzbaren Beträge anzusetzen. [2]Soweit die Beträge nach Satz 1 im Nutzungsentgelt nicht enthalten sind und von der wohngeldberechtigten Person unmittelbar an den Gläubiger entrichtet werden, sind diese Beträge dem Nutzungsentgelt hinzuzurechnen. [3]Soweit eine Aufgliederung des Nutzungsentgelts nicht möglich ist, ist in der Wohngeld-Lastenberechnung das gesamte Nutzungsentgelt anzusetzen.

(2) [1]Bezahlt die wohngeldberechtigte Person Beträge zur Deckung der Kosten der eigenständig gewerblichen Lieferung von Wärme und Warmwasser, so sind diese Beträge mit Ausnahme der in § 15 Abs. 2 Satz 1 Nr. 2 bezeichneten Kosten in der Wohngeld-Lastenberechnung anzusetzen. [2]§ 6 Abs. 2 Satz 1 Nr. 1 und 2 ist entsprechend anzuwenden.

§ 15 Außer Betracht bleibende Belastung. (1) [1]In den Fällen des § 11 Abs. 2 Nr. 1 des Wohngeldgesetzes bleibt die Belastung insoweit außer Betracht, als sie auf die in § 9 Abs. 2 und 3 dieser Verordnung bezeichneten Räume oder Flächen entfällt, die ausschließlich gewerblich oder beruflich benutzt werden. [2]Soweit die Belastung auf Räume oder Flächen entfällt, die zum Wirtschaftsteil einer Kleinsiedlung oder einer landwirtschaftlichen Nebenerwerbsstelle gehören, wird sie jedoch berücksichtigt, soweit sie nicht nach § 11 Abs. 2 und 3 des Wohngeldgesetzes außer Betracht bleiben.

(2) [1]In den Fällen des § 11 Abs. 2 Nr. 2 des Wohngeldgesetzes sind von dem Entgelt für die Gebrauchsüberlassung von Räumen oder Flächen an einen anderen die darin enthaltenen Beträge

1. zur Deckung der Betriebskosten für zentrale Heizungs- und Warmwasserversorgungsanlagen sowie zentrale Brennstoffversorgungsanlagen,
2. zur Deckung der Kosten der eigenständig gewerblichen Lieferung von Wärme und Warmwasser, soweit sie den in Nummer 1 bezeichneten Kosten entsprechen, und
3. für die Überlassung von Möbeln

abzusetzen. [2]§ 6 Abs. 1 und 2 dieser Verordnung ist entsprechend anzuwenden.

(3) [1]Für eine Garage, die Gegenstand der Wohngeld-Lastenberechnung ist, soll ein Betrag von 245 Euro im Jahr von der Belastung abgesetzt werden. [2]Wenn für die Überlassung einer Garage an einen anderen ein geringeres Entgelt ortsüblich ist, kann ein Betrag von weniger als 245, aber mindestens von 184 Euro im Jahr abgesetzt werden. [3]Ist die Garage einem anderen ge-

gen ein höheres Entgelt als den in Satz 1 genannten Betrag überlassen, ist das Entgelt in voller Höhe abzusetzen.

§§ 16, 17 *aufgehoben*

Anlage (zu § 1 Abs. 3)

Mietenstufen der Gemeinden nach Ländern ab 1. Januar 2009[4]

Baden-Württemberg

Gemeinde	Mietenstufe	Gemeinde	Mietenstufe
Aalen	3	Bretten	3
Achern	2	Bretzfeld	2
Albstadt	2	Bruchsal	3
Altensteig	2	Brühl	4
Ammerbuch	4	Buchen (Odenwald)	2
Asperg	5	Bühl	3
Backnang	4	Burladingen	1
Bad Dürrheim	3	Calw	3
Bad Friedrichshall	3	Crailsheim	2
Bad Krozingen	5	Denkendorf	4
Bad Mergentheim	2	Denzlingen	5
Bad Rappenau	2	Ditzingen	5
Bad Säckingen	4	Donaueschingen	2
Bad Schönborn	3	Donzdorf	3
Bad Urach	3	Dossenheim	5
Bad Waldsee	3	Durmersheim	3
Bad Wildbad im Schwarzwald	2	Eberbach	3
Bad Wurzach	2	Ebersbach an der Fils	4
Baden-Baden	4	Edingen-Neckarhausen	3
Baiersbronn	2	Eggenstein-Leopoldshafen	4
Balingen	3	Ehingen (Donau)	2
Besigheim	5	Eislingen/Fils	3
Biberach an der Riß	2	Ellwangen (Jagst)	2
Bietigheim-Bissingen	4	Emmendingen	4
Birkenfeld	2	Engen	2
Blaubeuren	2	Eningen unter Achalm	4
Blaustein	3	Eppelheim	5
Blumberg	2	Eppingen	2
Böblingen	5	Erbach	3
Bopfingen	2	Esslingen am Neckar	5
Brackenheim	3	Ettenheim	2
Breisach am Rhein	4	Ettlingen	4

4 Zugrunde liegen Daten der Wohngeldstatistik zum 31. Dezember 2006 einschließlich der bis zum 31. März 2007 erfolgten rückwirkenden Bewilligungen.

Gemeinde	Mietenstufe
Fellbach	5
Filderstadt	5
Freiberg am Neckar	5
Freiburg im Breisgau	5
Freudenstadt	3
Friedrichshafen	4
Friesenheim	2
Gärtringen	5
Gaggenau	3
Gaildorf	2
Geislingen an der Steige	3
Gengenbach	3
Gerlingen	4
Gernsbach	3
Gerstetten	2
Giengen an der Brenz	2
Göppingen	4
Gottmadingen	3
Graben-Neudorf	3
Grenzach-Wyhlen	4
Gundelfingen	6
Haigerloch	1
Hechingen	3
Heddesheim	3
Heidelberg	5
Heidenheim an der Brenz	3
Heilbronn	4
Hemsbach	3
Herbrechtingen	2
Herrenberg	5
Heubach	3
Hockenheim	4
Holzgerlingen	6
Horb am Neckar	2
Isny im Allgäu	3
Karlsbad	3
Karlsruhe	4
Kehl	3
Kernen im Remstal	5
Ketsch	4
Kirchheim unter Teck	4
Konstanz	5
Korb	4
Korntal-Münchingen	5
Kornwestheim	5

Gemeinde	Mietenstufe
Kraichtal	1
Künzelsau	2
Ladenburg	3
Lahr/Schwarzwald	2
Laichingen	2
Langenau	3
Lauda-Königshofen	1
Lauffen am Neckar	3
Laupheim	3
Leimen	5
Leinfelden-Echterdingen	6
Leingarten	3
Leonberg	5
Leutenbach	4
Leutkirch im Allgäu	2
Linkenheim-Hochstetten	2
Lörrach	4
Lorch	2
Ludwigsburg	5
Malsch	2
Mannheim	5
Marbach am Neckar	5
Markdorf	3
Markgröningen	5
Meckenbeuren	3
Mengen	1
Meßstetten	1
Metzingen	3
Möglingen	5
Mössingen	3
Mosbach	2
Mühlacker	3
Müllheim	4
Münsingen	2
Murrhardt	2
Nagold	4
Neckargemünd	4
Neckarsulm	3
Neuenburg am Rhein	3
Neuhausen auf den Fildern	5
Niefern-Öschelbronn	3
Nürtingen	4
Nußloch	4
Oberderdingen	2
Oberkirch	2

Gemeinde	Mietenstufe	Gemeinde	Mietenstufe
Oberndorf am Neckar	1	Sigmaringen	2
Obersulm	3	Sindelfingen	5
Öhringen	3	Singen (Hohentwiel)	3
Östringen	2	Sinsheim	2
Offenburg	3	Sinzheim	2
Oftersheim	3	Spaichingen	3
Ostfildern	5	Steinen	2
Pfinztal	2	Steinheim an der Murr	3
Pforzheim	3	Stockach	2
Pfullendorf	2	Straubenhardt	3
Pfullingen	4	Stutensee	3
Philippsburg	3	Stuttgart	6
Plochingen	4	Süßen	3
Radolfzell am Bodensee	3	Sulz am Neckar	1
Rastatt	3	Tamm	5
Ravensburg	4	Tauberbischofsheim	2
Remchingen	3	Teningen	4
Remseck am Neckar	5	Tettnang	3
Remshalden	3	Titisee-Neustadt	2
Renningen	5	Trossingen	3
Reutlingen	3	Tübingen	6
Rheinau	1	Tuttlingen	3
Rheinfelden (Baden)	3	Ubstadt-Weiher	2
Rheinstetten	4	Überlingen	4
Riedlingen	2	Uhingen	3
Rielasingen-Worblingen	3	Ulm	3
Rottenburg am Neckar	4	Vaihingen an der Enz	4
Rottweil	2	Villingen-Schwenningen	3
Rudersberg	3	Waghäusel	2
Rutesheim	5	Waiblingen	5
Sachsenheim	4	Waldbronn	4
Salem	3	Waldkirch	4
Sandhausen	4	Waldshut-Tiengen	3
Sankt Georgen im Schwarzwald	2	Walldorf	3
Sankt Leon-Rot	4	Walldürn	2
Saulgau	2	Wangen im Allgäu	3
Schopfheim	4	Wehr	3
Schorndorf	3	Weil am Rhein	4
Schramberg	2	Weil der Stadt	4
Schriesheim	4	Weingarten	4
Schwäbisch Gmünd	3	Weinheim	4
Schwäbisch Hall	2	Weinsberg	3
Schwaigern	2	Weinstadt	4
Schwetzingen	5	Welzheim	3
Schwieberdingen	4	Wendlingen am Neckar	4

Gemeinde	Mietenstufe	Gemeinde	Mietenstufe
Wernau (Neckar)	3	Wildberg	3
Wertheim	1	Winnenden	4
Wiesloch	4		

Kreis	Mietenstufe	ohne die Gemeinden
Alb-Donau-Kreis	2	Blaubeuren, Blaustein, Ehingen (Donau), Erbach, Laichingen, Langenau
Biberach	1	Biberach an der Riß, Laupheim, Riedlingen
Bodenseekreis	3	Friedrichshafen, Markdorf, Meckenbeuren, Salem, Tettnang, Überlingen
Böblingen	4	Böblingen, Gärtringen, Herrenberg, Holzgerlingen, Leonberg, Renningen, Rutesheim, Sindelfingen, Weil der Stadt
Breisgau-Hochschwarzwald	3	Bad Krozingen, Breisach am Rhein, Gundelfingen, Müllheim, Neuenburg am Rhein, Titisee-Neustadt
Calw	3	Altensteig, Bad Wildbad im Schwarzwald, Calw, Nagold, Wildberg
Emmendingen	3	Denzlingen, Emmendingen, Teningen, Waldkirch
Enzkreis	3	Birkenfeld, Mühlacker, Niefern-Öschelbronn, Remchingen, Straubenhardt
Esslingen	3	Denkendorf, Esslingen am Neckar, Filderstadt, Kirchheim unter Teck, Neuhausen auf den Fildern, Leinfelden-Echterdingen, Nürtingen, Plochingen, Wendlingen am Neckar, Wernau (Neckar), Ostfildern
Freudenstadt	2	Baiersbronn, Freudenstadt, Horb am Neckar
Göppingen	2	Donzdorf, Ebersbach an der Fils, Eislingen/Fils, Geislingen an der Steige, Göppingen, Süßen, Uhingen
Heidenheim	2	Gerstetten, Giengen an der Brenz, Heidenheim an der Brenz, Herbrechtingen
Heilbronn	2	Bad Friedrichshall, Bad Rappenau, Brackenheim, Eppingen, Lauffen am Neckar, Leingarten, Nekkarsulm, Obersulm, Schwaigern, Weinsberg
Hohenlohekreis	2	Bretzfeld, Künzelsau, Öhringen
Karlsruhe	2	Bad Schönborn, Bretten, Bruchsal, Eggenstein-Leopoldshafen, Ettlingen, Graben-Neudorf, Karlsbad, Kraichtal, Linkenheim-Hochstetten, Malsch, Oberderdingen, Östringen, Pfinztal, Philippsburg, Rheinstetten, Stutensee, Waghäusel, Waldbronn, Ubstadt-Weiher
Konstanz	2	Engen, Gottmadingen, Konstanz, Radolfzell am Bodensee, Rielasingen-Worblingen, Singen (Hohentwiel), Stockach

Kreis	Mietenstufe	ohne die Gemeinden
Lörrach	2	Grenzach-Wyhlen, Lörrach, Rheinfelden (Baden), Schopfheim, Steinen, Weil am Rhein
Ludwigsburg	3	Asperg, Besigheim, Bietigheim-Bissingen, Ditzingen, Freiberg am Neckar, Gerlingen, Korntal-Münchingen, Kornwestheim, Ludwigsburg, Marbach am Neckar, Markgröningen, Möglingen, Remseck am Neckar, Sachsenheim, Schwieberdingen, Steinheim an der Murr, Tamm, Vaihingen an der Enz
Main-Tauber-Kreis	1	Bad Mergentheim, Lauda-Königshofen, Tauberbischofsheim, Wertheim
Neckar-Odenwald-Kreis	1	Buchen (Odenwald), Mosbach, Walldürn
Ortenaukreis	2	Achern, Ettenheim, Friesenheim, Gengenbach, Kehl, Lahr/Schwarzwald, Oberkirch, Offenburg, Rheinau
Ostalbkreis	2	Aalen, Bopfingen, Ellwangen (Jagst), Heubach, Lorch, Schwäbisch Gmünd
Rastatt	2	Bühl, Durmersheim, Gaggenau, Gernsbach, Rastatt, Sinzheim
Ravensburg	2	Bad Waldsee, Bad Wurzach, Isny im Allgäu, Leutkirch im Allgäu, Ravensburg, Wangen im Allgäu, Weingarten
Rems-Murr-Kreis	3	Backnang, Fellbach, Kernen im Remstal, Korb, Leutenbach, Murrhardt, Remshalden, Rudersberg, Schorndorf, Waiblingen, Weinstadt, Welzheim, Winnenden
Reutlingen	2	Bad Urach, Eningen unter Achalm, Metzingen, Münsingen, Pfullingen, Reutlingen
Rhein-Neckar-Kreis	3	Brühl, Dossenheim, Eberbach, Edingen-Neckarhausen, Eppelheim, Heddesheim, Hemsbach, Hockenheim, Ketsch, Ladenburg, Leimen, Neckargemünd, Nußloch, Oftersheim, Sandhausen, Sankt Leon-Rot, Schriesheim, Schwetzingen, Sinsheim, Walldorf, Weinheim, Wiesloch
Rottweil	1	Oberndorf am Neckar, Rottweil, Schramberg, Sulz am Neckar
Schwäbisch Hall	1	Crailsheim, Gaildorf, Schwäbisch Hall
Schwarzwald-Baar-Kreis	2	Bad Dürrheim, Blumberg, Donaueschingen, Sankt Georgen im Schwarzwald, Villingen-Schwenningen
Sigmaringen	1	Mengen, Pfullendorf, Saulgau, Sigmaringen
Tübingen	3	Ammerbuch, Mössingen, Rottenburg am Neckar, Tübingen
Tuttlingen	1	Spaichingen, Trossingen, Tuttlingen
Waldshut	2	Bad Säckingen, Waldshut-Tiengen, Wehr
Zollernalbkreis	1	Albstadt, Balingen, Burladingen, Haigerloch, Hechingen, Meßstetten

Bayern

Gemeinde	Mietenstufe
Abensberg	2
Aichach	3
Ainring	3
Altdorf	3
Altdorf b. Nürnberg	3
Altötting	2
Alzenau i. UFr.	3
Amberg	2
Ansbach	2
Aschaffenburg	3
Augsburg	4
Bad Abbach	4
Bad Aibling	5
Bad Kissingen	2
Bad Neustadt a.d. Saale	1
Bad Reichenhall	4
Bad Staffelstein	1
Bad Tölz	5
Bad Windsheim	2
Bad Wörishofen	2
Bamberg	3
Bayreuth	3
Bobingen	3
Bogen	2
Bruckmühl	4
Buchloe	3
Burghausen	2
Burgkirchen a.d. Alz	2
Burglengenfeld	1
Burgthann	3
Cadolzburg	2
Cham	1
Coburg	2
Dachau	6
Deggendorf	2
Diedorf	4
Dillingen a.d. Donau	2
Dingolfing	2
Dinkelsbühl	1
Donauwörth	1
Dorfen	4
Ebersberg	5
Eching	6
Eckental	3

Gemeinde	Mietenstufe
Eggenfelden	1
Eichenau	6
Eichstätt	2
Erding	6
Ergolding	3
Erlangen	3
Erlenbach am Main	2
Essenbach	2
Feldkirchen-Westerham	4
Feucht	3
Feuchtwangen	2
Forchheim	2
Freilassing	3
Freising	6
Friedberg	3
Fürstenfeldbruck	6
Fürth	3
Füssen	4
Gaimersheim	3
Garching b. München	6
Garmisch-Partenkirchen	6
Gauting	6
Gemünden a. Main	2
Geretsried	4
Germering	6
Gersthofen	4
Gilching	6
Gräfelfing	6
Grafing b. München	5
Gröbenzell	6
Großostheim	2
Grünwald	6
Günzburg	3
Gunzenhausen	1
Haar	6
Hammelburg	1
Haßfurt	2
Hauzenberg	1
Hersbruck	3
Herzogenaurach	3
Hilpoltstein	1
Hirschaid	1
Höchstadt a. d. Aisch	1
Hösbach	2

Gemeinde	Mietenstufe	Gemeinde	Mietenstufe
Hof	1	Moosburg a.d. Isar	4
Holzkirchen	5	Mühldorf a. Inn	3
Illertissen	2	Münchberg	1
Immenstadt i. Allgäu	3	München	6
Ingolstadt	3	Murnau a. Staffelsee	6
Ismaning	5	Neu-Ulm	4
Karlsfeld	6	Neubiberg	5
Karlstadt	1	Neuburg a.d. Donau	3
Kaufbeuren	3	Neufahrn b. Freising	6
Kelheim	2	Neumarkt i.d. OPf.	2
Kempten (Allgäu)	3	Neusäß	4
Kirchheim b. München	6	Neustadt a.d. Aisch	2
Kissing	4	Neustadt a.d. Donau	1
Kitzingen	2	Neustadt b. Coburg	1
Königsbrunn	4	Neutraubling	4
Kolbermoor	5	Nördlingen	2
Kronach	1	Nürnberg	4
Krumbach (Schwaben)	1	Oberasbach	3
Kümmersbruck	1	Oberhaching	6
Kulmbach	1	Oberschleißheim	6
Landau a.d. Isar	2	Ochsenfurt	2
Landsberg a. Lech	5	Olching	6
Landshut	3	Osterhofen	2
Langenzenn	2	Ottobrunn	6
Lappersdorf	2	Passau	2
Lauf a.d. Pegnitz	3	Pegnitz	2
Lauingen (Donau)	1	Peißenberg	3
Lichtenfels	1	Peiting	3
Lindau (Bodensee)	4	Penzberg	4
Lindenberg i. Allgäu	2	Pfaffenhofen a.d. Ilm	4
Lohr a. Main	1	Pfarrkirchen	1
Mainburg	2	Planegg	6
Maisach	6	Plattling	2
Manching	3	Pocking	2
Markt Schwaben	6	Poing	6
Marktheidenfeld	2	Prien am Chiemsee	4
Marktoberdorf	2	Puchheim	6
Marktredwitz	1	Raubling	4
Maxhütte-Haidhof	1	Regen	1
Meitingen	2	Regensburg	4
Memmingen	2	Regenstauf	2
Mering	4	Roding	1
Miesbach	5	Rödental	1
Mindelheim	2	Röthenbach a.d. Pegnitz	3
Mömbris	1	Rosenheim	5

Gemeinde	Mietenstufe	Gemeinde	Mietenstufe
Roßtal	2	Unterhaching	6
Roth	2	Unterschleißheim	6
Rothenburg ob der Tauber	1	Vaterstetten	6
Schongau	3	Veitshöchheim	4
Schrobenhausen	2	Vilsbiburg	1
Schwabach	3	Vilshofen	1
Schwabmünchen	3	Vöhringen	3
Schwandorf	1	Waldkirchen	1
Schweinfurt	2	Waldkraiburg	2
Selb	1	Wasserburg a. Inn	4
Senden	4	Weiden i.d. OPf.	2
Simbach a. Inn	1	Weilheim i. OB	5
Sonthofen	3	Weißenburg i. Bay.	2
Stadtbergen	3	Weißenhorn	3
Starnberg	6	Wendelstein	3
Stein	4	Werneck	1
Straubing	2	Wolfratshausen	6
Sulzbach-Rosenberg	1	Wolnzach	1
Taufkirchen	3	Würzburg	4
Traunreut	3	Wunsiedel	1
Traunstein	3	Zirndorf	3
Treuchtlingen	2	Zwiesel	1
Trostberg	2		

Kreis	Mietenstufe	ohne die Gemeinden
Aichach-Friedberg	2	Aichach, Friedberg, Kissing, Mering
Altötting	2	Altötting, Burghausen, Burgkirchen a. d. Alz
Amberg-Sulzbach	1	Kümmersbruck, Sulzbach-Rosenberg
Ansbach	1	Dinkelsbühl, Feuchtwangen, Rothenburg ob der Tauber
Aschaffenburg	2	Alzenau i. UFr., Großostheim, Hösbach, Mömbris
Augsburg	2	Bobingen, Diedorf, Gersthofen, Königsbrunn, Meitingen, Neusäß, Schwabmünchen, Stadtbergen
Bad Kissingen	1	Bad Kissingen, Hammelburg
Bad Tölz-Wolfratshausen	4	Bad Tölz, Geretsried, Wolfratshausen
Bamberg	1	Hirschaid
Bayreuth	1	Pegnitz
Berchtesgadener Land	3	Ainring, Bad Reichenhall, Freilassing
Cham	1	Cham, Roding
Coburg	1	Neustadt b. Coburg, Rödental
Dachau	5	Dachau, Karlsfeld
Deggendorf	1	Deggendorf, Osterhofen, Plattling
Dillingen a. d. Donau	1	Dillingen a. d. Donau, Lauingen (Donau)
Dingolfing-Landau	1	Dingolfing, Landau a. d. Isar

Kreis	Mietenstufe	ohne die Gemeinden
Donau-Ries	1	Donauwörth, Nördlingen
Ebersberg	5	Ebersberg, Grafing b. München, Markt Schwaben, Poing, Vaterstetten
Eichstätt	1	Eichstätt, Gaimersheim
Erding	4	Dorfen, Erding
Erlangen-Höchstadt	2	Eckental, Herzogenaurach, Höchstadt a. d. Aisch
Forchheim	1	Forchheim
Freising	4	Eching, Freising, Moosburg a. d. Isar, Neufahrn b. Freising
Freyung-Grafenau	1	Waldkirchen
Fürstenfeldbruck	5	Eichenau, Fürstenfeldbruck, Germering, Gröbenzell, Maisach, Olching, Puchheim
Fürth	2	Cadolzburg, Langenzenn, Oberasbach, Roßtal, Stein, Zirndorf
Garmisch-Partenkirchen	5	Garmisch-Partenkirchen, Murnau a. Staffelsee
Günzburg	2	Günzburg, Krumbach (Schwaben)
Haßberge	1	Haßfurt
Hof	1	Münchberg
Kelheim	1	Abensberg, Bad Abbach, Kelheim, Mainburg, Neustadt a. d. Donau
Kitzingen	1	Kitzingen
Kronach	1	Kronach
Kulmbach	1	Kulmbach
Landsberg a. Lech	3	Landsberg a. Lech
Landshut	1	Altdorf, Ergolding, Essenbach, Vilsbiburg
Lichtenfels	1	Bad Staffelstein, Lichtenfels
Lindau (Bodensee)	2	Lindau (Bodensee), Lindenberg i. Allgäu
Main-Spessart	1	Gemünden a. Main, Karlstadt, Lohr a. Main, Marktheidenfeld
Miesbach	4	Holzkirchen, Miesbach
Miltenberg	2	Erlenbach am Main
Mühldorf a. Inn	1	Mühldorf a. Inn, Waldkraiburg
München	6	Garching b. München, Gräfelfing, Grünwald, Haar, Ismaning, Kirchheim b. München, Neubiberg, Oberhaching, Oberschleißheim, Ottobrunn, Planegg, Taufkirchen, Unterhaching, Unterschleißheim
Neu-Ulm	1	Illertissen, Neu-Ulm, Senden, Vöhringen, Weißenhorn
Neuburg-Schrobenhausen	1	Neuburg a. d. Donau, Schrobenhausen
Neumarkt i. d. OPf.	1	Neumarkt i. d. OPf.
Neustadt a. d. Aisch-Bad Windsheim	1	Bad Windsheim, Neustadt a. d. Aisch
Neustadt a. d. Waldnaab	1	–
Nürnberger Land	2	Altdorf b. Nürnberg, Burgthann, Feucht, Hersbruck, Lauf a. d. Pegnitz, Röthenbach a. d. Pegnitz

Kreis	Mietenstufe	ohne die Gemeinden
Oberallgäu	3	Immenstadt i. Allgäu, Sonthofen
Ostallgäu	1	Buchloe, Füssen, Marktoberdorf
Passau	1	Hauzenberg, Pocking, Vilshofen
Pfaffenhofen a. d. Ilm	2	Manching, Pfaffenhofen a. d. Ilm, Wolnzach
Regen	1	Regen, Zwiesel
Regensburg	2	Lappersdorf, Neutraubling, Regenstauf
Rhön-Grabfeld	1	Bad Neustadt a. d. Saale
Rosenheim	4	Bad Aibling, Bruckmühl, Feldkirchen-Westerham, Kolbermoor, Prien am Chiemsee, Raubling, Wasserburg a. Inn
Roth	2	Hilpoltstein, Roth, Wendelstein
Rottal-Inn	1	Eggenfelden, Pfarrkirchen, Simbach a. Inn
Schwandorf	1	Burglengenfeld, Maxhütte-Haidhof, Schwandorf
Schweinfurt	1	Werneck
Starnberg	6	Gauting, Gilching, Starnberg
Straubing-Bogen	1	Bogen
Tirschenreuth	1	–
Traunstein	2	Traunreut, Traunstein, Trostberg
Unterallgäu	1	Bad Wörishofen, Mindelheim
Weilheim-Schongau	3	Peißenberg, Peiting, Penzberg, Schongau, Weilheim i. OB
Weißenburg-Gunzenhausen	1	Gunzenhausen, Treuchtlingen, Weißenburg i. Bay.
Würzburg	2	Ochsenfurt, Veitshöchheim
Wunsiedel i. Fichtelgebirge	1	Marktredwitz, Selb, Wunsiedel

Berlin

Gemeinde	Mietenstufe
Berlin	4

Brandenburg

Gemeinde	Mietenstufe
Ahrensfelde-Blumberg	3
Angermünde	2
Bad Freienwalde (Oder)	2
Bad Liebenwerda	1
Beelitz	2
Belzig	2
Bernau bei Berlin	3
Blankenfelde-Mahlow	4
Brandenburg an der Havel	3
Brieselang	4
Cottbus	2
Eberswalde	2
Eisenhüttenstadt	2
Erkner	3
Falkensee	4
Finsterwalde	2
Forst (Lausitz)	2
Frankfurt (Oder)	3
Fredersdorf-Vogelsdorf	3
Fürstenwalde/Spree	2
Glienicke/Nordbahn	4
Großräschen	1
Guben	3
Hennigsdorf	3
Herzberg (Elster)	2
Hohen Neuendorf	4
Hoppegarten	4
Jüterbog	1

Gemeinde	Mietenstufe	Gemeinde	Mietenstufe
Kleinmachnow	4	Pritzwalk	1
Kloster Lehnin	3	Rathenow	3
Königs Wusterhausen	3	Rüdersdorf b. Bln.	2
Lauchhammer	3	Schönefeld	5
Luckau	2	Schöneiche b. Berlin	4
Luckenwalde	2	Schorfheide	2
Ludwigsfelde	3	Schwedt/Oder	2
Lübben/Spreewald	3	Senftenberg	3
Lübbenau/Spreewald	2	Spremberg	3
Michendorf	4	Stahnsdorf	3
Mühlenbecker Land	4	Strausberg	3
Nauen	3	Teltow	4
Neuenhagen bei Berlin	4	Templin	2
Neuruppin	2	Velten	3
Oberkrämer	2	Wandlitz	2
Oranienburg	3	Werder (Havel)	4
Panketal	3	Wittenberge	2
Perleberg	2	Wittstock/Dosse	2
Petershagen/Eggersdorf	3	Zehdenick	2
Potsdam	4	Zeuthen	3
Prenzlau	3	Zossen	2

Kreis	Mietenstufe	ohne die Gemeinden
Barnim	2	Ahrensfelde-Blumberg, Bernau bei Berlin, Eberswalde, Panketal, Schorfheide, Wandlitz
Dahme-Spreewald	3	Königs Wusterhausen, Lübben/Spreewald, Luckau, Schönefeld, Zeuthen
Elbe-Elster	1	Bad Liebenwerda, Finsterwalde, Herzberg (Elster)
Havelland	2	Brieselang, Falkensee, Nauen, Rathenow
Märkisch-Oderland	2	Bad Freienwalde (Oder), Fredersdorf-Vogelsdorf, Hoppegarten, Neuenhagen bei Berlin, Petershagen/Eggersdorf, Rüdersdorf b. Bln., Strausberg
Oberhavel	2	Glienicke/Nordbahn, Hennigsdorf, Hohen Neuendorf, Mühlenbecker Land, Oberkrämer, Oranienburg, Velten, Zehdenick
Oberspreewald-Lausitz	2	Großräschen, Lauchhammer, Lübbenau/Spreewald, Senftenberg
Oder-Spree	2	Eisenhüttenstadt, Erkner, Fürstenwalde/Spree, Schöneiche b. Berlin
Ostprignitz-Ruppin	2	Neuruppin, Wittstock/Dosse
Potsdam-Mittelmark	2	Beelitz, Belzig, Kleinmachnow, Kloster Lehnin, Michendorf, Stahnsdorf, Teltow, Werder (Havel)
Prignitz	1	Perleberg, Pritzwalk, Wittenberge
Spree-Neiße	1	Forst (Lausitz), Guben, Spremberg

Kreis	Mietenstufe	ohne die Gemeinden
Teltow-Fläming	2	Blankenfelde-Mahlow, Jüterbog, Luckenwalde, Ludwigsfelde, Zossen
Uckermark	1	Angermünde, Prenzlau, Schwedt/Oder, Templin

Bremen

Gemeinde	Mietenstufe
Bremen	4
Bremerhaven	3

Hamburg

Gemeinde	Mietenstufe
Hamburg	5

Hessen

Gemeinde	Mietenstufe
Alsfeld	2
Altenstadt	4
Aßlar	3
Babenhausen	4
Bad Arolsen	1
Bad Camberg	3
Bad Hersfeld	2
Bad Homburg v.d. Höhe	6
Bad Nauheim	5
Bad Schwalbach	4
Bad Soden am Taunus	5
Bad Soden-Salmünster	2
Bad Vilbel	5
Bad Wildungen	2
Baunatal	2
Bebra	1
Bensheim	4
Biebertal	3
Biedenkopf	1
Birkenau	2
Bischofsheim	4
Borken (Hessen)	2
Braunfels	2
Bruchköbel	4
Büdingen	2
Bürstadt	3
Büttelborn	5
Buseck	3
Butzbach	3
Darmstadt	5
Dautphetal	1
Dieburg	4
Dietzenbach	5

Gemeinde	Mietenstufe
Dillenburg	2
Dreieich	5
Eichenzell	1
Eltville am Rhein	5
Eppstein	4
Erbach	3
Erlensee	4
Eschborn	6
Eschenburg	2
Eschwege	1
Felsberg	1
Flörsheim am Main	4
Frankenberg (Eder)	2
Frankfurt am Main	6
Freigericht	3
Friedberg (Hessen)	4
Friedrichsdorf	6
Fritzlar	2
Fürth	2
Fulda	2
Fuldatal	2
Geisenheim	4
Gelnhausen	4
Gießen	3
Ginsheim-Gustavsburg	3
Gladenbach	2
Griesheim	4
Groß-Gerau	5
Groß-Umstadt	4
Groß-Zimmern	5
Grünberg	2
Gründau	3
Hadamar	2

Gemeinde	Mietenstufe
Haiger	2
Hainburg	4
Hanau	4
Hattersheim am Main	5
Heppenheim (Bergstraße)	4
Herborn	3
Hessisch Lichtenau	2
Heusenstamm	5
Hochheim am Main	4
Hofgeismar	2
Hofheim am Taunus	4
Homberg (Efze)	2
Hünfeld	1
Hünfelden	2
Hünstetten	2
Hüttenberg	2
Hungen	2
Idstein	4
Karben	5
Kassel	3
Kaufungen	2
Kelkheim (Taunus)	5
Kelsterbach	4
Kirchhain	2
Königstein im Taunus	6
Korbach	1
Kriftel	5
Kronberg im Taunus	5
Künzell	2
Lampertheim	3
Langen (Hessen)	5
Langenselbold	3
Langgöns	3
Laubach	2
Lauterbach (Hessen)	2
Lich	3
Limburg a. d. Lahn	2
Linden	4
Lohfelden	2
Lorsch	2
Maintal	5
Marburg	4
Melsungen	1
Michelstadt	4
Mörfelden-Walldorf	5

Gemeinde	Mietenstufe
Mörlenbach	2
Mühlheim am Main	5
Mühltal	5
Münster	4
Nauheim	6
Neu-Anspach	5
Neu-Isenburg	6
Neuhof	1
Nidda	2
Nidderau	4
Niedernhausen	5
Niestetal	2
Ober-Ramstadt	4
Obertshausen	5
Oberursel (Taunus)	5
Oestrich-Winkel	4
Offenbach am Main	6
Petersberg	2
Pfungstadt	4
Pohlheim	2
Raunheim	6
Reinheim	3
Reiskirchen	3
Riedstadt	5
Rodenbach	5
Rodgau	5
Rödermark	4
Rosbach v.d. Höhe	4
Roßdorf	4
Rotenburg a.d. Fulda	1
Rüsselsheim	5
Schauenburg	1
Schlitz	1
Schlüchtern	2
Schöneck	3
Schotten	2
Schwalbach am Taunus	5
Schwalmstadt	1
Seeheim-Jugenheim	5
Seligenstadt	3
Solms	2
Stadtallendorf	2
Steinau an der Straße	2
Taunusstein	4
Trebur	5

Gemeinde	Mietenstufe	Gemeinde	Mietenstufe
Usingen	5	Weiterstadt	5
Vellmar	3	Wettenberg	3
Viernheim	3	Wetzlar	3
Wächtersbach	3	Wiesbaden	6
Wald-Michelbach	2	Witzenhausen	1
Weilburg	3	Wolfhagen	1

Kreis	Mietenstufe	ohne die Gemeinden
Bergstraße	3	Bensheim, Birkenau, Bürstadt, Fürth, Heppenheim (Bergstraße), Lampertheim, Lorsch, Mörlenbach, Viernheim, Wald-Michelbach
Darmstadt-Dieburg	4	Babenhausen, Dieburg, Griesheim, Groß-Umstadt, Groß-Zimmern, Mühltal, Münster, Ober-Ramstadt, Pfungstadt, Reinheim, Roßdorf, Seeheim-Jugenheim, Weiterstadt
Fulda	1	Eichenzell, Fulda, Hünfeld, Künzell, Neuhof, Petersberg
Gießen	3	Biebertal, Buseck, Gießen, Grünberg, Hungen, Langgöns, Laubach, Lich, Linden, Pohlheim, Reiskirchen, Wettenberg
Groß-Gerau	4	Bischofsheim, Büttelborn, Ginsheim-Gustavsburg, Groß-Gerau, Kelsterbach, Mörfelden-Walldorf, Nauheim, Raunheim, Riedstadt, Rüsselsheim, Trebur
Hersfeld-Rotenburg	1	Bad Hersfeld, Bebra, Rotenburg a. d. Fulda
Hochtaunuskreis	4	Bad Homburg v. d. Höhe, Friedrichsdorf, Königstein im Taunus, Kronberg im Taunus, Neu-Anspach, Oberursel (Taunus), Usingen
Kassel	1	Baunatal, Fuldatal, Hofgeismar, Kaufungen, Lohfelden, Niestetal, Schauenburg, Vellmar, Wolfhagen
Lahn-Dill-Kreis	2	Aßlar, Braunfels, Dillenburg, Eschenburg, Haiger, Herborn, Hüttenberg, Solms, Wetzlar
Limburg-Weilburg	2	Bad Camberg, Hadamar, Hünfelden, Limburg a. d. Lahn, Weilburg
Main-Kinzig-Kreis	3	Bad Soden-Salmünster, Bruchköbel, Erlensee, Freigericht, Gelnhausen, Gründau, Hanau, Langenselbold, Maintal, Nidderau, Rodenbach, Schlüchtern, Schöneck, Steinau an der Straße, Wächtersbach
Main-Taunus-Kreis	4	Bad Soden am Taunus, Eppstein, Eschborn, Flörsheim am Main, Hattersheim am Main, Hochheim am Main, Hofheim am Taunus, Kelkheim (Taunus), Kriftel, Schwalbach am Taunus
Marburg-Biedenkopf	2	Biedenkopf, Dautphetal, Gladenbach, Kirchhain, Marburg, Stadtallendorf

Kreis	Mietenstufe	ohne die Gemeinden
Odenwaldkreis	2	Erbach, Michelstadt
Offenbach	5	Dietzenbach, Dreieich, Hainburg, Heusenstamm, Langen (Hessen), Mühlheim am Main, Neu-Isenburg, Obertshausen, Rodgau, Rödermark, Seligenstadt
Rheingau-Taunus-Kreis	3	Bad Schwalbach, Eltville am Rhein, Geisenheim, Hünstetten, Idstein, Niedernhausen, Oestrich-Winkel, Taunusstein
Schwalm-Eder-Kreis	1	Borken (Hessen), Felsberg, Fritzlar, Homberg (Efze), Melsungen, Schwalmstadt
Vogelsbergkreis	1	Alsfeld, Lauterbach (Hessen), Schlitz, Schotten
Waldeck-Frankenberg	1	Bad Arolsen, Bad Wildungen, Frankenberg (Eder), Korbach
Werra-Meißner-Kreis	1	Eschwege, Hessisch Lichtenau, Witzenhausen
Wetteraukreis	3	Altenstadt, Bad Nauheim, Bad Vilbel, Büdingen, Butzbach, Friedberg (Hessen), Karben, Nidda, Rosbach v. d. Höhe

Mecklenburg-Vorpommern

Gemeinde	Mietenstufe	Gemeinde	Mietenstufe
Anklam	3	Neustrelitz	2
Bad Doberan	4	Parchim	3
Bergen auf Rügen	3	Pasewalk	2
Boizenburg/Elbe	4	Ribnitz-Damgarten	2
Demmin	2	Rostock	5
Greifswald	3	Sassnitz	3
Grevesmühlen	3	Schwerin	3
Grimmen	3	Stralsund	3
Güstrow	3	Ueckermünde	2
Hagenow	2	Waren (Müritz)	4
Ludwigslust	2	Wismar	3
Neubrandenburg	3	Wolgast	3

Kreis	Mietenstufe	ohne die Gemeinden
Bad Doberan	3	Bad Doberan
Demmin	2	Demmin
Güstrow	2	Güstrow
Ludwigslust	2	Boizenburg/Elbe, Hagenow, Ludwigslust
Mecklenburg-Strelitz	2	Neustrelitz
Müritz	2	Waren (Müritz)
Nordvorpommern	3	Grimmen, Ribnitz-Damgarten
Nordwestmecklenburg	3	Grevesmühlen
Ostvorpommern	3	Anklam, Wolgast
Parchim	2	Parchim
Rügen	3	Bergen auf Rügen, Sassnitz
Uecker-Randow	2	Pasewalk, Ueckermünde

Niedersachsen

Gemeinde	Mietenstufe
Achim	3
Adendorf	4
Aerzen Flecken	1
Alfeld (Leine)	2
Apen	1
Aurich	2
Bad Bentheim	1
Bad Essen	1
Bad Fallingbostel	2
Bad Gandersheim	2
Bad Harzburg	2
Bad Iburg	2
Bad Lauterberg im Harz	1
Bad Münder am Deister	2
Bad Nenndorf	3
Bad Pyrmont	2
Bad Salzdetfurth	2
Bad Zwischenahn	3
Barsinghausen	3
Barßel	1
Bassum	2
Belm	2
Bergen	1
Bissendorf	1
Bockenem	2
Bohmte	1
Bovenden	3
Brake (Unterweser)	2
Bramsche	2
Braunschweig	4
Bremervörde	2
Buchholz in der Nordheide	6
Bückeburg	2
Burgdorf	3
Burgwedel	3
Buxtehude	5
Celle	3
Clausthal-Zellerfeld	2
Cloppenburg	2
Cremlingen	3
Cuxhaven	3
Damme	1
Dassel	1
Delmenhorst	3

Gemeinde	Mietenstufe
Diepholz	1
Dinklage	1
Drochtersen	2
Duderstadt	1
Edemissen	1
Edewecht	2
Einbeck	2
Emden	2
Emmerthal	1
Emstek	1
Friedeburg	1
Friedland	1
Friesoythe	1
Ganderkesee	3
Garbsen	4
Garrel	1
Geeste	1
Gehrden	3
Georgsmarienhütte	2
Gifhorn	3
Göttingen	4
Goslar	3
Großefehn	1
Großenkneten	1
Hagen am Teutoburger Wald	2
Hambühren	3
Hameln	2
Hann. Münden	2
Hannover	5
Haren (Ems)	1
Harsefeld	3
Harsum	2
Hasbergen	2
Haselünne	1
Hatten	2
Helmstedt	2
Hemmingen	4
Herzberg am Harz	1
Hessisch Oldendorf	1
Hildesheim	3
Hilter am Teutoburger Wald	1
Holzminden	1
Hude (Oldenburg)	2
Ihlow	1

Gemeinde	Mietenstufe
Ilsede	2
Isernhagen	4
Jever	2
Jork	4
Kirchlinteln	1
Königslutter am Elm	2
Krummhörn	1
Laatzen	4
Lahstedt	2
Langelsheim	1
Langen	3
Langenhagen	4
Langwedel	2
Leer (Ostfriesland)	2
Lehre	2
Lehrte	3
Lengede	2
Lilienthal	3
Lingen (Ems)	1
Löningen	1
Lohne (Oldenburg)	1
Loxstedt	2
Lüneburg	4
Melle	1
Meppen	1
Moormerland	1
Munster	2
Neu Wulmstorf	5
Neustadt am Rübenberge	3
Nienburg (Weser)	2
Norden	2
Nordenham	2
Nordhorn	2
Nordstemmen	2
Northeim	2
Oldenburg (Oldenburg)	3
Osnabrück	3
Osterholz-Scharmbeck	2
Osterode am Harz	2
Ostrhauderfehn	1
Ottersberg	2
Oyten	3
Papenburg	1
Pattensen	3
Peine	3

Gemeinde	Mietenstufe
Quakenbrück	1
Rastede	2
Rehburg-Loccum	2
Rhauderfehn	1
Rinteln	1
Ritterhude	3
Ronnenberg	4
Rosdorf	3
Rosengarten	6
Rotenburg (Wümme)	3
Salzgitter	3
Salzhemmendorf	1
Sarstedt	3
Sassenburg	1
Saterland	1
Scheeßel	2
Schiffdorf	3
Schneverdingen	2
Schöningen	1
Schortens	2
Schüttorf	2
Schwanewede	3
Seelze	3
Seesen	2
Seevetal	5
Sehnde	3
Soltau	3
Springe	2
Stade	4
Stadthagen	2
Stelle	5
Stuhr	3
Südbrookmerland	1
Sulingen	2
Syke	3
Tostedt	4
Twistringen	2
Uelzen	2
Uetze	2
Uplengen	1
Uslar	1
Varel	2
Vechelde	3
Vechta	2
Verden (Aller)	3

Gemeinde	Mietenstufe	Gemeinde	Mietenstufe
Vienenburg	1	Wiesmoor	1
Visselhövede	1	Wietmarschen	1
Wallenhorst	2	Wildeshausen	3
Walsrode	3	Wilhelmshaven	2
Wangerland	2	Winsen (Aller)	1
Wardenburg	2	Winsen (Luhe)	5
Wedemark	3	Wittingen	2
Weener	1	Wittmund	1
Wendeburg	2	Wolfenbüttel	3
Wennigsen (Deister)	3	Wolfsburg	4
Westerstede	2	Wunstorf	3
Westoverledingen	1	Zetel	1
Weyhe	4	Zeven	2
Wiefelstede	2		

Kreis	Mietenstufe	ohne die Gemeinden
Aurich	1	Aurich, Großefehn, Ihlow, Krummhörn, Norden, Südbrookmerland, Wiesmoor
Celle	2	Bergen, Celle, Hambühren, Winsen (Aller)
Cloppenburg	1	Barßel, Cloppenburg, Emstek, Friesoythe, Garrel, Löningen, Saterland
Cuxhaven	2	Cuxhaven, Langen, Loxstedt, Schiffdorf
Diepholz	1	Bassum, Diepholz, Stuhr, Sulingen, Syke, Twistringen, Weyhe
Emsland	1	Geeste, Haren (Ems), Haselünne, Lingen (Ems), Meppen, Papenburg
Friesland	2	Jever, Schortens, Varel, Wangerland, Zetel
Gifhorn	2	Gifhorn, Sassenburg, Wittingen
Göttingen	1	Bovenden, Duderstadt, Friedland, Göttingen, Hann. Münden, Rosdorf
Goslar	1	Bad Harzburg, Clausthal-Zellerfeld, Goslar, Langelsheim, Seesen, Vienenburg
Grafschaft Bentheim	1	Bad Bentheim, Nordhorn, Schüttorf, Wietmarschen
Hameln-Pyrmont	1	Aerzen Flecken, Bad Münder am Deister, Bad Pyrmont, Emmerthal, Hameln, Hessisch Oldendorf, Salzhemmendorf
Harburg	4	Buchholz in der Nordheide, Neu Wulmstorf, Rosengarten, Seevetal, Stelle, Tostedt, Winsen (Luhe)
Helmstedt	1	Helmstedt, Königslutter am Elm, Lehre, Schöningen
Hildesheim	2	Alfeld (Leine), Bad Salzdetfurth, Bockenem, Harsum, Hildesheim, Nordstemmen, Sarstedt
Holzminden	1	Holzminden

Kreis	Mietenstufe	ohne die Gemeinden
Leer	1	Leer (Ostfriesland), Moormerland, Ostrhauderfehn, Rhauderfehn, Uplengen, Weener, Westoverledingen
Lüchow-Dannenberg	1	–
Lüneburg	3	Adendorf, Lüneburg
Nienburg (Weser)	1	Nienburg (Weser), Rehburg-Loccum
Northeim	1	Bad Gandersheim, Dassel, Einbeck, Northeim, Uslar
Oldenburg	1	Ganderkesee, Großenkneten, Hatten, Hude (Oldenburg), Wardenburg, Wildeshausen
Osnabrück	1	Bad Essen, Bad Iburg, Belm, Bissendorf, Bohmte, Bramsche, Georgsmarienhütte, Hagen am Teutoburger Wald, Hasbergen, Hilter am Teutoburger Wald, Melle, Quakenbrück, Wallenhorst
Osterholz	1	Lilienthal, Osterholz-Scharmbeck, Ritterhude, Schwanewede
Osterode am Harz	1	Bad Lauterberg im Harz, Herzberg am Harz, Osterode am Harz
Peine	2	Edemissen, Ilsede, Lahstedt, Lengede, Peine, Vechelde, Wendeburg
Rotenburg (Wümme)	1	Bremervörde, Rotenburg (Wümme), Scheeßel, Visselhövede, Zeven
Schaumburg	1	Bad Nenndorf, Bückeburg, Rinteln, Stadthagen
Soltau-Fallingbostel	2	Bad Fallingbostel, Munster, Schneverdingen, Soltau, Walsrode
Stade	3	Buxtehude, Drochtersen, Harsefeld, Jork, Stade
Uelzen	1	Uelzen
Vechta	1	Damme, Dinklage, Lohne (Oldenburg), Vechta
Verden	2	Achim, Kirchlinteln, Langwedel, Ottersberg, Oyten, Verden (Aller)
Wesermarsch	1	Brake (Unterweser), Nordenham
Wittmund	1	Friedeburg, Wittmund
Wolfenbüttel	2	Cremlingen, Wolfenbüttel

Nordrhein-Westfalen

Gemeinde	Mietenstufe	Gemeinde	Mietenstufe
Aachen	4	Anröchte	2
Ahaus	2	Arnsberg	2
Ahlen	2	Ascheberg	2
Aldenhoven	3	Attendorn	2
Alfter	4	Bad Berleburg	2
Alpen	2	Bad Driburg	1
Alsdorf	3	Bad Honnef	4
Altena	2	Bad Laasphe	2
Altenberge	2	Bad Lippspringe	2

Gemeinde	Mietenstufe	Gemeinde	Mietenstufe
Bad Münstereifel	3	Drolshagen	1
Bad Oeynhausen	3	Dülmen	2
Bad Salzuflen	2	Düren	3
Bad Sassendorf	2	Düsseldorf	5
Bad Wünnenberg	1	Duisburg	3
Baesweiler	2	Eitorf	3
Balve	2	Elsdorf	4
Beckum	2	Emmerich am Rhein	2
Bedburg	3	Emsdetten	2
Bedburg-Hau	2	Engelskirchen	3
Bergheim	3	Enger	2
Bergisch Gladbach	5	Ennepetal	3
Bergkamen	3	Ennigerloh	2
Bergneustadt	2	Ense	2
Bestwig	2	Erftstadt	4
Beverungen	1	Erkelenz	3
Bielefeld	3	Erkrath	4
Billerbeck	2	Erwitte	2
Blomberg	1	Eschweiler	3
Bocholt	2	Espelkamp	2
Bochum	3	Essen	4
Bönen	2	Euskirchen	3
Bonn	5	Extertal	1
Borchen	1	Finnentrop	1
Borken	2	Frechen	4
Bornheim	4	Freudenberg	2
Bottrop	3	Fröndenberg	3
Brakel	1	Gangelt	1
Brilon	1	Geilenkirchen	2
Brüggen	3	Geldern	3
Brühl	5	Gelsenkirchen	2
Bünde	2	Gescher	2
Büren	1	Geseke	2
Burbach	2	Gevelsberg	3
Burscheid	4	Gladbeck	3
Castrop-Rauxel	3	Goch	2
Coesfeld	2	Grefrath	3
Datteln	2	Greven	3
Delbrück	2	Grevenbroich	4
Detmold	2	Gronau	2
Dinslaken	3	Gütersloh	3
Dormagen	4	Gummersbach	3
Dorsten	3	Haan	4
Dortmund	3	Hagen	3
Drensteinfurt	2	Halle (Westf.)	2

Gemeinde	Mietenstufe
Haltern	3
Halver	3
Hamm	2
Hamminkeln	2
Harsewinkel	2
Hattingen	3
Havixbeck	3
Heiligenhaus	4
Heinsberg	2
Hemer	3
Hennef (Sieg)	4
Herdecke	3
Herford	3
Herne	2
Herten	3
Herzebrock-Clarholz	2
Herzogenrath	3
Hiddenhausen	2
Hilchenbach	2
Hilden	4
Hille	1
Hörstel	1
Hövelhof	2
Höxter	1
Holzwickede	3
Horn-Bad Meinberg	2
Hückelhoven	2
Hückeswagen	3
Hüllhorst	1
Hünxe	3
Hürth	4
Ibbenbüren	2
Iserlohn	3
Isselburg	2
Issum	2
Jüchen	3
Jülich	3
Kaarst	5
Kalkar	2
Kall	3
Kalletal	1
Kamen	3
Kamp-Lintfort	3
Kempen	3
Kerken	3

Gemeinde	Mietenstufe
Kerpen	4
Kevelaer	3
Kierspe	3
Kirchhundem	1
Kirchlengern	1
Kleve	2
Köln	5
Königswinter	4
Korschenbroich	3
Krefeld	4
Kreuzau	2
Kreuztal	2
Kürten	4
Lage	2
Langenfeld (Rheinland)	4
Langerwehe	2
Leichlingen (Rheinland)	4
Lemgo	2
Lengerich	2
Lennestadt	2
Leopoldshöhe	2
Leverkusen	4
Lichtenau	1
Lindlar	3
Linnich	2
Lippetal	1
Lippstadt	2
Löhne	2
Lohmar	4
Lotte	2
Lübbecke	2
Lüdenscheid	3
Lüdinghausen	2
Lügde	1
Lünen	3
Marienheide	2
Marl	3
Marsberg	2
Mechernich	3
Meckenheim	4
Meerbusch	4
Meinerzhagen	2
Menden (Sauerland)	3
Meschede	2
Mettingen	2

Gemeinde	Mietenstufe	Gemeinde	Mietenstufe
Mettmann	4	Raesfeld	3
Minden	2	Rahden	2
Möhnesee	2	Ratingen	4
Mönchengladbach	3	Recke	1
Moers	3	Recklinghausen	3
Monheim am Rhein	4	Rees	2
Monschau	2	Reichshof	2
Morsbach	2	Reken	2
Much	3	Remscheid	3
Mülheim an der Ruhr	3	Rheda-Wiedenbrück	2
Münster	4	Rhede	2
Netphen	2	Rheinbach	3
Nettetal	3	Rheinberg	3
Neuenkirchen	2	Rheine	2
Neuenrade	3	Rietberg	2
Neukirchen-Vluyn	3	Rödinghausen	1
Neunkirchen	2	Rösrath	5
Neunkirchen-Seelscheid	3	Rommerskirchen	3
Neuss	4	Rosendahl	2
Nideggen	2	Rüthen	1
Niederkassel	4	Ruppichteroth	3
Niederkrüchten	3	Salzkotten	1
Niederzier	3	Sankt Augustin	4
Nörvenich	3	Sassenberg	2
Nordkirchen	2	Schalksmühle	2
Nottuln	3	Schermbeck	3
Nümbrecht	2	Schleiden	2
Oberhausen	3	Schloß Holte-Stukenbrock	2
Ochtrup	1	Schmallenberg	1
Odenthal	4	Schwalmtal	3
Oelde	2	Schwelm	3
Oer-Erkenschwick	3	Schwerte	3
Oerlinghausen	2	Selfkant	1
Olfen	3	Selm	3
Olpe	2	Senden	2
Olsberg	2	Sendenhorst	2
Ostbevern	2	Siegburg	4
Overath	4	Siegen	3
Paderborn	2	Simmerath	2
Petershagen	1	Soest	2
Plettenberg	2	Solingen	4
Porta Westfalica	1	Spenge	2
Preußisch Oldendorf	2	Sprockhövel	3
Pulheim	5	Stadtlohn	2
Radevormwald	3	Steinfurt	2

Gemeinde	Mietenstufe	Gemeinde	Mietenstufe
Steinhagen	2	Weeze	2
Steinheim	1	Wegberg	3
Stemwede	1	Weilerswist	4
Stolberg (Rhld.)	3	Welver	2
Straelen	3	Wenden	1
Sundern (Sauerland)	2	Werdohl	2
Swisttal	3	Werl	3
Telgte	3	Wermelskirchen	3
Tönisvorst	4	Werne	3
Troisdorf	4	Werther (Westf.)	2
Übach-Palenberg	3	Wesel	3
Unna	3	Wesseling	4
Velbert	3	Westerkappeln	2
Velen	1	Wetter (Ruhr)	3
Verl	2	Wickede (Ruhr)	3
Versmold	2	Wiehl	2
Viersen	3	Willich	4
Vlotho	2	Wilnsdorf	2
Voerde (Niederrhein)	4	Windeck	2
Vreden	2	Winterberg	2
Wachtberg	3	Wipperfürth	3
Wadersloh	1	Witten	3
Waldbröl	3	Wülfrath	3
Waltrop	3	Würselen	3
Warburg	1	Wuppertal	4
Warendorf	3	Xanten	3
Warstein	2	Zülpich	3
Wassenberg	3		

Kreis	Mietenstufe	ohne die Gemeinden
Aachen	3	Alsdorf, Baesweiler, Eschweiler, Herzogenrath, Monschau, Simmerath, Stolberg (Rhld.), Würselen
Borken	2	Ahaus, Bocholt, Borken, Gescher, Gronau, Isselburg, Raesfeld, Reken, Rhede, Stadtlohn, Velen, Vreden
Düren	2	Aldenhoven, Düren, Jülich, Kreuzau, Langerwehe, Linnich, Nideggen, Niederzier, Nörvenich
Ennepe-Ruhr-Kreis	3	Ennepetal, Gevelsberg, Hattingen, Herdecke, Schwelm, Sprockhövel, Wetter (Ruhr), Witten
Euskirchen	1	Bad Münstereifel, Euskirchen, Kall, Mechernich, Schleiden, Weilerswist, Zülpich
Gütersloh	2	Gütersloh, Halle (Westf.), Harsewinkel, Herzebrock-Clarholz, Rheda-Wiedenbrück, Rietberg, Schloß Holte-Stukenbrock, Steinhagen, Verl, Versmold, Werther (Westf.)

Kreis	Mietenstufe	ohne die Gemeinden
Heinsberg	2	Erkelenz, Gangelt, Geilenkirchen, Heinsberg, Hückelhoven, Selfkant, Übach-Palenberg, Wassenberg, Wegberg
Hochsauerlandkreis	1	Arnsberg, Bestwig, Brilon, Marsberg, Meschede, Olsberg, Schmallenberg, Sundern (Sauerland), Winterberg
Höxter	1	Bad Driburg, Beverungen, Brakel, Höxter, Steinheim, Warburg
Kleve	2	Bedburg-Hau, Emmerich am Rhein, Geldern, Goch, Issum, Kalkar, Kerken, Kevelaer, Kleve, Rees, Straelen, Weeze
Lippe	1	Bad Salzuflen, Blomberg, Detmold, Extertal, Horn-Bad Meinberg, Kalletal, Lage, Lemgo, Leopoldshöhe, Lügde, Oerlinghausen
Märkischer Kreis	3	Altena, Balve, Halver, Hemer, Iserlohn, Kierspe, Lüdenscheid, Meinerzhagen, Menden (Sauerland), Neuenrade, Plettenberg, Schalksmühle, Werdohl
Paderborn	1	Bad Lippspringe, Bad Wünnenberg, Borchen, Büren, Delbrück, Hövelhof, Lichtenau, Paderborn, Salzkotten
Siegen-Wittgenstein	1	Bad Berleburg, Bad Laasphe, Burbach, Freudenberg, Hilchenbach, Kreuztal, Netphen, Neunkirchen, Siegen, Wilnsdorf
Steinfurt	1	Altenberge, Emsdetten, Greven, Hörstel, Ibbenbüren, Lengerich, Lotte, Mettingen, Neuenkirchen, Ochtrup, Recke, Rheine, Steinfurt, Westerkappeln
Warendorf	2	Ahlen, Beckum, Drensteinfurt, Ennigerloh, Oelde, Ostbevern, Sassenberg, Sendenhorst, Telgte, Wadersloh, Warendorf
Wesel	3	Alpen, Dinslaken, Hamminkeln, Hünxe, Kamp-Lintfort, Moers, Neukirchen-Vluyn, Rheinberg, Schermbeck, Voerde (Niederrhein), Wesel, Xanten

Rheinland-Pfalz

Gemeinde	Mietenstufe	Gemeinde	Mietenstufe
Alzey	3	Bitburg	2
Andernach	2	Böhl-Iggelheim	2
Bad Dürkheim	3	Boppard	2
Bad Kreuznach	3	Diez	2
Bad Neuenahr-Ahrweiler	3	Frankenthal (Pfalz)	3
Bendorf	2	Germersheim	3
Betzdorf	2	Grafschaft	2
Bingen am Rhein	3	Grünstadt	3

Gemeinde	Mietenstufe	Gemeinde	Mietenstufe
Haßloch	3	Mülheim-Kärlich	2
Herxheim b. Landau/Pfalz	3	Mutterstadt	3
Idar-Oberstein	1	Neustadt an der Weinstraße	3
Ingelheim am Rhein	4	Neuwied	3
Kaiserslautern	3	Pirmasens	1
Koblenz	3	Remagen	3
Konz	2	Schifferstadt	3
Lahnstein	3	Sinzig	3
Landau in der Pfalz	3	Speyer	3
Limburgerhof	3	Trier	3
Ludwigshafen am Rhein	3	Wittlich	2
Mainz	5	Wörth am Rhein	3
Mayen	2	Worms	3
Montabaur	2	Zweibrücken	2
Morbach	1		

Kreis	Mietenstufe	ohne die Gemeinden
Ahrweiler	1	Bad Neuenahr-Ahrweiler, Grafschaft, Remagen, Sinzig
Altenkirchen (Westerwald)	2	Betzdorf
Alzey-Worms	3	Alzey
Bad Dürkheim	2	Bad Dürkheim, Grünstadt, Haßloch
Bad Kreuznach	1	Bad Kreuznach
Bernkastel-Wittlich	1	Morbach, Wittlich
Birkenfeld	1	Idar-Oberstein
Bitburg-Prüm	1	Bitburg
Cochem-Zell	1	–
Donnersbergkreis	2	–
Germersheim	2	Germersheim, Wörth am Rhein
Kaiserslautern	2	–
Kusel	1	–
Mainz-Bingen	4	Bingen am Rhein, Ingelheim am Rhein
Mayen-Koblenz	2	Andernach, Bendorf, Mayen, Mülheim-Kärlich
Neuwied	2	Neuwied
Rhein-Hunsrück-Kreis	1	Boppard
Rhein-Lahn-Kreis	2	Diez, Lahnstein
Rhein-Pfalz-Kreis	3	Böhl-Iggelheim, Limburgerhof, Mutterstadt, Schifferstadt
Südliche Weinstraße	2	Herxheim b. Landau/Pfalz
Südwestpfalz	1	–
Trier-Saarburg	1	Konz
Vulkaneifel	1	–
Westerwaldkreis	1	Montabaur

Saarland

Gemeinde	Mietenstufe	Gemeinde	Mietenstufe
Beckingen	1	Ottweiler	2
Bexbach	2	Püttlingen	2
Blieskastel	1	Quierschied	2
Dillingen/Saar	3	Rehlingen-Siersburg	1
Eppelborn	2	Riegelsberg	2
Friedrichsthal	2	Saarbrücken	3
Heusweiler	2	Saarlouis	2
Homburg	2	Saarwellingen	1
Illingen	2	Sankt Ingbert	2
Kirkel	1	Sankt Wendel	1
Kleinblittersdorf	2	Schiffweiler	3
Lebach	1	Schmelz	1
Losheim am See	1	Schwalbach	2
Mandelbachtal	1	Spiesen-Elversberg	2
Marpingen	1	Sulzbach/Saar	2
Merchweiler	2	Tholey	2
Merzig	2	Überherrn	2
Mettlach	1	Völklingen	2
Neunkirchen	2	Wadern	1
Nohfelden	1	Wadgassen	2

Kreis	Mietenstufe	ohne die Gemeinden
Merzig-Wadern	1	Beckingen, Losheim am See, Merzig, Mettlach, Wadern
Saarlouis	2	Dillingen/Saar, Lebach, Rehlingen-Siersburg, Saarlouis, Saarwellingen, Schmelz, Schwalbach, Überherrn, Wadgassen
Saarpfalz-Kreis	1	Bexbach, Blieskastel, Homburg, Kirkel, Mandelbachtal, Sankt Ingbert
Sankt Wendel	1	Marpingen, Nohfelden, Sankt Wendel, Tholey
Stadtverband Saarbrücken	1	Friedrichsthal, Heusweiler, Kleinblittersdorf, Püttlingen, Quierschied, Riegelsberg, Saarbrücken, Sulzbach/Saar, Völklingen

Sachsen

Gemeinde	Mietenstufe	Gemeinde	Mietenstufe
Annaberg-Buchholz	2	Burgstädt	2
Aue	2	Chemnitz	3
Auerbach/Vogtl.	2	Coswig	3
Bannewitz	3	Crimmitschau	2
Bautzen	2	Delitzsch	3
Bischofswerda	2	Dippoldiswalde	3
Borna	3	Döbeln	2
Brand-Erbisdorf	2	Dresden	3

Gemeinde	Mietenstufe	Gemeinde	Mietenstufe
Eilenburg	3	Oelsnitz/Erzgeb.	2
Flöha	3	Olbernhau	2
Frankenberg/Sa.	2	Oschatz	3
Freiberg	3	Ottendorf-Okrilla	2
Freital	3	Penig	2
Glauchau	3	Pirna	3
Görlitz	2	Plauen	1
Grimma	3	Radeberg	3
Großenhain	2	Radebeul	4
Heidenau	3	Reichenbach/Vogtl.	2
Hohenstein-Ernstthal	2	Riesa	3
Hoyerswerda	2	Schkeuditz	3
Kamenz	3	Schneeberg	2
Leipzig	3	Schwarzenberg/Erzgeb.	2
Lichtenstein/Sa.	2	Stollberg/Erzgeb.	2
Limbach-Oberfrohna	2	Taucha	3
Löbau	2	Torgau	2
Lößnitz	1	Weinböhla	3
Marienberg	2	Weißwasser/O.L.	2
Markkleeberg	3	Werdau	2
Markranstädt	3	Wilkau-Haßlau	2
Meerane	2	Wilsdruff	2
Meißen	3	Wurzen	2
Mittweida	3	Zittau	2
Mülsen	2	Zschopau	2
Neustadt i. Sa.	2	Zwickau	2
Niesky	3	Zwönitz	2
Oelsnitz	1		

Kreis	Mietenstufe	ohne die Gemeinden
Annaberg	1	Annaberg-Buchholz
Aue-Schwarzenberg	2	Aue, Lößnitz, Schneeberg, Schwarzenberg/Erzgeb.
Bautzen	1	Bautzen, Bischofswerda
Chemnitzer Land	2	Glauchau, Hohenstein-Ernstthal, Lichtenstein/Sa., Limbach-Oberfrohna, Meerane
Delitzsch	2	Delitzsch, Eilenburg, Schkeuditz, Taucha
Döbeln	2	Döbeln
Freiberg	2	Brand-Erbisdorf, Flöha, Freiberg
Kamenz	2	Kamenz, Ottendorf-Okrilla, Radeberg
Leipziger Land	2	Borna, Markkleeberg, Markranstädt
Löbau-Zittau	1	Löbau, Zittau
Meißen	2	Coswig, Meißen, Radebeul, Weinböhla
Mittlerer Erzgebirgskreis	1	Marienberg, Olbernhau, Zschopau
Mittweida	2	Burgstädt, Frankenberg/Sa., Mittweida, Penig

Kreis	Mietenstufe	ohne die Gemeinden
Muldentalkreis	2	Grimma, Wurzen
Niederschlesischer Oberlausitzkreis	1	Niesky, Weißwasser/O.L.
Riesa-Großenhain	1	Großenhain, Riesa
Sächsische Schweiz	2	Heidenau, Neustadt i. Sa., Pirna
Stollberg	2	Oelsnitz/Erzgeb., Stollberg/Erzgeb., Zwönitz
Torgau-Oschatz	1	Oschatz, Torgau
Vogtlandkreis	1	Auerbach/Vogtl., Oelsnitz, Reichenbach/Vogtl.
Weißeritzkreis	2	Bannewitz, Dippoldiswalde, Freital, Wilsdruff
Zwickauer Land	2	Crimmitschau, Mülsen, Werdau, Wilkau-Haßlau

Sachsen-Anhalt

Gemeinde	Mietenstufe
Aschersleben	2
Bad Dürrenberg	3
Bernburg (Saale)	2
Bitterfeld-Wolfen	2
Blankenburg (Harz)	2
Braunsbedra	2
Burg	2
Calbe (Saale)	3
Dessau-Roßlau	3
Eisleben	2
Gardelegen	2
Genthin	2
Gommern	2
Halberstadt	2
Haldensleben	2
Halle (Saale)	3
Hettstedt	2
Jessen (Elster)	2
Köthen (Anhalt)	3
Magdeburg	3
Merseburg	3
Naumburg (Saale)	2
Oschersleben (Bode)	2
Quedlinburg	2
Querfurt	1
Salzwedel	2
Sangerhausen	2
Schkopau	3
Schönebeck (Elbe)	2
Staßfurt	2
Stendal	2
Thale	2
Weißenfels	3
Wernigerode	2
Wittenberg	3
Wolmirstedt	2
Zeitz	2
Zerbst/Anhalt	2

Kreis	Mietenstufe	ohne die Gemeinden
Altmarkkreis Salzwedel	1	Gardelegen, Salzwedel
Anhalt-Bitterfeld	2	Bitterfeld-Wolfen, Köthen (Anhalt), Zerbst/Anhalt
Börde	1	Haldensleben, Oschersleben (Bode), Wolmirstedt
Burgenlandkreis	2	Naumburg (Saale), Weißenfels, Zeitz
Harz	2	Blankenburg (Harz), Halberstadt, Quedlinburg, Thale, Wernigerode
Jerichower Land	2	Burg, Genthin, Gommern
Mansfeld-Südharz	1	Eisleben, Hettstedt, Sangerhausen
Saalekreis	2	Bad Dürrenberg, Braunsbedra, Merseburg, Querfurt, Schkopau

Kreis	Mietenstufe	ohne die Gemeinden
Salzlandkreis	2	Aschersleben, Bernburg (Saale), Calbe (Saale), Schönebeck (Elbe), Staßfurt
Stendal	1	Stendal
Wittenberg	1	Jessen (Elster), Wittenberg

Schleswig-Holstein

Gemeinde	Mietenstufe	Gemeinde	Mietenstufe
Ahrensburg	5	Lauenburg/Elbe	4
Bad Bramstedt	3	Lübeck	4
Bad Oldesloe	4	Malente	4
Bad Schwartau	5	Mölln	4
Bad Segeberg	5	Neumünster	3
Bargteheide	5	Neustadt in Holstein	3
Barsbüttel	5	Norderstedt	6
Brunsbüttel	2	Pinneberg	6
Büdelsdorf	3	Plön	4
Eckernförde	3	Preetz	4
Elmshorn	4	Quickborn	5
Eutin	3	Ratekau	4
Fehmarn	3	Ratzeburg	3
Flensburg	3	Reinbek	5
Geesthacht	4	Rellingen	5
Glinde	5	Rendsburg	3
Glückstadt	3	Scharbeutz	4
Halstenbek	6	Schenefeld	6
Harrislee	3	Schleswig	3
Heide	3	Schwarzenbek	4
Henstedt-Ulzburg	4	Stockelsdorf	4
Husum	3	Tornesch	4
Itzehoe	3	Uetersen	4
Kaltenkirchen	4	Wedel	6
Kiel	5	Wentorf bei Hamburg	4
Kronshagen	4		

Kreis	Mietenstufe	ohne die Gemeinden
Dithmarschen	1	Brunsbüttel, Heide
Herzogtum Lauenburg	3	Geesthacht, Lauenburg/Elbe, Mölln, Ratzeburg, Schwarzenbek, Wentorf bei Hamburg
Nordfriesland	2	Husum
Ostholstein	3	Bad Schwartau, Eutin, Fehmarn, Malente, Neustadt in Holstein, Ratekau, Scharbeutz, Stockelsdorf
Pinneberg	4	Elmshorn, Halstenbek, Pinneberg, Quickborn, Rellingen, Schenefeld, Tornesch, Uetersen, Wedel
Plön	3	Plön, Preetz
Rendsburg-Eckernförde	2	Büdelsdorf, Eckernförde, Kronshagen, Rendsburg

Kreis	Mietenstufe	ohne die Gemeinden
Schleswig-Flensburg	2	Harrislee, Schleswig
Segeberg	3	Bad Bramstedt, Bad Segeberg, Henstedt-Ulzburg, Kaltenkirchen, Norderstedt
Steinburg	2	Glückstadt, Itzehoe
Stormarn	4	Ahrensburg, Bad Oldesloe, Bargteheide, Barsbüttel, Glinde, Reinbek

Thüringen

Gemeinde	Mietenstufe	Gemeinde	Mietenstufe
Altenburg	2	Meuselwitz	3
Apolda	2	Mühlhausen/Thüringen	2
Arnstadt	2	Nordhausen	2
Bad Langensalza	2	Pößneck	2
Bad Salzungen	2	Rudolstadt	2
Eisenach	3	Saalfeld/Saale	2
Eisenberg	2	Schmalkalden	1
Erfurt	3	Schmölln	2
Gera	2	Sömmerda	2
Gotha	2	Sondershausen	2
Greiz	2	Sonneberg	2
Heilbad Heiligenstadt	3	Suhl	2
Hildburghausen	2	Waltershausen	1
Ilmenau	2	Weimar	3
Jena	3	Zella-Mehlis	3
Leinefelde-Worbis	2	Zeulenroda-Triebes	1
Meiningen	2		

Kreis	Mietenstufe	ohne die Gemeinden
Altenburger Land	2	Altenburg, Meuselwitz, Schmölln
Eichsfeld	1	Heilbad Heiligenstadt, Leinefelde-Worbis
Gotha	2	Gotha, Waltershausen
Greiz	1	Greiz, Zeulenroda-Triebes
Hildburghausen	1	Hildburghausen
Ilm-Kreis	2	Arnstadt, Ilmenau
Kyffhäuserkreis	1	Sondershausen
Nordhausen	1	Nordhausen
Saale-Holzland-Kreis	2	Eisenberg
Saale-Orla-Kreis	2	Pößneck
Saalfeld-Rudolstadt	2	Rudolstadt, Saalfeld/Saale
Schmalkalden-Meiningen	1	Meiningen, Schmalkalden, Zella-Mehlis
Sömmerda	2	Sömmerda
Sonneberg	1	Sonneberg
Unstrut-Hainich-Kreis	1	Bad Langensalza, Mühlhausen/Thüringen
Wartburgkreis	2	Bad Salzungen
Weimarer Land	2	Apolda

Anlage 1 (Seite 1)

Wohngeld für ein zu berücksichtigendes Haushaltsmitglied

Bei einem zu berücksichtigenden Haushaltsmitglied beträgt das Wohngeld monatlich

bei einem Zwölftel des Gesamteinkommens (§ 13 Abs. 2) von		bei einer zu berücksichtigenden Miete oder													
		0 bis 50	50 bis 60	60 bis 70	70 bis 80	80 bis 90	90 bis 100	100 bis 110	110 bis 120	120 bis 130	130 bis 140	140 bis 150	150 bis 160	160 bis 170	170 bis 180
mehr als	bis	1	2	3	4	5	6	7	8	9	10	11	12	13	14
		Euro													
0	210	23	32	41	50	59	68	77	86	95	104	113	122	131	140
210	220	21	30	39	48	57	66	75	84	93	102	111	120	129	137
220	230	20	28	37	46	55	64	73	82	91	99	108	117	126	135
230	240	18	27	36	44	53	62	71	80	88	97	106	115	123	132
240	250	17	25	34	43	51	60	69	77	86	95	103	112	121	130
250	260	15	24	32	41	49	58	67	75	84	92	101	110	118	127
260	270	13	22	30	39	47	56	65	73	82	90	99	107	116	124
270	280	12	20	29	37	46	54	62	71	79	88	96	105	113	121
280	290	10	19	27	35	44	52	60	69	77	85	94	102	110	119
290	300		17	25	33	42	50	58	66	75	83	91	99	108	116
300	310		15	23	31	40	48	56	64	72	80	89	97	105	113
310	320		13	21	29	38	46	54	62	70	78	86	94	102	110
320	330		12	20	28	36	44	52	60	68	76	84	92	100	108
330	340		10	18	26	33	41	49	57	65	73	81	89	97	105
340	350			16	24	31	39	47	55	63	71	78	86	94	102
350	360			14	22	29	37	45	53	60	68	76	84	91	99
360	370			12	20	27	35	43	50	58	65	73	81	88	96
370	380			10	17	25	33	40	48	55	63	70	78	86	93
380	390				15	23	30	38	45	53	60	68	75	83	90
390	400				13	21	28	36	43	50	58	65	73	80	87
400	410				11	19	26	33	40	48	55	62	70	77	84
410	420					16	24	31	38	45	52	60	67	74	81
420	430					14	21	28	35	43	50	57	64	71	78
430	440					12	19	26	33	40	47	54	61	68	75
440	450					10	16	23	30	37	44	51	58	65	72
450	460						14	21	28	35	42	49	55	62	69
460	470						12	19	25	32	39	46	53	59	66
470	480							16	23	29	36	43	50	56	63
480	490							13	20	27	33	40	47	53	60
490	500							11	17	24	31	37	44	50	57
500	510								15	21	28	34	41	47	54
510	520								12	19	25	31	38	44	50
520	530									16	22	28	35	41	47
530	540									13	19	25	32	38	44
540	550									10	16	22	28	35	41
550	560										13	19	25	31	37
560	570										10	16	22	28	34
570	580											13	19	25	31
580	590											10	16	22	28
590	600												13	18	24
600	610												10	15	21
610	620													12	17
620	630														14
630	640														11
640	650														

Fortsetzung siehe Seite 5

Anlage 1 (Seite 2)

Wohngeld für ein zu berücksichtigendes Haushaltsmitglied

Belastung (§ 11) von monatlich mehr als ... Euro															
180 bis 190	190 bis 200	200 bis 210	210 bis 220	220 bis 230	230 bis 240	240 bis 250	250 bis 260	260 bis 270	270 bis 280	280 bis 290	290 bis 300	300 bis 310	310 bis 320	320 bis 330	330 bis 340
15	16	17	18	19	20	21	22	23	24	25	26	27	28	29	30
Euro															
149	158	167	176	185	194	203	212	221	230	239	249	258	267	276	285
146	155	164	173	182	191	200	209	218	227	236	245	254	263	272	281
144	153	161	170	179	188	197	206	215	224	232	241	250	259	268	277
141	150	159	167	176	185	194	202	211	220	229	238	246	255	264	273
138	147	156	164	173	182	190	199	208	216	225	234	243	251	260	269
135	144	153	161	170	179	187	196	204	213	222	230	239	247	256	265
133	141	150	158	167	175	184	192	201	209	218	226	235	243	252	261
130	138	147	155	164	172	181	189	197	206	214	223	231	240	248	256
127	135	144	152	160	169	177	186	194	202	211	219	227	236	244	252
124	133	141	149	157	166	174	182	190	199	207	215	223	232	240	248
121	130	138	146	154	162	170	179	187	195	203	211	220	228	236	244
118	127	135	143	151	159	167	175	183	191	199	207	216	224	232	240
116	124	132	140	148	156	164	172	180	188	196	204	212	220	228	236
113	121	129	136	144	152	160	168	176	184	192	200	208	216	224	231
110	118	125	133	141	149	157	165	172	180	188	196	204	212	219	227
107	115	122	130	138	146	153	161	169	176	184	192	200	207	215	223
104	111	119	127	134	142	150	157	165	173	180	188	196	203	211	219
101	108	116	124	131	139	146	154	161	169	177	184	192	199	207	214
98	105	113	120	128	135	143	150	158	165	173	180	188	195	203	210
95	102	110	117	124	132	139	147	154	161	169	176	184	191	198	206
92	99	106	114	121	128	136	143	150	158	165	172	179	187	194	201
89	96	103	110	118	125	132	139	146	154	161	168	175	183	190	197
86	93	100	107	114	121	128	136	143	150	157	164	171	178	186	193
82	89	97	104	111	118	125	132	139	146	153	160	167	174	181	188
79	86	93	100	107	114	121	128	135	142	149	156	163	170	177	184
76	83	90	97	104	111	117	124	131	138	145	152	159	166	173	179
73	80	87	93	100	107	114	121	127	134	141	148	155	161	168	175
70	76	83	90	97	103	110	117	123	130	137	144	150	157	164	170
67	73	80	86	93	100	106	113	120	126	133	139	146	153	159	166
63	70	76	83	89	96	103	109	116	122	129	135	142	148	155	161
60	66	73	79	86	92	99	105	112	118	125	131	138	144	150	157
57	63	69	76	82	89	95	101	108	114	120	127	133	140	146	152
53	60	66	72	79	85	91	97	104	110	116	123	129	135	141	148
50	56	63	69	75	81	87	94	100	106	112	118	125	131	137	143
47	53	59	65	71	77	83	90	96	102	108	114	120	126	132	139
43	49	56	62	68	74	80	86	92	98	104	110	116	122	128	134
40	46	52	58	64	70	76	82	88	94	99	105	111	117	123	129
37	43	48	54	60	66	72	78	84	89	95	101	107	113	119	125
33	39	45	51	56	62	68	74	79	85	91	97	103	108	114	120
30	36	41	47	53	58	64	70	75	81	87	92	98	104	109	115
26	32	38	43	49	54	60	66	71	77	82	88	94	99	105	110
23	28	34	39	45	50	56	62	67	73	78	84	89	95	100	106
19	25	30	36	41	47	52	57	63	68	74	79	85	90	95	101
16	21	27	32	37	43	48	53	59	64	69	75	80	85	91	96
12	18	23	28	33	39	44	49	54	60	65	70	75	81	86	91

noch Wohngeld für ein zu berücksichtigendes Haushaltsmitglied

bei einem Zwölftel des Gesamteinkommens (§ 13 Abs. 2) von mehr als	bis	bei einer zu berücksichtigenden Miete oder Belastung (§ 11) von monatlich mehr als ... Euro 340 bis 350	350 bis 360	360 bis 370	370 bis 380	380 bis 390	390 bis 400	400 bis 410	410 bis 420	420 bis 430	430 bis 440
		31	32	33	34	35	36	37	38	39	40
		Euro									
0	210	294	303	312	321	330	339	348	357	366	375
210	220	290	299	308	316	325	334	343	352	361	370
220	230	286	294	303	312	321	330	339	348	356	365
230	240	281	290	299	308	317	325	334	343	352	360
240	250	277	286	295	303	312	321	329	338	347	356
250	260	273	282	290	299	308	316	325	333	342	351
260	270	269	278	286	295	303	312	320	329	337	346
270	280	265	273	282	290	299	307	315	324	332	341
280	290	261	269	277	286	294	302	311	319	327	336
290	300	256	265	273	281	289	298	306	314	323	331
300	310	252	260	269	277	285	293	301	309	318	326
310	320	248	256	264	272	280	288	296	305	313	321
320	330	244	252	260	268	276	284	292	300	308	316
330	340	239	247	255	263	271	279	287	295	303	311
340	350	235	243	251	259	266	274	282	290	298	306
350	360	231	238	246	254	262	269	277	285	293	300
360	370	226	234	242	249	257	265	272	280	288	295
370	380	222	230	237	245	252	260	267	275	283	290
380	390	218	225	233	240	248	255	263	270	278	285
390	400	213	221	228	235	243	250	258	265	272	280
400	410	209	216	223	231	238	245	253	260	267	275
410	420	204	212	219	226	233	240	248	255	262	269
420	430	200	207	214	221	228	236	243	250	257	264
430	440	195	202	209	217	224	231	238	245	252	259
440	450	191	198	205	212	219	226	233	240	247	254
450	460	186	193	200	207	214	221	228	235	241	248
460	470	182	189	195	202	209	216	223	229	236	243
470	480	177	184	191	197	204	211	217	224	231	238
480	490	173	179	186	192	199	206	212	219	226	232
490	500	168	175	181	188	194	201	207	214	220	227
500	510	163	170	176	183	189	196	202	209	215	221
510	520	159	165	171	178	184	191	197	203	210	216
520	530	154	160	167	173	179	185	192	198	204	211
530	540	149	156	162	168	174	180	187	193	199	205
540	550	145	151	157	163	169	175	181	187	194	200
550	560	140	146	152	158	164	170	176	182	188	194
560	570	135	141	147	153	159	165	171	177	183	189
570	580	130	136	142	148	154	160	166	171	177	183
580	590	126	131	137	143	149	154	160	166	172	178
590	600	121	126	132	138	144	149	155	161	166	172
600	610	116	122	127	133	138	144	150	155	161	166
610	620	111	117	122	128	133	139	144	150	155	161
620	630	106	112	117	123	128	133	139	144	150	155
630	640	101	107	112	117	123	128	133	139	144	149
640	650	96	102	107	112	117	123	128	133	138	144

noch Wohngeld für ein zu berücksichtigendes Haushaltsmitglied

Fortsetzung von Seite 1

bei einem Zwölftel des Gesamteinkommens (§ 13 Abs. 2) von			bei einer zu berücksichtigenden Miete oder												
			0 bis 190	190 bis 200	200 bis 210	210 bis 220	220 bis 230	230 bis 240	240 bis 250	250 bis 260	260 bis 270	270 bis 280	280 bis 290	290 bis 300	300 bis 310	310 bis 320
mehr als		bis	1-15	16	17	18	19	20	21	22	23	24	25	26	27	28
			Euro													
650	-	660		14	19	24	30	35	40	45	50	55	61	66	71	76
660	-	670		10	15	21	26	31	36	41	46	51	56	61	66	71
670	-	680			12	17	22	27	32	37	42	47	52	57	62	67
680	-	690				13	18	23	28	32	37	42	47	52	57	62
690	-	700					14	19	23	28	33	38	43	48	52	57
700	-	710					10	14	19	24	29	33	38	43	48	52
710	-	720						10	15	20	24	29	34	38	43	48
720	-	730							11	15	20	25	29	34	38	43
730	-	740								11	16	20	25	29	33	38
740	-	750									11	16	20	24	29	33
750	-	760										11	15	20	24	28
760	-	770											11	15	19	23
770	-	780												10	14	18
780	-	790													10	14
790	-	800														
800	-	810														
810	-	820														
820	-	830														
830	-	840														
840	-	850														
850	-	860														
860	-	870														

Belastung (§ 11) von monatlich mehr als ... Euro											
320 bis 330	330 bis 340	340 bis 350	350 bis 360	360 bis 370	370 bis 380	380 bis 390	390 bis 400	400 bis 410	410 bis 420	420 bis 430	430 bis 440
29	30	31	32	33	34	35	36	37	38	39	40
Euro											
81	86	92	97	102	107	112	117	123	128	133	138
76	81	87	92	97	102	107	112	117	122	127	132
72	77	82	87	92	97	102	107	112	117	122	127
67	72	77	82	86	91	96	101	106	111	116	121
62	67	72	76	81	86	91	96	101	105	110	115
57	62	67	71	76	81	86	90	95	100	104	109
52	57	62	66	71	76	80	85	89	94	99	103
47	52	56	61	66	70	75	79	84	88	93	98
42	47	51	56	60	65	69	74	78	83	87	92
38	42	46	51	55	59	64	68	73	77	81	86
33	37	41	45	50	54	58	63	67	71	76	80
28	32	36	40	44	49	53	57	61	66	70	74
23	27	31	35	39	43	47	52	56	60	64	68
18	22	26	30	34	38	42	46	50	54	58	62
13	17	21	24	28	32	36	40	44	48	52	56
	11	15	19	23	27	31	35	39	42	46	50
		10	14	18	21	25	29	33	37	40	44
				12	16	20	23	27	31	34	38
					10	14	18	21	25	28	32
							12	15	19	22	26
								10	13	16	20
										10	14

Wohngeld für zwei zu berücksichtigende Haushaltsmitglieder

Bei zwei zu berücksichtigenden Haushaltsmitgliedern beträgt das Wohngeld monatlich

bei einem Zwölftel des Gesamteinkommens (§ 13 Abs. 2) von mehr als - bis	bei einer zu berücksichtigenden Miete oder													
	0 bis 60	60 bis 70	70 bis 80	80 bis 90	90 bis 100	100 bis 110	110 bis 120	120 bis 130	130 bis 140	140 bis 150	150 bis 160	160 bis 170	170 bis 180	180 bis 190
	1	2	3	4	5	6	7	8	9	10	11	12	13	14
	Euro													
0 - 250	32	41	50	60	69	78	87	97	106	115	125	134	143	152
250 - 260	30	40	49	58	67	77	86	95	104	113	123	132	141	150
260 - 270	29	38	47	57	66	75	84	93	102	112	121	130	139	148
270 - 280	28	37	46	55	64	73	82	91	101	110	119	128	137	146
280 - 290	26	35	45	54	63	72	81	90	99	108	117	126	135	144
290 - 300	25	34	43	52	61	70	79	88	97	106	115	124	133	142
300 - 310	24	33	42	50	59	68	77	86	95	104	113	122	131	139
310 - 320	22	31	40	49	58	67	75	84	93	102	111	120	128	137
320 - 330	21	30	38	47	56	65	74	82	91	100	109	117	126	135
330 - 340	20	28	37	46	54	63	72	81	89	98	107	115	124	133
340 - 350	18	27	35	44	53	61	70	79	87	96	105	113	122	131
350 - 360	17	25	34	42	51	60	68	77	85	94	103	111	120	128
360 - 370	15	24	32	41	49	58	66	75	83	92	100	109	118	126
370 - 380	14	22	31	39	48	56	65	73	81	90	98	107	115	124
380 - 390	12	21	29	37	46	54	63	71	79	88	96	105	113	121
390 - 400	11	19	27	36	44	52	61	69	77	86	94	102	111	119
400 - 410		17	26	34	42	51	59	67	75	84	92	100	109	117
410 - 420		16	24	32	41	49	57	65	73	82	90	98	106	115
420 - 430		14	22	31	39	47	55	63	71	80	88	96	104	112
430 - 440		13	21	29	37	45	53	61	69	77	86	94	102	110
440 - 450		11	19	27	35	43	51	59	67	75	83	91	99	107
450 - 460			17	25	33	41	49	57	65	73	81	89	97	105
460 - 470			16	24	31	39	47	55	63	71	79	87	95	103
470 - 480			14	22	30	37	45	53	61	69	77	85	92	100
480 - 490			12	20	28	36	43	51	59	67	74	82	90	98
490 - 500			10	18	26	34	41	49	57	64	72	80	88	95
500 - 510				16	24	32	39	47	55	62	70	78	85	93
510 - 520				14	22	30	37	45	52	60	68	75	83	90
520 - 530				13	20	28	35	43	50	58	65	73	80	88
530 - 540				11	18	26	33	41	48	56	63	70	78	85
540 - 550					16	24	31	38	46	53	61	68	75	83
550 - 560					14	22	29	36	44	51	58	66	73	80
560 - 570					12	20	27	34	41	49	56	63	71	78
570 - 580					10	17	25	32	39	46	54	61	68	75
580 - 590						15	23	30	37	44	51	58	66	73
590 - 600						13	20	28	35	42	49	56	63	70
600 - 610						11	18	25	32	39	46	53	60	67
610 - 620							16	23	30	37	44	51	58	65
620 - 630							14	21	28	35	42	48	55	62
630 - 640							12	19	25	32	39	46	53	60
640 - 650								16	23	30	37	43	50	57
650 - 660								14	21	27	34	41	48	54
660 - 670								12	18	25	32	38	45	52
670 - 680									16	23	29	36	42	49
680 - 690									14	20	27	33	40	46
690 - 700									11	18	24	31	37	43

Fortsetzung siehe Seite 5

Anlage 2 (Seite 2)

Wohngeld für zwei zu berücksichtigende Haushaltsmitglieder

Belastung (§ 11) von monatlich mehr als ... Euro															
190 bis 200	200 bis 210	210 bis 220	220 bis 230	230 bis 240	240 bis 250	250 bis 260	260 bis 270	270 bis 280	280 bis 290	290 bis 300	300 bis 310	310 bis 320	320 bis 330	330 bis 340	340 bis 350
15	16	17	18	19	20	21	22	23	24	25	26	27	28	29	30
Euro															
162	171	180	189	199	208	217	227	236	245	254	264	273	282	291	301
159	169	178	187	196	206	215	224	233	242	252	261	270	279	288	298
157	166	176	185	194	203	212	221	230	240	249	258	267	276	285	295
155	164	173	182	191	200	210	219	228	237	246	255	264	273	282	291
153	162	171	180	189	198	207	216	225	234	243	252	261	270	279	288
151	160	169	177	186	195	204	213	222	231	240	249	258	267	276	285
148	157	166	175	184	193	202	211	220	228	237	246	255	264	273	282
146	155	164	173	181	190	199	208	217	226	235	243	252	261	270	279
144	153	161	170	179	188	196	205	214	223	232	240	249	258	267	275
142	150	159	168	176	185	194	203	211	220	229	237	246	255	264	272
139	148	157	165	174	183	191	200	208	217	226	234	243	252	260	269
137	146	154	163	171	180	188	197	206	214	223	231	240	249	257	266
135	143	152	160	169	177	186	194	203	211	220	228	237	245	254	263
132	141	149	158	166	175	183	192	200	208	217	225	234	242	251	259
130	138	147	155	164	172	180	189	197	206	214	222	231	239	248	256
128	136	144	153	161	169	178	186	194	203	211	219	228	236	244	253
125	133	142	150	158	167	175	183	191	200	208	216	225	233	241	249
123	131	139	147	156	164	172	180	188	197	205	213	221	230	238	246
120	128	137	145	153	161	169	177	186	194	202	210	218	226	235	243
118	126	134	142	150	158	166	175	183	191	199	207	215	223	231	239
115	123	132	140	148	156	164	172	180	188	196	204	212	220	228	236
113	121	129	137	145	153	161	169	177	185	193	201	209	217	225	233
111	118	126	134	142	150	158	166	174	182	190	198	205	213	221	229
108	116	124	132	139	147	155	163	171	179	187	194	202	210	218	226
106	113	121	129	137	144	152	160	168	176	183	191	199	207	215	222
103	111	118	126	134	142	149	157	165	173	180	188	196	203	211	219
101	108	116	124	131	139	146	154	162	169	177	185	192	200	208	215
98	106	113	121	128	136	144	151	159	166	174	182	189	197	204	212
95	103	111	118	126	133	141	148	156	163	171	178	186	193	201	208
93	100	108	115	123	130	138	145	153	160	168	175	183	190	197	205
90	98	105	113	120	127	135	142	150	157	164	172	179	187	194	201
88	95	102	110	117	124	132	139	146	154	161	169	176	183	191	198
85	92	100	107	114	122	129	136	143	151	158	165	173	180	187	194
82	90	97	104	111	119	126	133	140	147	155	162	169	176	184	191
80	87	94	101	108	116	123	130	137	144	151	159	166	173	180	187
77	84	91	98	106	113	120	127	134	141	148	155	162	169	177	184
75	82	89	96	103	110	117	124	131	138	145	152	159	166	173	180
72	79	86	93	100	107	114	121	128	135	142	149	156	163	169	176
69	76	83	90	97	104	111	118	124	131	138	145	152	159	166	173
66	73	80	87	94	101	108	114	121	128	135	142	149	155	162	169
64	71	77	84	91	98	104	111	118	125	132	138	145	152	159	166
61	68	74	81	88	95	101	108	115	122	128	135	142	148	155	162
58	65	72	78	85	92	98	105	112	118	125	132	138	145	152	158
56	62	69	75	82	89	95	102	108	115	122	128	135	141	148	155
53	59	66	72	79	85	92	98	105	112	118	125	131	138	144	151
50	56	63	69	76	82	89	95	102	108	115	121	128	134	141	147

noch Wohngeld für zwei zu berücksichtigende Haushaltsmitglieder

bei einem Zwölftel des Gesamteinkommens (§ 13 Abs. 2) von mehr als	bis	bei einer zu berücksichtigenden Miete oder													
		350 bis 360	360 bis 370	370 bis 380	380 bis 390	390 bis 400	400 bis 410	410 bis 420	420 bis 430	430 bis 440	440 bis 450	450 bis 460	460 bis 470	470 bis 480	480 bis 490
		31	32	33	34	35	36	37	38	39	40	41	42	43	44
		Euro													
0	250	310	319	329	338	347	356	366	375	384	394	403	412	421	431
250	260	307	316	325	335	344	353	362	371	381	390	399	408	417	427
260	270	304	313	322	331	340	349	359	368	377	386	395	404	413	423
270	280	300	310	319	328	337	346	355	364	373	382	391	400	410	419
280	290	297	306	315	324	333	342	351	360	369	379	388	397	406	415
290	300	294	303	312	321	330	339	348	357	366	375	384	393	402	411
300	310	291	300	309	318	326	335	344	353	362	371	380	389	398	407
310	320	288	296	305	314	323	332	341	349	358	367	376	385	394	402
320	330	284	293	302	311	319	328	337	346	354	363	372	381	390	398
330	340	281	290	298	307	316	325	333	342	351	359	368	377	386	394
340	350	278	286	295	304	312	321	330	338	347	356	364	373	382	390
350	360	274	283	292	300	309	317	326	335	343	352	360	369	377	386
360	370	271	280	288	297	305	314	322	331	339	348	356	365	373	382
370	380	268	276	285	293	302	310	319	327	335	344	352	361	369	378
380	390	264	273	281	290	298	306	315	323	332	340	348	357	365	374
390	400	261	269	278	286	294	303	311	319	328	336	344	353	361	369
400	410	258	266	274	282	291	299	307	316	324	332	340	349	357	365
410	420	254	262	271	279	287	295	304	312	320	328	336	345	353	361
420	430	251	259	267	275	283	292	300	308	316	324	332	341	349	357
430	440	247	255	264	272	280	288	296	304	312	320	328	336	345	353
440	450	244	252	260	268	276	284	292	300	308	316	324	332	340	348
450	460	241	248	256	264	272	280	288	296	304	312	320	328	336	344
460	470	237	245	253	261	269	277	284	292	300	308	316	324	332	340
470	480	234	241	249	257	265	273	281	288	296	304	312	320	328	336
480	490	230	238	246	253	261	269	277	285	292	300	308	316	323	331
490	500	227	234	242	250	257	265	273	281	288	296	304	311	319	327
500	510	223	231	238	246	254	261	269	277	284	292	300	307	315	323
510	520	220	227	235	242	250	258	265	273	280	288	295	303	311	318
520	530	216	224	231	239	246	254	261	269	276	284	291	299	306	314
530	540	212	220	227	235	242	250	257	265	272	280	287	295	302	310
540	550	209	216	224	231	238	246	253	261	268	276	283	290	298	305
550	560	205	213	220	227	235	242	249	257	264	271	279	286	293	301
560	570	202	209	216	224	231	238	245	253	260	267	274	282	289	296
570	580	198	205	212	220	227	234	241	249	256	263	270	277	285	292
580	590	194	202	209	216	223	230	237	245	252	259	266	273	280	287
590	600	191	198	205	212	219	226	233	240	248	255	262	269	276	283
600	610	187	194	201	208	215	222	229	236	243	250	257	264	272	279
610	620	183	190	197	204	211	218	225	232	239	246	253	260	267	274
620	630	180	187	194	200	207	214	221	228	235	242	249	256	263	270
630	640	176	183	190	197	203	210	217	224	231	238	245	251	258	265
640	650	172	179	186	193	199	206	213	220	227	233	240	247	254	261
650	660	169	175	182	189	196	202	209	216	222	229	236	243	249	256
660	670	165	172	178	185	192	198	205	212	218	225	231	238	245	251
670	680	161	168	174	181	188	194	201	207	214	221	227	234	240	247
680	690	157	164	170	177	183	190	197	203	210	216	223	229	236	242
690	700	154	160	167	173	179	186	192	199	205	212	218	225	231	238

Anlage 2 (Seite 4)

Wohngeld für zwei zu berücksichtigende Haushaltsmitglieder

Belastung (§ 11) von monatlich mehr als ... Euro				
490 bis 500	500 bis 510	510 bis 520	520 bis 530	530 bis 540
45	46	47	48	49
		Euro		
440	449	458	468	477
436	445	454	463	473
432	441	450	459	468
428	437	446	455	464
424	433	442	451	460
420	429	437	446	455
415	424	433	442	451
411	420	429	438	447
407	416	425	433	442
403	412	420	429	438
399	407	416	425	433
395	403	412	420	429
390	399	408	416	425
386	395	403	412	420
382	390	399	407	416
378	386	394	403	411
374	382	390	398	407
369	377	386	394	402
365	373	381	389	398
361	369	377	385	393
356	364	372	380	389
352	360	368	376	384
348	356	364	371	379
343	351	359	367	375
339	347	355	362	370
335	342	350	358	366
330	338	346	353	361
326	333	341	349	356
321	329	337	344	352
317	324	332	339	347
313	320	327	335	342
308	315	323	330	337
304	311	318	325	333
299	306	314	321	328
295	302	309	316	323
290	297	304	311	319
286	293	300	307	314
281	288	295	302	309
277	283	290	297	304
272	279	286	292	299
267	274	281	288	294
263	269	276	283	290
258	265	271	278	285
254	260	267	273	280
249	255	262	268	275
244	251	257	264	270

noch Wohngeld für zwei zu berücksichtigende Haushaltsmitglieder

Fortsetzung von Seite 1

bei einem Zwölftel des Gesamteinkommens (§ 13 Abs. 2) von mehr als – bis	bei einer zu berücksichtigenden Miete oder													
	0 bis 140	140 bis 150	150 bis 160	160 bis 170	170 bis 180	180 bis 190	190 bis 200	200 bis 210	210 bis 220	220 bis 230	230 bis 240	240 bis 250	250 bis 260	260 bis 270
	1 - 9	10	11	12	13	14	15	16	17	18	19	20	21	22
	Euro													
700 - 710		15	21	28	34	41	47	54	60	66	73	79	86	92
710 - 720		13	19	25	32	38	44	51	57	63	70	76	82	89
720 - 730		10	16	23	29	35	41	48	54	60	67	73	79	86
730 - 740			14	20	26	32	39	45	51	57	64	70	76	82
740 - 750			11	17	23	30	36	42	48	54	60	67	73	79
750 - 760				15	21	27	33	39	45	51	57	63	70	76
760 - 770				12	18	24	30	36	42	48	54	60	66	72
770 - 780					15	21	27	33	39	45	51	57	63	69
780 - 790					12	18	24	30	36	42	48	54	60	66
790 - 800					10	15	21	27	33	39	45	51	56	62
800 - 810						13	18	24	30	36	42	47	53	59
810 - 820						10	15	21	27	33	38	44	50	56
820 - 830							12	18	24	29	35	41	46	52
830 - 840								15	21	26	32	37	43	49
840 - 850								12	18	23	29	34	40	45
850 - 860									14	20	25	31	36	42
860 - 870									11	17	22	28	33	38
870 - 880										13	19	24	30	35
880 - 890										10	16	21	26	31
890 - 900											12	17	23	28
900 - 910												14	19	24
910 - 920												11	16	21
920 - 930													12	17
930 - 940														14
940 - 950														10
950 - 960														
960 - 970														
970 - 980														
980 - 990														
990 - 1000														
1000 - 1010														
1010 - 1020														
1020 - 1030														
1030 - 1040														
1040 - 1050														
1050 - 1060														
1060 - 1070														
1070 - 1080														
1080 - 1090														
1090 - 1100														
1100 - 1110														
1110 - 1120														
1120 - 1130														
1130 - 1140														
1140 - 1150														

Fortsetzung siehe Seite 8

Anlage 2 (Seite 6)

Wohngeld für zwei zu berücksichtigende Haushaltsmitglieder

Belastung (§ 11) von monatlich mehr als ... Euro															
270 bis 280	280 bis 290	290 bis 300	300 bis 310	310 bis 320	320 bis 330	330 bis 340	340 bis 350	350 bis 360	360 bis 370	370 bis 380	380 bis 390	390 bis 400	400 bis 410	410 bis 420	420 bis 430
23	24	25	26	27	28	29	30	31	32	33	34	35	36	37	38
Euro															
98	105	111	118	124	131	137	143	150	156	163	169	175	182	188	195
95	101	108	114	121	127	133	140	146	152	159	165	171	178	184	190
92	98	104	111	117	123	130	136	142	148	155	161	167	174	180	186
88	95	101	107	113	120	126	132	138	145	151	157	163	169	176	182
85	91	97	104	110	116	122	128	134	141	147	153	159	165	171	178
82	88	94	100	106	112	118	124	131	137	143	149	155	161	167	173
78	84	90	96	103	109	115	121	127	133	139	145	151	157	163	169
75	81	87	93	99	105	111	117	123	129	135	141	147	153	159	165
72	77	83	89	95	101	107	113	119	125	131	137	143	148	154	160
68	74	80	86	92	97	103	109	115	121	127	133	138	144	150	156
65	70	76	82	88	94	99	105	111	117	123	128	134	140	146	152
61	67	73	78	84	90	96	101	107	113	119	124	130	136	141	147
58	63	69	75	80	86	92	97	103	109	114	120	126	131	137	143
54	60	66	71	77	82	88	94	99	105	110	116	122	127	133	138
51	56	62	67	73	79	84	90	95	101	106	112	117	123	128	134
47	53	58	64	69	75	80	86	91	97	102	108	113	119	124	130
44	49	55	60	65	71	76	82	87	93	98	103	109	114	120	125
40	46	51	56	62	67	72	78	83	88	94	99	105	110	115	121
37	42	47	53	58	63	68	74	79	84	90	95	100	106	111	116
33	38	44	49	54	59	65	70	75	80	85	91	96	101	106	112
30	35	40	45	50	55	61	66	71	76	81	86	92	97	102	107
26	31	36	41	46	52	57	62	67	72	77	82	87	92	97	103
22	27	32	37	43	48	53	58	63	68	73	78	83	88	93	98
19	24	29	34	39	44	49	54	59	64	69	74	79	84	88	93
15	20	25	30	35	40	45	50	54	59	64	69	74	79	84	89
11	16	21	26	31	36	41	45	50	55	60	65	70	75	79	84
	13	17	22	27	32	37	41	46	51	56	61	65	70	75	80
		14	18	23	28	33	37	42	47	51	56	61	66	70	75
		10	14	19	24	28	33	38	42	47	52	56	61	66	71
			11	15	20	24	29	34	38	43	47	52	57	61	66
				11	16	20	25	29	34	38	43	48	52	57	61
					12	16	21	25	30	34	39	43	48	52	57
						12	17	21	25	30	34	39	43	47	52
							12	17	21	25	30	34	38	43	47
								12	17	21	25	30	34	38	42
									12	17	21	25	29	34	38
										12	16	21	25	29	33
											12	16	20	24	28
												11	15	19	24
													11	15	19
														10	14

noch Wohngeld für zwei zu berücksichtigende Haushaltsmitglieder

bei einem Zwölftel des Gesamteinkommens (§ 13 Abs. 2) von mehr als - bis	bei einer zu berücksichtigenden Miete oder Belastung (§ 11) von monatlich mehr als ... Euro										
	430 bis 440	440 bis 450	450 bis 460	460 bis 470	470 bis 480	480 bis 490	490 bis 500	500 bis 510	510 bis 520	520 bis 530	530 bis 540
	39	40	41	42	43	44	45	46	47	48	49
	Euro										
700 - 710	201	207	214	220	227	233	240	246	252	259	265
710 - 720	197	203	209	216	222	229	235	241	248	254	260
720 - 730	192	199	205	211	218	224	230	236	243	249	255
730 - 740	188	194	201	207	213	219	225	232	238	244	250
740 - 750	184	190	196	202	208	215	221	227	233	239	245
750 - 760	179	185	192	198	204	210	216	222	228	234	240
760 - 770	175	181	187	193	199	205	211	217	223	229	235
770 - 780	171	177	183	189	195	201	206	212	218	224	230
780 - 790	166	172	178	184	190	196	202	208	214	219	225
790 - 800	162	168	174	179	185	191	197	203	209	214	220
800 - 810	157	163	169	175	181	186	192	198	204	209	215
810 - 820	153	159	164	170	176	182	187	193	199	204	210
820 - 830	148	154	160	165	171	177	182	188	194	199	205
830 - 840	144	150	155	161	166	172	178	183	189	194	200
840 - 850	139	145	151	156	162	167	173	178	184	189	195
850 - 860	135	140	146	151	157	162	168	173	179	184	190
860 - 870	130	136	141	147	152	158	163	168	174	179	185
870 - 880	126	131	137	142	147	153	158	163	169	174	179
880 - 890	121	127	132	137	143	148	153	158	164	169	174
890 - 900	117	122	127	133	138	143	148	153	159	164	169
900 - 910	112	117	123	128	133	138	143	148	154	159	164
910 - 920	108	113	118	123	128	133	138	143	149	154	159
920 - 930	103	108	113	118	123	128	133	138	143	148	154
930 - 940	98	103	108	113	118	123	128	133	138	143	148
940 - 950	94	99	104	109	114	118	123	128	133	138	143
950 - 960	89	94	99	104	109	113	118	123	128	133	138
960 - 970	85	89	94	99	104	109	113	118	123	128	132
970 - 980	80	85	89	94	99	104	108	113	118	122	127
980 - 990	75	80	85	89	94	99	103	108	113	117	122
990 - 1000	70	75	80	84	89	94	98	103	107	112	117
1000 - 1010	66	70	75	79	84	89	93	98	102	107	111
1010 - 1020	61	66	70	75	79	83	88	92	97	101	106
1020 - 1030	56	61	65	70	74	78	83	87	92	96	101
1030 - 1040	52	56	60	65	69	73	78	82	86	91	95
1040 - 1050	47	51	55	60	64	68	73	77	81	85	90
1050 - 1060	42	46	50	55	59	63	67	72	76	80	84
1060 - 1070	37	41	46	50	54	58	62	66	71	75	79
1070 - 1080	32	37	41	45	49	53	57	61	65	69	74
1080 - 1090	28	32	36	40	44	48	52	56	60	64	68
1090 - 1100	23	27	31	35	39	43	47	51	55	59	63
1100 - 1110	18	22	26	30	34	38	41	45	49	53	57
1110 - 1120	13	17	21	25	28	32	36	40	44	48	52
1120 - 1130		12	16	20	23	27	31	35	39	42	46
1130 - 1140			11	14	18	22	26	29	33	37	41
1140 - 1150					13	17	20	24	28	31	35

noch Wohngeld für zwei zu berücksichtigende Haushaltsmitglieder

Fortsetzung von Seite 5

bei einem Zwölftel des Gesamteinkommens (§ 13 Abs. 2) von		bei einer zu berücksichtigenden Miete oder Belastung (§ 11) von monatlich mehr als ... Euro						
		0 bis 480	480 bis 490	490 bis 500	500 bis 510	510 bis 520	520 bis 530	530 bis 540
mehr als	bis	1 - 43	44	45	46	47	48	49
Euro								
1150	1160		12	15	19	22	26	30
1160	1170			10	13	17	20	24
1170	1180					11	15	18
1180	1190							13

Wohngeld für drei zu berücksichtigende Haushaltsmitglieder

Bei drei zu berücksichtigenden Haushaltsmitgliedern beträgt das Wohngeld monatlich

bei einem Zwölftel des Gesamt-einkommens (§ 13 Abs. 2) von mehr als - bis	bei einer zu berücksichtigenden Miete oder													
	0 bis 70	70 bis 80	80 bis 90	90 bis 100	100 bis 110	110 bis 120	120 bis 130	130 bis 140	140 bis 150	150 bis 160	160 bis 170	170 bis 180	180 bis 190	190 bis 200
	1	2	3	4	5	6	7	8	9	10	11	12	13	14
	Euro													
0 - 270	42	52	61	70	80	89	98	108	117	126	136	145	154	164
270 - 280	41	50	60	69	78	88	97	106	115	125	134	143	152	162
280 - 290	40	49	58	68	77	86	95	105	114	123	132	141	151	160
290 - 300	39	48	57	66	76	85	94	103	112	121	130	140	149	158
300 - 310	38	47	56	65	74	83	92	101	110	120	129	138	147	156
310 - 320	37	46	55	64	73	82	91	100	109	118	127	136	145	154
320 - 330	35	44	53	62	71	80	89	98	107	116	125	134	143	152
330 - 340	34	43	52	61	70	79	88	97	106	115	123	132	141	150
340 - 350	33	42	51	60	68	77	86	95	104	113	122	131	139	148
350 - 360	32	41	49	58	67	76	85	93	102	111	120	129	138	146
360 - 370	31	39	48	57	66	74	83	92	101	109	118	127	136	144
370 - 380	29	38	47	55	64	73	82	90	99	108	116	125	134	143
380 - 390	28	37	45	54	63	71	80	89	97	106	115	123	132	141
390 - 400	27	35	44	53	61	70	78	87	96	104	113	121	130	139
400 - 410	26	34	43	51	60	68	77	85	94	102	111	120	128	137
410 - 420	24	33	41	50	58	67	75	84	92	101	109	118	126	135
420 - 430	23	32	40	48	57	65	74	82	91	99	107	116	124	133
430 - 440	22	30	39	47	55	64	72	80	89	97	106	114	122	131
440 - 450	21	29	37	46	54	62	71	79	87	95	104	112	120	129
450 - 460	19	28	36	44	52	61	69	77	85	94	102	110	118	127
460 - 470	18	26	34	43	51	59	67	75	84	92	100	108	117	125
470 - 480	17	25	33	41	49	58	66	74	82	90	98	106	115	123
480 - 490	16	24	32	40	48	56	64	72	80	88	96	104	113	121
490 - 500	14	22	30	38	46	54	62	70	78	87	95	103	111	119
500 - 510	13	21	29	37	45	53	61	69	77	85	93	101	109	117
510 - 520	12	20	27	35	43	51	59	67	75	83	91	99	107	115
520 - 530	10	18	26	34	42	50	57	65	73	81	89	97	105	113
530 - 540		17	25	32	40	48	56	64	71	79	87	95	103	110
540 - 550		15	23	31	39	46	54	62	70	77	85	93	101	108
550 - 560		14	22	29	37	45	52	60	68	76	83	91	99	106
560 - 570		13	20	28	35	43	51	58	66	74	81	89	97	104
570 - 580		11	19	26	34	41	49	57	64	72	79	87	95	102
580 - 590		10	17	25	32	40	47	55	62	70	77	85	93	100
590 - 600			16	23	31	38	46	53	61	68	76	83	90	98
600 - 610			14	22	29	37	44	51	59	66	74	81	88	96
610 - 620			13	20	27	35	42	50	57	64	72	79	86	94
620 - 630			11	19	26	33	40	48	55	62	70	77	84	92
630 - 640			10	17	24	32	39	46	53	61	68	75	82	90
640 - 650				15	23	30	37	44	51	59	66	73	80	87
650 - 660				14	21	28	35	42	50	57	64	71	78	85
660 - 670				12	19	26	34	41	48	55	62	69	76	83
670 - 680				11	18	25	32	39	46	53	60	67	74	81
680 - 690					16	23	30	37	44	51	58	65	72	79
690 - 700					14	21	28	35	42	49	56	63	70	77
700 - 710					13	20	26	33	40	47	54	61	68	74
710 - 720					11	18	25	31	38	45	52	59	65	72
720 - 730						16	23	30	36	43	50	57	63	70
730 - 740						14	21	28	34	41	48	54	61	68
740 - 750						13	19	26	32	39	46	52	59	66

Fortsetzung siehe Seite 5

Anlage 3 (Seite 2)

Wohngeld für drei zu berücksichtigende Haushaltsmitglieder

Belastung (§ 11) von monatlich mehr als ... Euro															
200 bis 210	210 bis 220	220 bis 230	230 bis 240	240 bis 250	250 bis 260	260 bis 270	270 bis 280	280 bis 290	290 bis 300	300 bis 310	310 bis 320	320 bis 330	330 bis 340	340 bis 350	350 bis 360
15	16	17	18	19	20	21	22	23	24	25	26	27	28	29	30
Euro															
173	182	191	201	210	219	229	238	247	257	266	275	285	294	303	313
171	180	189	199	208	217	226	236	245	254	264	273	282	291	301	310
169	178	187	197	206	215	224	233	243	252	261	270	279	289	298	307
167	176	185	194	204	213	222	231	240	249	259	268	277	286	295	304
165	174	183	192	201	211	220	229	238	247	256	265	274	283	292	301
163	172	181	190	199	208	217	226	235	244	253	263	272	281	290	299
161	170	179	188	197	206	215	224	233	242	251	260	269	278	287	296
159	168	177	186	195	204	213	222	231	240	248	257	266	275	284	293
157	166	175	184	193	202	210	219	228	237	246	255	264	273	281	290
155	164	173	182	190	199	208	217	226	235	243	252	261	270	279	287
153	162	171	179	188	197	206	215	223	232	241	250	258	267	276	285
151	160	169	177	186	195	203	212	221	230	238	247	256	264	273	282
149	158	167	175	184	192	201	210	218	227	236	244	253	262	270	279
147	156	164	173	182	190	199	207	216	225	233	242	250	259	267	276
145	154	162	171	179	188	196	205	213	222	231	239	248	256	265	273
143	152	160	169	177	186	194	203	211	219	228	236	245	253	262	270
141	150	158	166	175	183	192	200	209	217	225	234	242	251	259	267
139	147	156	164	173	181	189	198	206	214	223	231	239	248	256	265
137	145	154	162	170	179	187	195	204	212	220	228	237	245	253	262
135	143	151	160	168	176	185	193	201	209	218	226	234	242	251	259
133	141	149	158	166	174	182	190	199	207	215	223	231	240	248	256
131	139	147	155	163	172	180	188	196	204	212	220	229	237	245	253
129	137	145	153	161	169	177	185	193	202	210	218	226	234	242	250
127	135	143	151	159	167	175	183	191	199	207	215	223	231	239	247
125	133	141	149	156	164	172	180	188	196	204	212	220	228	236	244
122	130	138	146	154	162	170	178	186	194	202	210	218	225	233	241
120	128	136	144	152	160	168	175	183	191	199	207	215	223	230	238
118	126	134	142	150	157	165	173	181	189	196	204	212	220	228	235
116	124	132	139	147	155	163	170	178	186	194	201	209	217	225	232
114	122	129	137	145	153	160	168	176	183	191	199	206	214	222	229
112	120	127	135	142	150	158	165	173	181	188	196	204	211	219	227
110	117	125	133	140	148	155	163	170	178	186	193	201	208	216	224
108	115	123	130	138	145	153	160	168	175	183	190	198	205	213	221
105	113	120	128	135	143	150	158	165	173	180	188	195	203	210	218
103	111	118	126	133	140	148	155	163	170	177	185	192	200	207	215
101	108	116	123	131	138	145	153	160	167	175	182	189	197	204	212
99	106	114	121	128	135	143	150	157	165	172	179	187	194	201	209
97	104	111	119	126	133	140	148	155	162	169	177	184	191	198	206
95	102	109	116	123	131	138	145	152	159	167	174	181	188	195	202
92	100	107	114	121	128	135	142	149	157	164	171	178	185	192	199
90	97	104	111	119	126	133	140	147	154	161	168	175	182	189	196
88	95	102	109	116	123	130	137	144	151	158	165	172	179	186	193
86	93	100	107	114	121	128	135	142	148	155	162	169	176	183	190
84	90	97	104	111	118	125	132	139	146	153	160	166	173	180	187
81	88	95	102	109	116	122	129	136	143	150	157	164	170	177	184
79	86	93	99	106	113	120	127	133	140	147	154	161	167	174	181
77	84	90	97	104	111	117	124	131	138	144	151	158	165	171	178
75	81	88	95	101	108	115	121	128	135	141	148	155	162	168	175
72	79	86	92	99	105	112	119	125	132	139	145	152	159	165	172

noch Wohngeld für drei zu berücksichtigende Haushaltsmitglieder

bei einem Zwölftel des Gesamt-einkommens (§ 13 Abs. 2) von mehr als	bis	bei einer zu berücksichtigenden Miete oder													
		360 bis 370	370 bis 380	380 bis 390	390 bis 400	400 bis 410	410 bis 420	420 bis 430	430 bis 440	440 bis 450	450 bis 460	460 bis 470	470 bis 480	480 bis 490	490 bis 500
		31	32	33	34	35	36	37	38	39	40	41	42	43	44
		Euro													
0	270	322	331	341	350	359	369	378	387	396	406	415	424	434	443
270	280	319	328	338	347	356	365	375	384	393	402	412	421	430	440
280	290	316	325	335	344	353	362	372	381	390	399	408	418	427	436
290	300	313	323	332	341	350	359	368	377	387	396	405	414	423	432
300	310	311	320	329	338	347	356	365	374	383	392	402	411	420	429
310	320	308	317	326	335	344	353	362	371	380	389	398	407	416	425
320	330	305	314	323	332	341	350	359	368	377	386	395	404	413	422
330	340	302	311	320	329	338	347	356	365	373	382	391	400	409	418
340	350	299	308	317	326	335	343	352	361	370	379	388	397	406	414
350	360	296	305	314	323	332	340	349	358	367	376	384	393	402	411
360	370	293	302	311	320	328	337	346	355	363	372	381	390	398	407
370	380	290	299	308	317	325	334	343	351	360	369	378	386	395	404
380	390	288	296	305	314	322	331	339	348	357	365	374	383	391	400
390	400	285	293	302	310	319	328	336	345	353	362	371	379	388	396
400	410	282	290	299	307	316	324	333	342	350	359	367	376	384	393
410	420	279	287	296	304	313	321	330	338	347	355	364	372	381	389
420	430	276	284	293	301	310	318	326	335	343	352	360	369	377	385
430	440	273	281	290	298	306	315	323	332	340	348	357	365	373	382
440	450	270	278	287	295	303	312	320	328	337	345	353	361	370	378
450	460	267	275	284	292	300	308	317	325	333	341	350	358	366	374
460	470	264	272	281	289	297	305	313	322	330	338	346	354	363	371
470	480	261	269	277	286	294	302	310	318	326	334	343	351	359	367
480	490	258	266	274	282	291	299	307	315	323	331	339	347	355	363
490	500	255	263	271	279	287	295	303	311	319	327	336	344	352	360
500	510	252	260	268	276	284	292	300	308	316	324	332	340	348	356
510	520	249	257	265	273	281	289	297	305	313	321	328	336	344	352
520	530	246	254	262	270	278	286	293	301	309	317	325	333	341	348
530	540	243	251	259	267	274	282	290	298	306	313	321	329	337	345
540	550	240	248	256	263	271	279	287	294	302	310	318	325	333	341
550	560	237	245	253	260	268	276	283	291	299	306	314	322	330	337
560	570	234	242	249	257	265	272	280	288	295	303	311	318	326	333
570	580	231	239	246	254	261	269	277	284	292	299	307	315	322	330
580	590	228	236	243	251	258	266	273	281	288	296	303	311	318	326
590	600	225	233	240	247	255	262	270	277	285	292	300	307	315	322
600	610	222	229	237	244	252	259	266	274	281	289	296	304	311	318
610	620	219	226	234	241	248	256	263	270	278	285	293	300	307	315
620	630	216	223	230	238	245	252	260	267	274	282	289	296	304	311
630	640	213	220	227	235	242	249	256	264	271	278	285	293	300	307
640	650	210	217	224	231	238	246	253	260	267	274	282	289	296	303
650	660	207	214	221	228	235	242	249	257	264	271	278	285	292	299
660	670	203	211	218	225	232	239	246	253	260	267	274	281	288	296
670	680	200	207	214	221	228	236	243	250	257	264	271	278	285	292
680	690	197	204	211	218	225	232	239	246	253	260	267	274	281	288
690	700	194	201	208	215	222	229	236	243	249	256	263	270	277	284
700	710	191	198	205	212	218	225	232	239	246	253	260	266	273	280
710	720	188	195	202	208	215	222	229	236	242	249	256	263	270	276
720	730	185	192	198	205	212	218	225	232	239	245	252	259	266	272
730	740	182	188	195	202	208	215	222	228	235	242	249	255	262	269
740	750	178	185	192	198	205	212	218	225	232	238	245	251	258	265

Anlage 3 (Seite 4)

Wohngeld für drei zu berücksichtigende Haushaltsmitglieder

Belastung (§ 11) von monatlich mehr als ... Euro													
500 bis 510	510 bis 520	520 bis 530	530 bis 540	540 bis 550	550 bis 560	560 bis 570	570 bis 580	580 bis 590	590 bis 600	600 bis 610	610 bis 620	620 bis 630	630 bis 640
45	46	47	48	49	50	51	52	53	54	55	56	57	58
Euro													
452	462	471	480	490	499	508	518	527	536	546	555	564	574
449	458	467	477	486	495	504	514	523	532	541	551	560	569
445	454	464	473	482	491	500	510	519	528	537	546	556	565
442	451	460	469	478	487	496	506	515	524	533	542	551	561
438	447	456	465	474	483	492	502	511	520	529	538	547	556
434	443	452	461	470	479	489	498	507	516	525	534	543	552
431	440	449	458	467	476	485	494	503	511	520	529	538	547
427	436	445	454	463	472	481	489	498	507	516	525	534	543
423	432	441	450	459	468	477	485	494	503	512	521	530	539
420	428	437	446	455	464	473	481	490	499	508	517	525	534
416	425	434	442	451	460	469	477	486	495	504	512	521	530
412	421	430	438	447	456	465	473	482	491	499	508	517	525
409	417	426	435	443	452	461	469	478	486	495	504	512	521
405	414	422	431	439	448	457	465	474	482	491	499	508	517
401	410	418	427	435	444	452	461	470	478	487	495	504	512
398	406	415	423	431	440	448	457	465	474	482	491	499	508
394	402	411	419	428	436	444	453	461	470	478	487	495	503
390	398	407	415	424	432	440	449	457	465	474	482	491	499
386	395	403	411	420	428	436	445	453	461	470	478	486	494
383	391	399	407	416	424	432	440	449	457	465	473	482	490
379	387	395	404	412	420	428	436	445	453	461	469	477	486
375	383	391	400	408	416	424	432	440	448	457	465	473	481
371	380	388	396	404	412	420	428	436	444	452	460	468	477
368	376	384	392	400	408	416	424	432	440	448	456	464	472
364	372	380	388	396	404	412	420	428	436	444	452	460	468
360	368	376	384	392	400	408	416	423	431	439	447	455	463
356	364	372	380	388	396	404	411	419	427	435	443	451	459
353	360	368	376	384	392	399	407	415	423	431	438	446	454
349	357	364	372	380	388	395	403	411	419	426	434	442	450
345	353	360	368	376	383	391	399	407	414	422	430	437	445
341	349	356	364	372	379	387	395	402	410	418	425	433	440
337	345	352	360	368	375	383	390	398	406	413	421	428	436
333	341	349	356	364	371	379	386	394	401	409	416	424	431
330	337	345	352	360	367	375	382	389	397	404	412	419	427
326	333	341	348	355	363	370	378	385	393	400	407	415	422
322	329	337	344	351	359	366	374	381	388	396	403	410	418
318	325	333	340	347	355	362	369	377	384	391	398	406	413
314	322	329	336	343	351	358	365	372	380	387	394	401	409
310	318	325	332	339	346	354	361	368	375	382	390	397	404
307	314	321	328	335	342	349	356	364	371	378	385	392	399
303	310	317	324	331	338	345	352	359	366	373	381	388	395
299	306	313	320	327	334	341	348	355	362	369	376	383	390
295	302	309	316	323	330	337	344	351	358	365	372	379	385
291	298	305	312	319	326	332	339	346	353	360	367	374	381
287	294	301	308	314	321	328	335	342	349	356	363	369	376
283	290	297	304	310	317	324	331	338	344	351	358	365	372
279	286	293	299	306	313	320	326	333	340	347	353	360	367
275	282	289	295	302	309	315	322	329	336	342	349	356	362
271	278	285	291	298	305	311	318	324	331	338	344	351	358

noch Wohngeld für drei zu berücksichtigende Haushaltsmitglieder

Fortsetzung von Seite 1

bei einem Zwölftel des Gesamteinkommens (§ 13 Abs. 2) von mehr als – bis	bei einer zu berücksichtigenden Miete oder													
	0 bis 110	110 bis 120	120 bis 130	130 bis 140	140 bis 150	150 bis 160	160 bis 170	170 bis 180	180 bis 190	190 bis 200	200 bis 210	210 bis 220	220 bis 230	230 bis 240
	1 - 5	6	7	8	9	10	11	12	13	14	15	16	17	18
	Euro													
750 - 760		11	17	24	31	37	44	50	57	63	70	77	83	90
760 - 770			16	22	29	35	42	48	55	61	68	74	81	87
770 - 780			14	20	27	33	40	46	53	59	65	72	78	85
780 - 790			12	18	25	31	38	44	50	57	63	70	76	82
790 - 800			10	16	23	29	35	42	48	55	61	67	74	80
800 - 810				14	21	27	33	40	46	52	59	65	71	77
810 - 820				13	19	25	31	38	44	50	56	63	69	75
820 - 830				11	17	23	29	35	42	48	54	60	66	73
830 - 840					15	21	27	33	39	46	52	58	64	70
840 - 850					13	19	25	31	37	43	49	55	61	68
850 - 860					11	17	23	29	35	41	47	53	59	65
860 - 870						15	21	27	33	39	45	51	57	63
870 - 880						13	19	25	30	36	42	48	54	60
880 - 890						11	17	22	28	34	40	46	52	57
890 - 900							14	20	26	32	38	43	49	55
900 - 910							12	18	24	29	35	41	47	52
910 - 920							10	16	21	27	33	38	44	50
920 - 930								14	19	25	30	36	42	47
930 - 940								11	17	22	28	34	39	45
940 - 950									15	20	26	31	37	42
950 - 960									12	18	23	29	34	40
960 - 970									10	15	21	26	32	37
970 - 980										13	18	24	29	34
980 - 990										11	16	21	27	32
990 - 1000											14	19	24	29
1000 - 1010											11	16	21	27
1010 - 1020												14	19	24
1020 - 1030												11	16	21
1030 - 1040													14	19
1040 - 1050													11	16
1050 - 1060														13
1060 - 1070														11
1070 - 1080														
1080 - 1090														
1090 - 1100														
1100 - 1110														
1110 - 1120														
1120 - 1130														
1130 - 1140														
1140 - 1150														
1150 - 1160														
1160 - 1170														
1170 - 1180														
1180 - 1190														
1190 - 1200														

Fortsetzung siehe Seite 9

Anlage 3 (Seite 6)

Wohngeld für drei zu berücksichtigende Haushaltsmitglieder

Belastung (§ 11) von monatlich mehr als ... Euro															
240 bis 250	250 bis 260	260 bis 270	270 bis 280	280 bis 290	290 bis 300	300 bis 310	310 bis 320	320 bis 330	330 bis 340	340 bis 350	350 bis 360	360 bis 370	370 bis 380	380 bis 390	390 bis 400
19	20	21	22	23	24	25	26	27	28	29	30	31	32	33	34
Euro															
96	103	110	116	123	129	136	142	149	156	162	169	175	182	188	195
94	100	107	113	120	126	133	140	146	153	159	166	172	179	185	192
91	98	104	111	117	124	130	137	143	150	156	162	169	175	182	188
89	95	102	108	114	121	127	134	140	147	153	159	166	172	179	185
86	93	99	105	112	118	124	131	137	144	150	156	163	169	175	182
84	90	96	103	109	115	122	128	134	140	147	153	159	166	172	178
81	87	94	100	106	112	119	125	131	137	144	150	156	162	169	175
79	85	91	97	103	110	116	122	128	134	141	147	153	159	165	172
76	82	88	95	101	107	113	119	125	131	137	144	150	156	162	168
74	80	86	92	98	104	110	116	122	128	134	140	147	153	159	165
71	77	83	89	95	101	107	113	119	125	131	137	143	149	155	161
68	74	80	86	92	98	104	110	116	122	128	134	140	146	152	158
66	72	78	84	90	95	101	107	113	119	125	131	137	143	149	155
63	69	75	81	87	93	98	104	110	116	122	128	134	139	145	151
61	67	72	78	84	90	96	101	107	113	119	125	130	136	142	148
58	64	70	75	81	87	93	98	104	110	116	121	127	133	139	144
56	61	67	73	78	84	90	95	101	107	112	118	124	129	135	141
53	59	64	70	75	81	87	92	98	104	109	115	120	126	132	137
50	56	61	67	73	78	84	89	95	100	106	112	117	123	128	134
48	53	59	64	70	75	81	86	92	97	103	108	114	119	125	130
45	51	56	61	67	72	78	83	89	94	100	105	111	116	122	127
42	48	53	59	64	69	75	80	86	91	96	102	107	113	118	124
40	45	50	56	61	67	72	77	83	88	93	99	104	109	115	120
37	42	48	53	58	64	69	74	79	85	90	95	101	106	111	117
34	40	45	50	55	61	66	71	76	82	87	92	97	103	108	113
32	37	42	47	53	58	63	68	73	78	84	89	94	99	104	110
29	34	39	45	50	55	60	65	70	75	80	86	91	96	101	106
26	32	37	42	47	52	57	62	67	72	77	82	87	92	97	103
24	29	34	39	44	49	54	59	64	69	74	79	84	89	94	99
21	26	31	36	41	46	51	56	61	66	71	76	81	86	90	95
18	23	28	33	38	43	48	53	58	62	67	72	77	82	87	92
16	21	25	30	35	40	45	50	54	59	64	69	74	79	84	88
13	18	23	27	32	37	42	46	51	56	61	66	70	75	80	85
10	15	20	24	29	34	39	43	48	53	58	62	67	72	77	81
	12	17	22	26	31	36	40	45	50	54	59	64	68	73	78
		14	19	23	28	33	37	42	46	51	56	60	65	69	74
		11	16	20	25	29	34	39	43	48	52	57	61	66	71
			13	17	22	26	31	35	40	44	49	53	58	62	67
			10	14	19	23	28	32	37	41	46	50	54	59	63
				11	16	20	25	29	33	38	42	47	51	55	60
					13	17	21	26	30	34	39	43	47	52	56
					10	14	18	23	27	31	35	40	44	48	53
						11	15	19	24	28	32	36	40	45	49
							12	16	20	24	29	33	37	41	45
								13	17	21	25	29	33	38	42

noch Wohngeld für drei zu berücksichtigende Haushaltsmitglieder

bei einem Zwölftel des Gesamt-einkommens (§ 13 Abs. 2) von mehr als - bis	bei einer zu berücksichtigenden Miete oder													
	400 bis 410	410 bis 420	420 bis 430	430 bis 440	440 bis 450	450 bis 460	460 bis 470	470 bis 480	480 bis 490	490 bis 500	500 bis 510	510 bis 520	520 bis 530	530 bis 540
	35	36	37	38	39	40	41	42	43	44	45	46	47	48
	Euro													
750 - 760	202	208	215	221	228	235	241	248	254	261	267	274	281	287
760 - 770	198	205	211	218	224	231	237	244	250	257	263	270	277	283
770 - 780	195	201	208	214	221	227	234	240	247	253	260	266	272	279
780 - 790	191	198	204	211	217	223	230	236	243	249	256	262	268	275
790 - 800	188	194	201	207	213	220	226	232	239	245	252	258	264	271
800 - 810	185	191	197	203	210	216	222	229	235	241	248	254	260	266
810 - 820	181	187	194	200	206	212	219	225	231	237	244	250	256	262
820 - 830	178	184	190	196	202	209	215	221	227	233	240	246	252	258
830 - 840	174	180	187	193	199	205	211	217	223	229	236	242	248	254
840 - 850	171	177	183	189	195	201	207	213	219	226	232	238	244	250
850 - 860	167	173	179	185	191	197	204	210	216	222	228	234	240	246
860 - 870	164	170	176	182	188	194	200	206	212	218	224	230	235	241
870 - 880	160	166	172	178	184	190	196	202	208	214	220	225	231	237
880 - 890	157	163	169	175	180	186	192	198	204	210	216	221	227	233
890 - 900	153	159	165	171	177	182	188	194	200	206	211	217	223	229
900 - 910	150	156	161	167	173	179	184	190	196	202	207	213	219	225
910 - 920	147	152	158	164	169	175	181	186	192	198	203	209	215	220
920 - 930	143	149	154	160	166	171	177	182	188	194	199	205	211	216
930 - 940	139	145	151	156	162	167	173	179	184	190	195	201	206	212
940 - 950	136	141	147	153	158	164	169	175	180	186	191	197	202	208
950 - 960	132	138	143	149	154	160	165	171	176	182	187	193	198	203
960 - 970	129	134	140	145	151	156	161	167	172	178	183	188	194	199
970 - 980	125	131	136	141	147	152	157	163	168	174	179	184	190	195
980 - 990	122	127	132	138	143	148	154	159	164	169	175	180	185	191
990 - 1000	118	124	129	134	139	144	150	155	160	165	171	176	181	186
1000 - 1010	115	120	125	130	135	141	146	151	156	161	167	172	177	182
1010 - 1020	111	116	121	127	132	137	142	147	152	157	162	168	173	178
1020 - 1030	108	113	118	123	128	133	138	143	148	153	158	163	168	173
1030 - 1040	104	109	114	119	124	129	134	139	144	149	154	159	164	169
1040 - 1050	100	105	110	115	120	125	130	135	140	145	150	155	160	165
1050 - 1060	97	102	107	112	116	121	126	131	136	141	146	151	156	161
1060 - 1070	93	98	103	108	113	117	122	127	132	137	142	147	151	156
1070 - 1080	90	94	99	104	109	114	118	123	128	133	138	142	147	152
1080 - 1090	86	91	95	100	105	110	114	119	124	129	133	138	143	148
1090 - 1100	82	87	92	96	101	106	110	115	120	124	129	134	139	143
1100 - 1110	79	83	88	93	97	102	106	111	116	120	125	130	134	139
1110 - 1120	75	80	84	89	93	98	103	107	112	116	121	125	130	134
1120 - 1130	71	76	80	85	89	94	99	103	108	112	117	121	126	130
1130 - 1140	68	72	77	81	86	90	95	99	103	108	112	117	121	126
1140 - 1150	64	69	73	77	82	86	91	95	99	104	108	113	117	121
1150 - 1160	60	65	69	74	78	82	87	91	95	100	104	108	113	117
1160 - 1170	57	61	65	70	74	78	83	87	91	95	100	104	108	113
1170 - 1180	53	57	62	66	70	74	79	83	87	91	95	100	104	108
1180 - 1190	49	54	58	62	66	70	74	79	83	87	91	95	100	104
1190 - 1200	46	50	54	58	62	66	70	75	79	83	87	91	95	99

Anlage 3 (Seite 8)

Wohngeld für drei zu berücksichtigende Haushaltsmitglieder

Belastung (§ 11) von monatlich mehr als ... Euro									
540 bis 550	550 bis 560	560 bis 570	570 bis 580	580 bis 590	590 bis 600	600 bis 610	610 bis 620	620 bis 630	630 bis 640
49	50	51	52	53	54	55	56	57	58
Euro									
294	300	307	313	320	327	333	340	346	353
290	296	303	309	316	322	329	335	342	348
285	292	298	305	311	318	324	331	337	344
281	288	294	300	307	313	320	326	332	339
277	283	290	296	302	309	315	321	328	334
273	279	285	292	298	304	311	317	323	329
269	275	281	287	294	300	306	312	319	325
264	271	277	283	289	295	301	308	314	320
260	266	272	279	285	291	297	303	309	315
256	262	268	274	280	286	292	298	305	311
252	258	264	270	276	282	288	294	300	306
247	253	259	265	271	277	283	289	295	301
243	249	255	261	267	273	279	285	290	296
239	245	251	256	262	268	274	280	286	292
235	240	246	252	258	264	269	275	281	287
230	236	242	248	253	259	265	271	276	282
226	232	237	243	249	255	260	266	272	277
222	227	233	239	244	250	256	261	267	272
218	223	229	234	240	245	251	257	262	268
213	219	224	230	235	241	246	252	257	263
209	214	220	225	231	236	242	247	253	258
205	210	215	221	226	232	237	242	248	253
200	206	211	216	222	227	232	238	243	248
196	201	207	212	217	222	228	233	238	244
192	197	202	207	213	218	223	228	234	239
187	192	198	203	208	213	218	224	229	234
183	188	193	198	203	209	214	219	224	229
179	184	189	194	199	204	209	214	219	224
174	179	184	189	194	199	204	209	214	219
170	175	180	185	190	195	200	205	209	214
165	170	175	180	185	190	195	200	205	210
161	166	171	176	180	185	190	195	200	205
157	161	166	171	176	181	185	190	195	200
152	157	162	166	171	176	181	185	190	195
148	153	157	162	167	171	176	181	185	190
143	148	153	157	162	167	171	176	180	185
139	144	148	153	157	162	166	171	176	180
135	139	144	148	153	157	162	166	171	175
130	135	139	144	148	152	157	161	166	170
126	130	135	139	143	148	152	157	161	165
121	126	130	134	139	143	147	152	156	160
117	121	125	130	134	138	143	147	151	155
112	117	121	125	129	134	138	142	146	150
108	112	116	120	125	129	133	137	141	145
103	108	112	116	120	124	128	132	136	141

noch Wohngeld für drei zu berücksichtigende Haushaltsmitglieder

Fortsetzung von Seite 5

bei einem Zwölftel des Gesamteinkommens (§ 13 Abs. 2) von		bei einer zu berücksichtigenden Miete oder													
		0 bis 320	320 bis 330	330 bis 340	340 bis 350	350 bis 360	360 bis 370	370 bis 380	380 bis 390	390 bis 400	400 bis 410	410 bis 420	420 bis 430	430 bis 440	440 bis 450
mehr als	bis	1 - 26	27	28	29	30	31	32	33	34	35	36	37	38	39
		Euro													
1200	- 1210		10	14	18	22	26	30	34	38	42	46	50	54	58
1210	- 1220			10	14	18	22	26	30	34	38	42	46	50	54
1220	- 1230				11	15	19	23	27	31	35	39	43	46	50
1230	- 1240					11	15	19	23	27	31	35	39	43	46
1240	- 1250						12	16	19	23	27	31	35	39	43
1250	- 1260							12	16	20	23	27	31	35	39
1260	- 1270								12	16	20	23	27	31	35
1270	- 1280									12	16	20	23	27	31
1280	- 1290										12	16	19	23	27
1290	- 1300											12	16	19	23
1300	- 1310												12	15	19
1310	- 1320													11	15
1320	- 1330														11
1330	- 1340														
1340	- 1350														
1350	- 1360														
1360	- 1370														
1370	- 1380														
1380	- 1390														
1390	- 1400														
1400	- 1410														
1410	- 1420														
1420	- 1430														
1430	- 1440														
1440	- 1450														

Anlage 3 (Seite 10) Wohngeld für drei zu berücksichtigende Haushaltsmitglieder

Belastung (§ 11) von monatlich mehr als ... Euro															
450 bis 460	460 bis 470	470 bis 480	480 bis 490	490 bis 500	500 bis 510	510 bis 520	520 bis 530	530 bis 540	540 bis 550	550 bis 560	560 bis 570	570 bis 580	580 bis 590	590 bis 600	600 bis 610
40	41	42	43	44	45	46	47	48	49	50	51	52	53	54	55
Euro															
62	66	70	75	79	83	87	91	95	99	103	107	111	115	119	123
58	62	66	70	74	78	82	86	90	94	98	102	106	110	114	119
54	58	62	66	70	74	78	82	86	90	94	98	102	106	110	114
50	54	58	62	66	70	74	78	82	85	89	93	97	101	105	109
46	50	54	58	62	66	69	73	77	81	85	89	92	96	100	104
42	46	50	54	57	61	65	69	73	76	80	84	88	92	95	99
38	42	46	50	53	57	61	64	68	72	76	79	83	87	91	94
34	38	42	45	49	53	56	60	64	67	71	75	78	82	86	89
30	34	38	41	45	48	52	56	59	63	66	70	74	77	81	85
26	30	33	37	40	44	48	51	55	58	62	65	69	73	76	80
22	26	29	33	36	40	43	47	50	54	57	61	64	68	71	75
18	22	25	28	32	35	39	42	46	49	53	56	60	63	66	70
14	17	21	24	28	31	34	38	41	45	48	51	55	58	62	65
10	13	17	20	23	27	30	33	37	40	43	47	50	53	57	60
		12	16	19	22	26	29	32	35	39	42	45	49	52	55
			12	15	18	21	24	28	31	34	37	41	44	47	50
				10	14	17	20	23	26	29	33	36	39	42	45
						12	15	19	22	25	28	31	34	37	40
							11	14	17	20	23	26	29	32	35
									12	15	18	21	24	27	30
										11	14	17	20	23	25
												12	15	18	21
													10	13	16
															11

noch Wohngeld für drei zu berücksichtigende Haushaltsmitglieder

bei einem Zwölftel des Gesamt-einkommens (§ 13 Abs. 2) von		bei einer zu berücksichtigenden Miete oder Belastung (§ 11) von monatlich mehr als ... Euro		
		610 bis 620	620 bis 630	630 bis 640
mehr als	bis	56	57	58
Euro				
1200	- 1210	127	131	136
1210	- 1220	123	127	131
1220	- 1230	118	122	126
1230	- 1240	113	117	121
1240	- 1250	108	112	116
1250	- 1260	103	107	110
1260	- 1270	98	102	105
1270	- 1280	93	97	100
1280	- 1290	88	92	95
1290	- 1300	83	87	90
1300	- 1310	78	82	85
1310	- 1320	73	77	80
1320	- 1330	68	72	75
1330	- 1340	63	67	70
1340	- 1350	58	62	65
1350	- 1360	53	57	60
1360	- 1370	48	52	55
1370	- 1380	43	47	50
1380	- 1390	38	42	45
1390	- 1400	33	36	39
1400	- 1410	28	31	34
1410	- 1420	23	26	29
1420	- 1430	18	21	24
1430	- 1440	13	16	19
1440	- 1450		11	14

Wohngeld für vier zu berücksichtigende Haushaltsmitglieder

Bei vier zu berücksichtigenden Haushaltsmitgliedern beträgt das Wohngeld monatlich

bei einem Zwölftel des Gesamteinkommens (§ 13 Abs. 2) von mehr als - bis	bei einer zu berücksichtigenden Miete oder													
	0 bis 80	80 bis 90	90 bis 100	100 bis 110	110 bis 120	120 bis 130	130 bis 140	140 bis 150	150 bis 160	160 bis 170	170 bis 180	180 bis 190	190 bis 200	200 bis 210
	1	2	3	4	5	6	7	8	9	10	11	12	13	14
	Euro													
0 - 320	52	62	71	81	90	100	109	119	128	138	147	156	166	175
320 - 330	51	61	70	80	89	99	108	117	127	136	146	155	164	174
330 - 340	50	60	69	79	88	97	107	116	125	135	144	154	163	172
340 - 350	49	59	68	77	87	96	105	115	124	133	143	152	161	171
350 - 360	48	58	67	76	86	95	104	113	123	132	141	151	160	169
360 - 370	47	57	66	75	84	94	103	112	121	131	140	149	158	168
370 - 380	46	56	65	74	83	92	102	111	120	129	138	148	157	166
380 - 390	45	55	64	73	82	91	100	110	119	128	137	146	155	165
390 - 400	44	54	63	72	81	90	99	108	117	126	136	145	154	163
400 - 410	43	52	62	71	80	89	98	107	116	125	134	143	152	161
410 - 420	42	51	60	69	78	88	97	106	115	124	133	142	151	160
420 - 430	41	50	59	68	77	86	95	104	113	122	131	140	149	158
430 - 440	40	49	58	67	76	85	94	103	112	121	130	139	148	157
440 - 450	39	48	57	66	75	84	93	102	110	119	128	137	146	155
450 - 460	38	47	56	65	74	82	91	100	109	118	127	136	145	153
460 - 470	37	46	55	64	72	81	90	99	108	116	125	134	143	152
470 - 480	36	45	54	62	71	80	89	97	106	115	124	133	141	150
480 - 490	35	44	52	61	70	79	87	96	105	114	122	131	140	149
490 - 500	34	43	51	60	69	77	86	95	103	112	121	130	138	147
500 - 510	33	41	50	59	67	76	85	93	102	111	119	128	137	145
510 - 520	32	40	49	58	66	75	83	92	101	109	118	126	135	144
520 - 530	31	39	48	56	65	73	82	91	99	108	116	125	133	142
530 - 540	30	38	47	55	64	72	81	89	98	106	115	123	132	140
540 - 550	28	37	45	54	62	71	79	88	96	105	113	122	130	139
550 - 560	27	36	44	53	61	70	78	86	95	103	112	120	129	137
560 - 570	26	35	43	51	60	68	77	85	93	102	110	119	127	135
570 - 580	25	33	42	50	59	67	75	84	92	100	109	117	125	134
580 - 590	24	32	41	49	57	66	74	82	90	99	107	115	124	132
590 - 600	23	31	39	48	56	64	72	81	89	97	106	114	122	130
600 - 610	22	30	38	46	55	63	71	79	88	96	104	112	120	129
610 - 620	21	29	37	45	53	62	70	78	86	94	102	111	119	127
620 - 630	19	28	36	44	52	60	68	76	85	93	101	109	117	125
630 - 640	18	26	35	43	51	59	67	75	83	91	99	107	115	124
640 - 650	17	25	33	41	49	57	66	74	82	90	98	106	114	122
650 - 660	16	24	32	40	48	56	64	72	80	88	96	104	112	120
660 - 670	15	23	31	39	47	55	63	71	79	87	95	103	110	118
670 - 680	14	22	30	37	45	53	61	69	77	85	93	101	109	117
680 - 690	13	20	28	36	44	52	60	68	76	83	91	99	107	115
690 - 700	11	19	27	35	43	51	58	66	74	82	90	98	105	113
700 - 710	10	18	26	34	41	49	57	65	73	80	88	96	104	112
710 - 720		17	25	32	40	48	56	63	71	79	87	94	102	110
720 - 730		16	23	31	39	46	54	62	70	77	85	93	100	108
730 - 740		14	22	30	37	45	53	60	68	76	83	91	99	106
740 - 750		13	21	28	36	44	51	59	66	74	82	89	97	105
750 - 760		12	19	27	35	42	50	57	65	72	80	88	95	103
760 - 770		11	18	26	33	41	48	56	63	71	78	86	94	101
770 - 780			17	24	32	39	47	54	62	69	77	84	92	99
780 - 790			16	23	30	38	45	53	60	68	75	83	90	98
790 - 800			14	22	29	36	44	51	59	66	74	81	88	96

Fortsetzung siehe Seite 7

Belastung (§ 11) von monatlich mehr als ... Euro															
210 bis 220	220 bis 230	230 bis 240	240 bis 250	250 bis 260	260 bis 270	270 bis 280	280 bis 290	290 bis 300	300 bis 310	310 bis 320	320 bis 330	330 bis 340	340 bis 350	350 bis 360	360 bis 370
15	16	17	18	19	20	21	22	23	24	25	26	27	28	29	30
Euro															
185	194	204	213	223	232	242	251	261	270	279	289	298	308	317	327
183	193	202	212	221	230	240	249	259	268	277	287	296	306	315	325
182	191	200	210	219	229	238	247	257	266	275	285	294	304	313	322
180	189	199	208	217	227	236	245	255	264	273	283	292	301	311	320
178	188	197	206	216	225	234	244	253	262	271	281	290	299	309	318
177	186	195	205	214	223	232	242	251	260	269	279	288	297	306	316
175	184	194	203	212	221	230	240	249	258	267	277	286	295	304	313
174	183	192	201	210	219	229	238	247	256	265	274	284	293	302	311
172	181	190	199	209	218	227	236	245	254	263	272	281	291	300	309
170	179	189	198	207	216	225	234	243	252	261	270	279	288	297	307
169	178	187	196	205	214	223	232	241	250	259	268	277	286	295	304
167	176	185	194	203	212	221	230	239	248	257	266	275	284	293	302
166	174	183	192	201	210	219	228	237	246	255	264	273	282	291	300
164	173	182	191	199	208	217	226	235	244	253	262	271	280	289	297
162	171	180	189	198	207	215	224	233	242	251	260	269	277	286	295
161	169	178	187	196	205	213	222	231	240	249	258	266	275	284	293
159	168	176	185	194	203	212	220	229	238	247	255	264	273	282	291
157	166	175	183	192	201	210	218	227	236	245	253	262	271	280	288
156	164	173	182	190	199	208	216	225	234	242	251	260	269	277	286
154	163	171	180	188	197	206	214	223	232	240	249	258	266	275	284
152	161	169	178	187	195	204	212	221	230	238	247	255	264	273	281
151	159	168	176	185	193	202	210	219	228	236	245	253	262	270	279
149	157	166	174	183	191	200	208	217	226	234	243	251	260	268	277
147	156	164	173	181	190	198	206	215	223	232	240	249	257	266	274
145	154	162	171	179	188	196	205	213	221	230	238	247	255	264	272
144	152	161	169	177	186	194	202	211	219	228	236	244	253	261	270
142	150	159	167	175	184	192	200	209	217	226	234	242	251	259	267
140	149	157	165	174	182	190	198	207	215	223	232	240	248	257	265
139	147	155	163	172	180	188	196	205	213	221	230	238	246	254	263
137	145	153	162	170	178	186	194	203	211	219	227	236	244	252	260
135	143	152	160	168	176	184	192	201	209	217	225	233	241	250	258
133	142	150	158	166	174	182	190	199	207	215	223	231	239	247	255
132	140	148	156	164	172	180	188	196	205	213	221	229	237	245	253
130	138	146	154	162	170	178	186	194	202	210	219	227	235	243	251
128	136	144	152	160	168	176	184	192	200	208	216	224	232	240	248
126	134	142	150	158	166	174	182	190	198	206	214	222	230	238	246
125	133	141	148	156	164	172	180	188	196	204	212	220	228	236	244
123	131	139	147	154	162	170	178	186	194	202	210	217	225	233	241
121	129	137	145	152	160	168	176	184	192	200	207	215	223	231	239
119	127	135	143	151	158	166	174	182	190	197	205	213	221	229	236
118	125	133	141	149	156	164	172	180	187	195	203	211	218	226	234
116	123	131	139	147	154	162	170	177	185	193	201	208	216	224	231
114	122	129	137	145	152	160	168	175	183	191	198	206	214	221	229
112	120	127	135	143	150	158	166	173	181	188	196	204	211	219	227
110	118	126	133	141	148	156	163	171	179	186	194	201	209	217	224
109	116	124	131	139	146	154	161	169	176	184	192	199	207	214	222
107	114	122	129	137	144	152	159	167	174	182	189	197	204	212	219
105	112	120	127	135	142	150	157	165	172	180	187	194	202	209	217
103	111	118	125	133	140	148	155	162	170	177	185	192	200	207	214

noch Wohngeld für vier zu berücksichtigende Haushaltsmitglieder

bei einem Zwölftel des Gesamteinkommens (§ 13 Abs. 2) von mehr als - bis	bei einer zu berücksichtigenden Miete oder													
	370 bis 380	380 bis 390	390 bis 400	400 bis 410	410 bis 420	420 bis 430	430 bis 440	440 bis 450	450 bis 460	460 bis 470	470 bis 480	480 bis 490	490 bis 500	500 bis 510
	31	32	33	34	35	36	37	38	39	40	41	42	43	44
	Euro													
0 - 320	336	346	355	365	374	383	393	402	412	421	431	440	450	459
320 - 330	334	343	353	362	372	381	390	400	409	419	428	437	447	456
330 - 340	332	341	350	360	369	379	388	397	407	416	425	435	444	453
340 - 350	329	339	348	357	367	376	385	395	404	413	423	432	441	451
350 - 360	327	336	346	355	364	374	383	392	401	411	420	429	439	448
360 - 370	325	334	343	353	362	371	380	390	399	408	417	427	436	445
370 - 380	323	332	341	350	359	369	378	387	396	405	415	424	433	442
380 - 390	320	329	339	348	357	366	375	384	394	403	412	421	430	439
390 - 400	318	327	336	345	354	364	373	382	391	400	409	418	427	436
400 - 410	316	325	334	343	352	361	370	379	388	397	406	415	425	434
410 - 420	313	322	331	340	349	358	367	377	386	395	404	413	422	431
420 - 430	311	320	329	338	347	356	365	374	383	392	401	410	419	428
430 - 440	309	318	327	336	344	353	362	371	380	389	398	407	416	425
440 - 450	306	315	324	333	342	351	360	369	378	386	395	404	413	422
450 - 460	304	313	322	331	339	348	357	366	375	384	393	401	410	419
460 - 470	302	310	319	328	337	346	355	363	372	381	390	399	407	416
470 - 480	299	308	317	326	334	343	352	361	370	378	387	396	405	413
480 - 490	297	306	314	323	332	341	349	358	367	376	384	393	402	411
490 - 500	295	303	312	321	329	338	347	355	364	373	382	390	399	408
500 - 510	292	301	310	318	327	336	344	353	361	370	379	387	396	405
510 - 520	290	299	307	316	324	333	342	350	359	367	376	385	393	402
520 - 530	288	296	305	313	322	330	339	347	356	365	373	382	390	399
530 - 540	285	294	302	311	319	328	336	345	353	362	370	379	387	396
540 - 550	283	291	300	308	317	325	334	342	351	359	368	376	385	393
550 - 560	280	289	297	306	314	323	331	339	348	356	365	373	382	390
560 - 570	278	286	295	303	312	320	328	337	345	354	362	370	379	387
570 - 580	276	284	292	301	309	317	326	334	342	351	359	367	376	384
580 - 590	273	282	290	298	306	315	323	331	340	348	356	365	373	381
590 - 600	271	279	287	296	304	312	320	329	337	345	353	362	370	378
600 - 610	268	277	285	293	301	310	318	326	334	342	351	359	367	375
610 - 620	266	274	282	291	299	307	315	323	331	340	348	356	364	372
620 - 630	264	272	280	288	296	304	312	321	329	337	345	353	361	369
630 - 640	261	269	277	285	294	302	310	318	326	334	342	350	358	366
640 - 650	259	267	275	283	291	299	307	315	323	331	339	347	355	363
650 - 660	256	264	272	280	288	296	304	312	320	328	336	344	352	360
660 - 670	254	262	270	278	286	294	302	310	318	326	334	342	349	357
670 - 680	251	259	267	275	283	291	299	307	315	323	331	339	347	354
680 - 690	249	257	265	273	281	288	296	304	312	320	328	336	344	351
690 - 700	247	254	262	270	278	286	294	301	309	317	325	333	341	348
700 - 710	244	252	260	267	275	283	291	299	306	314	322	330	338	345
710 - 720	242	249	257	265	273	280	288	296	304	311	319	327	335	342
720 - 730	239	247	255	262	270	278	285	293	301	309	316	324	332	339
730 - 740	237	244	252	260	267	275	283	290	298	306	313	321	329	336
740 - 750	234	242	249	257	265	272	280	288	295	303	310	318	326	333
750 - 760	232	239	247	254	262	270	277	285	292	300	308	315	323	330
760 - 770	229	237	244	252	259	267	274	282	290	297	305	312	320	327
770 - 780	227	234	242	249	257	264	272	279	287	294	302	309	317	324
780 - 790	224	232	239	247	254	262	269	276	284	291	299	306	314	321
790 - 800	222	229	237	244	251	259	266	274	281	288	296	303	311	318

Anlage 4 (Seite 4)

Wohngeld für vier zu berücksichtigende Haushaltsmitglieder

Belastung (§ 11) von monatlich mehr als ... Euro															
510 bis 520	520 bis 530	530 bis 540	540 bis 550	550 bis 560	560 bis 570	570 bis 580	580 bis 590	590 bis 600	600 bis 610	610 bis 620	620 bis 630	630 bis 640	640 bis 650	650 bis 660	660 bis 670
45	46	47	48	49	50	51	52	53	54	55	56	57	58	59	60
Euro															
469	478	488	497	506	516	525	535	544	554	563	573	582	592	601	610
466	475	485	494	503	513	522	532	541	550	560	569	579	588	598	607
463	472	482	491	500	510	519	528	538	547	557	566	575	585	594	603
460	469	479	488	497	507	516	525	535	544	553	563	572	581	591	600
457	466	476	485	494	504	513	522	531	541	550	559	569	578	587	596
454	463	473	482	491	500	510	519	528	537	547	556	565	574	584	593
451	461	470	479	488	497	507	516	525	534	543	553	562	571	580	589
448	458	467	476	485	494	503	513	522	531	540	549	558	568	577	586
446	455	464	473	482	491	500	509	518	528	537	546	555	564	573	582
443	452	461	470	479	488	497	506	515	524	533	542	552	561	570	579
440	449	458	467	476	485	494	503	512	521	530	539	548	557	566	575
437	446	455	464	473	482	491	500	509	518	527	536	545	554	563	572
434	443	452	461	470	479	488	497	505	514	523	532	541	550	559	568
431	440	449	458	467	476	484	493	502	511	520	529	538	547	556	565
428	437	446	455	464	472	481	490	499	508	517	526	534	543	552	561
425	434	443	452	460	469	478	487	496	505	513	522	531	540	549	557
422	431	440	449	457	466	475	484	492	501	510	519	528	536	545	554
419	428	437	445	454	463	472	480	489	498	507	515	524	533	542	550
416	425	434	442	451	460	468	477	486	495	503	512	521	529	538	547
413	422	431	439	448	457	465	474	483	491	500	508	517	526	534	543
410	419	428	436	445	453	462	471	479	488	496	505	514	522	531	539
407	416	425	433	442	450	459	467	476	485	493	502	510	519	527	536
404	413	422	430	439	447	456	464	473	481	490	498	507	515	524	532
401	410	418	427	435	444	452	461	469	478	486	495	503	512	520	529
399	407	415	424	432	441	449	458	466	474	483	491	500	508	517	525
396	404	412	421	429	437	446	454	463	471	479	488	496	505	513	521
393	401	409	418	426	434	443	451	459	468	476	484	493	501	509	518
390	398	406	414	423	431	439	448	456	464	473	481	489	498	506	514
387	395	403	411	420	428	436	444	453	461	469	477	486	494	502	511
384	392	400	408	416	425	433	441	449	458	466	474	482	490	499	507
381	389	397	405	413	421	430	438	446	454	462	471	479	487	495	503
378	386	394	402	410	418	426	434	443	451	459	467	475	483	491	500
375	383	391	399	407	415	423	431	439	447	455	464	472	480	488	496
371	380	388	396	404	412	420	428	436	444	452	460	468	476	484	492
368	376	384	392	400	409	417	425	433	441	449	457	465	473	481	489
365	373	381	389	397	405	413	421	429	437	445	453	461	469	477	485
362	370	378	386	394	402	410	418	426	434	442	450	457	465	473	481
359	367	375	383	391	399	407	415	422	430	438	446	454	462	470	478
356	364	372	380	388	395	403	411	419	427	435	443	450	458	466	474
353	361	369	377	384	392	400	408	416	423	431	439	447	455	462	470
350	358	366	373	381	389	397	404	412	420	428	435	443	451	459	466
347	355	363	370	378	386	393	401	409	417	424	432	440	447	455	463
344	352	359	367	375	382	390	398	405	413	421	428	436	444	451	459
341	349	356	364	371	379	387	394	402	410	417	425	432	440	448	455
338	345	353	361	368	376	383	391	399	406	414	421	429	436	444	452
335	342	350	357	365	373	380	388	395	403	410	418	425	433	440	448
332	339	347	354	362	369	377	384	392	399	407	414	422	429	437	444
329	336	344	351	358	366	373	381	388	396	403	411	418	426	433	440
326	333	340	348	355	363	370	377	385	392	400	407	414	422	429	437

noch Wohngeld für vier zu berücksichtigende Haushaltsmitglieder

bei einem Zwölftel des Gesamteinkommens (§ 13 Abs. 2) von		bei einer zu berücksichtigenden Miete oder Belastung (§ 11) von monatlich mehr als ... Euro						
		670 bis 680	680 bis 690	690 bis 700	700 bis 710	710 bis 720	720 bis 730	730 bis 740
mehr als	bis	61	62	63	64	65	66	67
		Euro						
0	320	620	629	639	648	658	667	677
320	330	616	626	635	645	654	663	673
330	340	613	622	632	641	650	660	669
340	350	609	619	628	637	647	656	665
350	360	606	615	624	634	643	652	661
360	370	602	611	621	630	639	648	658
370	380	599	608	617	626	635	645	654
380	390	595	604	613	622	632	641	650
390	400	591	601	610	619	628	637	646
400	410	588	597	606	615	624	633	642
410	420	584	593	602	611	620	629	638
420	430	581	590	599	608	617	626	635
430	440	577	586	595	604	613	622	631
440	450	573	582	591	600	609	618	627
450	460	570	579	588	596	605	614	623
460	470	566	575	584	593	602	610	619
470	480	563	571	580	589	598	606	615
480	490	559	568	576	585	594	603	611
490	500	555	564	573	581	590	599	608
500	510	552	560	569	578	586	595	604
510	520	548	557	565	574	583	591	600
520	530	544	553	562	570	579	587	596
530	540	541	549	558	566	575	583	592
540	550	537	546	554	563	571	580	588
550	560	533	542	550	559	567	576	584
560	570	530	538	547	555	563	572	580
570	580	526	534	543	551	560	568	576
580	590	522	531	539	547	556	564	572
590	600	519	527	535	544	552	560	568
600	610	515	523	532	540	548	556	564
610	620	511	520	528	536	544	552	560
620	630	508	516	524	532	540	548	557
630	640	504	512	520	528	536	544	553
640	650	500	508	516	524	533	541	549
650	660	497	505	513	521	529	537	545
660	670	493	501	509	517	525	533	541
670	680	489	497	505	513	521	529	537
680	690	485	493	501	509	517	525	533
690	700	482	490	497	505	513	521	529
700	710	478	486	494	501	509	517	525
710	720	474	482	490	498	505	513	521
720	730	470	478	486	494	501	509	517
730	740	467	474	482	490	497	505	513
740	750	463	471	478	486	493	501	509
750	760	459	467	474	482	490	497	505
760	770	455	463	471	478	486	493	501
770	780	452	459	467	474	482	489	497
780	790	448	455	463	470	478	485	493
790	800	444	452	459	466	474	481	489

noch Wohngeld für vier zu berücksichtigende Haushaltsmitglieder

Fortsetzung von Seite 1

bei einem Zwölftel des Gesamteinkommens (§ 13 Abs. 2) von mehr als	bis	bei einer zu berücksichtigenden Miete oder													
		0 bis 90	90 bis 100	100 bis 110	110 bis 120	120 bis 130	130 bis 140	140 bis 150	150 bis 160	160 bis 170	170 bis 180	180 bis 190	190 bis 200	200 bis 210	210 bis 220
		1 - 2	3	4	5	6	7	8	9	10	11	12	13	14	15
		Euro													
800	810		13	20	28	35	42	50	57	64	72	79	87	94	101
810	820		12	19	26	34	41	48	56	63	70	78	85	92	99
820	830		10	18	25	32	39	47	54	61	69	76	83	90	98
830	840			16	23	31	38	45	52	60	67	74	81	89	96
840	850			15	22	29	36	44	51	58	65	72	80	87	94
850	860			13	21	28	35	42	49	56	63	71	78	85	92
860	870			12	19	26	33	40	48	55	62	69	76	83	90
870	880			11	18	25	32	39	46	53	60	67	74	81	88
880	890				16	23	30	37	44	51	58	65	72	80	87
890	900				15	22	29	36	43	50	57	64	71	78	85
900	910				13	20	27	34	41	48	55	62	69	76	83
910	920				12	19	26	33	40	46	53	60	67	74	81
920	930				10	17	24	31	38	45	52	58	65	72	79
930	940					16	23	29	36	43	50	57	64	70	77
940	950					14	21	28	35	41	48	55	62	68	75
950	960					13	19	26	33	40	46	53	60	67	73
960	970					11	18	25	31	38	45	51	58	65	71
970	980					10	16	23	30	36	43	50	56	63	70
980	990						15	21	28	35	41	48	54	61	68
990	1000						13	20	26	33	39	46	53	59	66
1000	1010						12	18	25	31	38	44	51	57	64
1010	1020						10	17	23	29	36	42	49	55	62
1020	1030							15	21	28	34	41	47	53	60
1030	1040							13	20	26	32	39	45	52	58
1040	1050							12	18	24	31	37	43	50	56
1050	1060							10	16	23	29	35	41	48	54
1060	1070								15	21	27	33	40	46	52
1070	1080								13	19	25	31	38	44	50
1080	1090								11	17	23	30	36	42	48
1090	1100									16	22	28	34	40	46
1100	1110									14	20	26	32	38	44
1110	1120									12	18	24	30	36	42
1120	1130									10	16	22	28	34	40
1130	1140										14	20	26	32	38
1140	1150										13	19	24	30	36
1150	1160										11	17	23	28	34
1160	1170											15	21	26	32
1170	1180											13	19	24	30
1180	1190											11	17	22	28
1190	1200												15	21	26
1200	1210												13	19	24
1210	1220												11	17	22
1220	1230													15	20
1230	1240													13	18
1240	1250													11	16

Fortsetzung siehe Seite 13

Anlage 4 (Seite 8)

Wohngeld für vier zu berücksichtigende Haushaltsmitglieder

Belastung (§ 11) von monatlich mehr als ... Euro															
220 bis 230	230 bis 240	240 bis 250	250 bis 260	260 bis 270	270 bis 280	280 bis 290	290 bis 300	300 bis 310	310 bis 320	320 bis 330	330 bis 340	340 bis 350	350 bis 360	360 bis 370	370 bis 380
16	17	18	19	20	21	22	23	24	25	26	27	28	29	30	31
Euro															
109	116	123	131	138	146	153	160	168	175	182	190	197	205	212	219
107	114	121	129	136	143	151	158	165	173	180	187	195	202	209	217
105	112	120	127	134	141	149	156	163	171	178	185	192	200	207	214
103	110	118	125	132	139	147	154	161	168	175	183	190	197	204	212
101	108	116	123	130	137	144	152	159	166	173	180	188	195	202	209
99	106	114	121	128	135	142	149	157	164	171	178	185	192	199	207
97	104	112	119	126	133	140	147	154	161	169	176	183	190	197	204
95	103	110	117	124	131	138	145	152	159	166	173	180	187	194	202
94	101	108	115	122	129	136	143	150	157	164	171	178	185	192	199
92	99	106	113	120	127	134	141	148	155	162	169	175	182	189	196
90	97	104	111	118	124	131	138	145	152	159	166	173	180	187	194
88	95	102	109	115	122	129	136	143	150	157	164	171	178	184	191
86	93	100	106	113	120	127	134	141	148	154	161	168	175	182	189
84	91	98	104	111	118	125	132	138	145	152	159	166	173	179	186
82	89	96	102	109	116	123	129	136	143	150	157	163	170	177	184
80	87	94	100	107	114	120	127	134	141	147	154	161	168	174	181
78	85	92	98	105	112	118	125	132	138	145	152	158	165	172	178
76	83	89	96	103	109	116	123	129	136	143	149	156	163	169	176
74	81	87	94	101	107	114	120	127	134	140	147	153	160	167	173
72	79	85	92	98	105	112	118	125	131	138	144	151	158	164	171
70	77	83	90	96	103	109	116	122	129	135	142	148	155	162	168
68	75	81	88	94	101	107	114	120	127	133	140	146	152	159	165
66	73	79	86	92	98	105	111	118	124	131	137	144	150	156	163
64	71	77	84	90	96	103	109	115	122	128	135	141	147	154	160
62	69	75	81	88	94	100	107	113	119	126	132	139	145	151	158
60	67	73	79	86	92	98	104	111	117	123	130	136	142	149	155
58	65	71	77	83	90	96	102	108	115	121	127	134	140	146	152
56	63	69	75	81	87	94	100	106	112	119	125	131	137	143	150
54	61	67	73	79	85	91	98	104	110	116	122	128	135	141	147
52	58	65	71	77	83	89	95	101	108	114	120	126	132	138	144
50	56	63	69	75	81	87	93	99	105	111	117	123	130	136	142
48	54	60	66	72	79	85	91	97	103	109	115	121	127	133	139
46	52	58	64	70	76	82	88	94	100	106	112	118	124	130	136
44	50	56	62	68	74	80	86	92	98	104	110	116	122	128	134
42	48	54	60	66	72	78	84	90	95	101	107	113	119	125	131
40	46	52	58	64	70	75	81	87	93	99	105	111	117	122	128
38	44	50	56	61	67	73	79	85	91	96	102	108	114	120	126
36	42	48	53	59	65	71	77	82	88	94	100	106	111	117	123
34	40	45	51	57	63	68	74	80	86	92	97	103	109	115	120
32	38	43	49	55	60	66	72	78	83	89	95	100	106	112	118
30	36	41	47	53	58	64	70	75	81	87	92	98	104	109	115
28	33	39	45	50	56	62	67	73	78	84	90	95	101	107	112
26	31	37	42	48	54	59	65	70	76	82	87	93	98	104	109
24	29	35	40	46	51	57	62	68	73	79	85	90	96	101	107
22	27	33	38	44	49	55	60	65	71	76	82	87	93	98	104

noch Wohngeld für vier zu berücksichtigende Haushaltsmitglieder

bei einem Zwölftel des Gesamt-einkommens (§ 13 Abs. 2) von	bei einer zu berücksichtigenden Miete oder													
	380 bis 390	390 bis 400	400 bis 410	410 bis 420	420 bis 430	430 bis 440	440 bis 450	450 bis 460	460 bis 470	470 bis 480	480 bis 490	490 bis 500	500 bis 510	510 bis 520
mehr als bis	32	33	34	35	36	37	38	39	40	41	42	43	44	45
	Euro													
800 - 810	227	234	241	249	256	263	271	278	286	293	300	308	315	322
810 - 820	224	231	239	246	253	261	268	275	283	290	297	305	312	319
820 - 830	222	229	236	243	251	258	265	273	280	287	294	302	309	316
830 - 840	219	226	233	241	248	255	262	270	277	284	291	299	306	313
840 - 850	216	224	231	238	245	252	260	267	274	281	288	296	303	310
850 - 860	214	221	228	235	242	250	257	264	271	278	285	293	300	307
860 - 870	211	218	225	233	240	247	254	261	268	275	282	289	297	304
870 - 880	209	216	223	230	237	244	251	258	265	272	279	286	293	301
880 - 890	206	213	220	227	234	241	248	255	262	269	276	283	290	297
890 - 900	203	210	217	224	231	238	245	252	259	266	273	280	287	294
900 - 910	201	208	215	222	229	236	243	249	256	263	270	277	284	291
910 - 920	198	205	212	219	226	233	240	247	253	260	267	274	281	288
920 - 930	196	202	209	216	223	230	237	244	251	257	264	271	278	285
930 - 940	193	200	207	213	220	227	234	241	248	254	261	268	275	282
940 - 950	190	197	204	211	217	224	231	238	245	251	258	265	272	278
950 - 960	188	195	201	208	215	221	228	235	242	248	255	262	269	275
960 - 970	185	192	199	205	212	219	225	232	239	245	252	259	265	272
970 - 980	183	189	196	202	209	216	222	229	236	242	249	256	262	269
980 - 990	180	186	193	200	206	213	219	226	233	239	246	253	259	266
990 - 1000	177	184	190	197	203	210	217	223	230	236	243	249	256	263
1000 - 1010	175	181	188	194	201	207	214	220	227	233	240	246	253	259
1010 - 1020	172	178	185	191	198	204	211	217	224	230	237	243	250	256
1020 - 1030	169	176	182	189	195	201	208	214	221	227	234	240	246	253
1030 - 1040	167	173	179	186	192	199	205	211	218	224	230	237	243	250
1040 - 1050	164	170	177	183	189	196	202	208	215	221	227	234	240	246
1050 - 1060	161	168	174	180	186	193	199	205	212	218	224	231	237	243
1060 - 1070	159	165	171	177	184	190	196	202	209	215	221	227	234	240
1070 - 1080	156	162	168	175	181	187	193	199	206	212	218	224	231	237
1080 - 1090	153	159	166	172	178	184	190	196	203	209	215	221	227	233
1090 - 1100	150	157	163	169	175	181	187	193	200	206	212	218	224	230
1100 - 1110	148	154	160	166	172	178	184	190	197	203	209	215	221	227
1110 - 1120	145	151	157	163	169	175	181	187	193	200	206	212	218	224
1120 - 1130	142	148	154	160	166	172	178	184	190	196	202	208	214	220
1130 - 1140	140	146	152	158	164	169	175	181	187	193	199	205	211	217
1140 - 1150	137	143	149	155	161	167	172	178	184	190	196	202	208	214
1150 - 1160	134	140	146	152	158	164	169	175	181	187	193	199	205	211
1160 - 1170	131	137	143	149	155	161	167	172	178	184	190	196	202	207
1170 - 1180	129	135	140	146	152	158	164	169	175	181	187	192	198	204
1180 - 1190	126	132	138	143	149	155	161	166	172	178	184	189	195	201
1190 - 1200	123	129	135	140	146	152	158	163	169	175	180	186	192	197
1200 - 1210	121	126	132	138	143	149	155	160	166	172	177	183	189	194
1210 - 1220	118	123	129	135	140	146	151	157	163	168	174	180	185	191
1220 - 1230	115	121	126	132	137	143	148	154	160	165	171	176	182	188
1230 - 1240	112	118	123	129	134	140	145	151	157	162	168	173	179	184
1240 - 1250	109	115	120	126	131	137	142	148	153	159	164	170	175	181

Anlage 4 (Seite 10)

Wohngeld für vier zu berücksichtigende Haushaltsmitglieder

Belastung (§ 11) von monatlich mehr als ... Euro															
520 bis 530	530 bis 540	540 bis 550	550 bis 560	560 bis 570	570 bis 580	580 bis 590	590 bis 600	600 bis 610	610 bis 620	620 bis 630	630 bis 640	640 bis 650	650 bis 660	660 bis 670	670 bis 680
46	47	48	49	50	51	52	53	54	55	56	57	58	59	60	61
Euro															
330	337	345	352	359	367	374	381	389	396	404	411	418	426	433	440
327	334	341	349	356	363	371	378	385	393	400	407	415	422	429	437
323	331	338	345	353	360	367	374	382	389	396	404	411	418	425	433
320	328	335	342	349	357	364	371	378	386	393	400	407	414	422	429
317	324	332	339	346	353	360	368	375	382	389	396	404	411	418	425
314	321	328	335	343	350	357	364	371	378	386	393	400	407	414	421
311	318	325	332	339	346	354	361	368	375	382	389	396	403	410	418
308	315	322	329	336	343	350	357	364	371	378	385	393	400	407	414
304	311	319	326	333	340	347	354	361	368	375	382	389	396	403	410
301	308	315	322	329	336	343	350	357	364	371	378	385	392	399	406
298	305	312	319	326	333	340	347	354	361	368	374	381	388	395	402
295	302	309	316	322	329	336	343	350	357	364	371	378	385	391	398
292	299	305	312	319	326	333	340	347	353	360	367	374	381	388	395
288	295	302	309	316	323	329	336	343	350	357	363	370	377	384	391
285	292	299	306	312	319	326	333	339	346	353	360	367	373	380	387
282	289	295	302	309	316	322	329	336	343	349	356	363	370	376	383
279	285	292	299	306	312	319	326	332	339	346	352	359	366	372	379
276	282	289	295	302	309	315	322	329	335	342	349	355	362	369	375
272	279	286	292	299	305	312	319	325	332	338	345	352	358	365	371
269	276	282	289	295	302	308	315	322	328	335	341	348	354	361	367
266	272	279	285	292	298	305	311	318	324	331	338	344	351	357	364
263	269	276	282	288	295	301	308	314	321	327	334	340	347	353	360
259	266	272	279	285	291	298	304	311	317	324	330	337	343	349	356
256	262	269	275	282	288	294	301	307	314	320	326	333	339	346	352
253	259	265	272	278	285	291	297	304	310	316	323	329	335	342	348
250	256	262	268	275	281	287	294	300	306	313	319	325	331	338	344
246	253	259	265	271	278	284	290	296	303	309	315	321	328	334	340
243	249	255	262	268	274	280	286	293	299	305	311	318	324	330	336
240	246	252	258	264	271	277	283	289	295	301	308	314	320	326	332
236	243	249	255	261	267	273	279	285	292	298	304	310	316	322	328
233	239	245	251	257	264	270	276	282	288	294	300	306	312	318	324
230	236	242	248	254	260	266	272	278	284	290	296	302	308	314	321
226	232	238	244	251	257	263	269	275	281	287	293	299	305	311	317
223	229	235	241	247	253	259	265	271	277	283	289	295	301	307	313
220	226	232	238	244	249	255	261	267	273	279	285	291	297	303	309
217	222	228	234	240	246	252	258	264	269	275	281	287	293	299	305
213	219	225	231	237	242	248	254	260	266	272	277	283	289	295	301
210	216	221	227	233	239	245	250	256	262	268	274	279	285	291	297
207	212	218	224	230	235	241	247	253	258	264	270	276	281	287	293
203	209	215	220	226	232	237	243	249	255	260	266	272	277	283	289
200	206	211	217	223	228	234	239	245	251	256	262	268	273	279	285
196	202	208	213	219	225	230	236	241	247	253	258	264	270	275	281
193	199	204	210	215	221	227	232	238	243	249	255	260	266	271	277
190	195	201	206	212	217	223	229	234	240	245	251	256	262	267	273
186	192	197	203	208	214	219	225	230	236	241	247	252	258	263	269

noch Wohngeld für vier zu berücksichtigende Haushaltsmitglieder

bei einem Zwölftel des Gesamteinkommens (§ 13 Abs. 2) von mehr als	bis	bei einer zu berücksichtigenden Miete oder Belastung (§ 11) von monatlich mehr als ... Euro					
		680 bis 690	690 bis 700	700 bis 710	710 bis 720	720 bis 730	730 bis 740
		62	63	64	65	66	67
		Euro					
800	810	448	455	462	470	477	485
810	820	444	451	459	466	473	481
820	830	440	447	455	462	469	476
830	840	436	443	451	458	465	472
840	850	432	440	447	454	461	468
850	860	429	436	443	450	457	464
860	870	425	432	439	446	453	460
870	880	421	428	435	442	449	456
880	890	417	424	431	438	445	452
890	900	413	420	427	434	441	448
900	910	409	416	423	430	437	444
910	920	405	412	419	426	433	440
920	930	401	408	415	422	429	436
930	940	398	404	411	418	425	432
940	950	394	400	407	414	421	427
950	960	390	396	403	410	417	423
960	970	386	392	399	406	413	419
970	980	382	389	395	402	408	415
980	990	378	385	391	398	404	411
990	1000	374	381	387	394	400	407
1000	1010	370	377	383	390	396	403
1010	1020	366	373	379	386	392	399
1020	1030	362	369	375	382	388	394
1030	1040	358	365	371	377	384	390
1040	1050	354	361	367	373	380	386
1050	1060	350	357	363	369	376	382
1060	1070	346	353	359	365	371	378
1070	1080	342	349	355	361	367	374
1080	1090	339	345	351	357	363	369
1090	1100	335	341	347	353	359	365
1100	1110	331	337	343	349	355	361
1110	1120	327	333	339	345	351	357
1120	1130	323	329	335	341	347	353
1130	1140	319	325	331	336	342	348
1140	1150	315	321	326	332	338	344
1150	1160	311	316	322	328	334	340
1160	1170	307	312	318	324	330	336
1170	1180	303	308	314	320	326	332
1180	1190	299	304	310	316	322	327
1190	1200	295	300	306	312	317	323
1200	1210	290	296	302	307	313	319
1210	1220	286	292	298	303	309	315
1220	1230	282	288	294	299	305	310
1230	1240	278	284	289	295	301	306
1240	1250	274	280	285	291	296	302

noch Wohngeld für vier zu berücksichtigende Haushaltsmitglieder

Fortsetzung von Seite 7

bei einem Zwölftel des Gesamteinkommens (§ 13 Abs. 2) von		bei einer zu berücksichtigenden Miete oder													
		0 bis 210	210 bis 220	220 bis 230	230 bis 240	240 bis 250	250 bis 260	260 bis 270	270 bis 280	280 bis 290	290 bis 300	300 bis 310	310 bis 320	320 bis 330	330 bis 340
mehr als	bis	1 - 14	15	16	17	18	19	20	21	22	23	24	25	26	27
		Euro													
1250	- 1260		14	19	25	30	36	41	47	52	58	63	69	74	79
1260	- 1270		12	17	23	28	34	39	44	50	55	61	66	71	77
1270	- 1280		10	15	21	26	31	37	42	47	53	58	64	69	74
1280	- 1290			13	18	24	29	34	40	45	50	56	61	66	72
1290	- 1300			11	16	22	27	32	37	43	48	53	59	64	69
1300	- 1310				14	19	25	30	35	40	46	51	56	61	67
1310	- 1320				12	17	22	28	33	38	43	48	54	59	64
1320	- 1330				10	15	20	25	30	36	41	46	51	56	61
1330	- 1340					13	18	23	28	33	38	43	49	54	59
1340	- 1350					11	16	21	26	31	36	41	46	51	56
1350	- 1360						13	18	23	28	33	38	43	48	54
1360	- 1370						11	16	21	26	31	36	41	46	51
1370	- 1380							14	19	24	29	33	38	43	48
1380	- 1390							11	16	21	26	31	36	41	46
1390	- 1400								14	19	24	28	33	38	43
1400	- 1410								11	16	21	26	31	36	40
1410	- 1420									14	19	23	28	33	38
1420	- 1430									11	16	21	26	30	35
1430	- 1440										14	18	23	28	32
1440	- 1450										11	16	20	25	30
1450	- 1460											13	18	23	27
1460	- 1470											11	15	20	24
1470	- 1480												13	17	22
1480	- 1490												10	15	19
1490	- 1500													12	16
1500	- 1510														14
1510	- 1520														11
1520	- 1530														
1530	- 1540														
1540	- 1550														
1550	- 1560														
1560	- 1570														
1570	- 1580														
1580	- 1590														
1590	- 1600														
1600	- 1610														
1610	- 1620														
1620	- 1630														
1630	- 1640														
1640	- 1650														
1650	- 1660														
1660	- 1670														
1670	- 1680														
1680	- 1690														
1690	- 1700														

Fortsetzung siehe Seite 17

Anlage 4 (Seite 14) Wohngeld für vier zu berücksichtigende Haushaltsmitglieder

Belastung (§ 11) von monatlich mehr als ... Euro															
340 bis 350	350 bis 360	360 bis 370	370 bis 380	380 bis 390	390 bis 400	400 bis 410	410 bis 420	420 bis 430	430 bis 440	440 bis 450	450 bis 460	460 bis 470	470 bis 480	480 bis 490	490 bis 500
28	29	30	31	32	33	34	35	36	37	38	39	40	41	42	43
Euro															
85	90	96	101	107	112	118	123	128	134	139	145	150	156	161	167
82	88	93	98	104	109	115	120	126	131	136	142	147	153	158	163
80	85	90	96	101	106	112	117	123	128	133	139	144	149	155	160
77	82	88	93	98	104	109	114	120	125	130	136	141	146	152	157
74	80	85	90	96	101	106	111	117	122	127	133	138	143	148	154
72	77	82	87	93	98	103	108	114	119	124	129	135	140	145	150
69	74	80	85	90	95	100	106	111	116	121	126	132	137	142	147
66	72	77	82	87	92	97	103	108	113	118	123	128	134	139	144
64	69	74	79	84	89	95	100	105	110	115	120	125	130	135	141
61	66	71	76	81	87	92	97	102	107	112	117	122	127	132	137
59	64	69	74	79	84	89	94	99	104	109	114	119	124	129	134
56	61	66	71	76	81	86	91	96	101	106	111	116	121	126	131
53	58	63	68	73	78	83	88	93	98	103	108	113	117	122	127
51	55	60	65	70	75	80	85	90	95	100	104	109	114	119	124
48	53	58	62	67	72	77	82	87	92	96	101	106	111	116	121
45	50	55	60	64	69	74	79	84	89	93	98	103	108	113	117
43	47	52	57	62	66	71	76	81	85	90	95	100	105	109	114
40	45	49	54	59	63	68	73	78	82	87	92	97	101	106	111
37	42	46	51	56	61	65	70	75	79	84	89	93	98	103	107
34	39	44	48	53	58	62	67	72	76	81	85	90	95	99	104
32	36	41	46	50	55	59	64	69	73	78	82	87	92	96	101
29	34	38	43	47	52	56	61	65	70	75	79	84	88	93	97
26	31	35	40	44	49	53	58	62	67	71	76	80	85	90	94
24	28	33	37	41	46	50	55	59	64	68	73	77	82	86	91
21	25	30	34	39	43	47	52	56	61	65	70	74	78	83	87
18	22	27	31	36	40	44	49	53	58	62	66	71	75	80	84
15	20	24	28	33	37	41	46	50	54	59	63	68	72	76	81
13	17	21	26	30	34	38	43	47	51	56	60	64	69	73	77
10	14	18	23	27	31	35	40	44	48	52	57	61	65	70	74
	11	16	20	24	28	32	37	41	45	49	54	58	62	66	70
		13	17	21	25	29	34	38	42	46	50	54	59	63	67
		10	14	18	22	26	31	35	39	43	47	51	55	59	64
			11	15	19	23	27	32	36	40	44	48	52	56	60
				12	16	20	24	28	33	37	41	45	49	53	57
					13	17	21	25	29	33	37	41	45	49	53
					10	14	18	22	26	30	34	38	42	46	50
						11	15	19	23	27	31	35	39	43	47
							12	16	20	24	28	31	35	39	43
								13	17	20	24	28	32	36	40
								10	13	17	21	25	29	32	36
									10	14	18	22	25	29	33
										11	15	18	22	26	29
											11	15	19	22	26
												12	15	19	22
													12	15	19

noch Wohngeld für vier zu berücksichtigende Haushaltsmitglieder

bei einem Zwölftel des Gesamteinkommens (§ 13 Abs. 2) von mehr als – bis	bei einer zu berücksichtigenden Miete oder													
	500 bis 510	510 bis 520	520 bis 530	530 bis 540	540 bis 550	550 bis 560	560 bis 570	570 bis 580	580 bis 590	590 bis 600	600 bis 610	610 bis 620	620 bis 630	630 bis 640
	44	45	46	47	48	49	50	51	52	53	54	55	56	57
	Euro													
1250 - 1260	172	178	183	188	194	199	205	210	216	221	227	232	238	243
1260 - 1270	169	174	180	185	190	196	201	207	212	218	223	228	234	239
1270 - 1280	166	171	176	182	187	192	198	203	208	214	219	225	230	235
1280 - 1290	162	168	173	178	184	189	194	200	205	210	215	221	226	231
1290 - 1300	159	164	169	175	180	185	191	196	201	206	212	217	222	228
1300 - 1310	156	161	166	171	177	182	187	192	198	203	208	213	218	224
1310 - 1320	152	157	163	168	173	178	183	189	194	199	204	209	215	220
1320 - 1330	149	154	159	164	170	175	180	185	190	195	201	206	211	216
1330 - 1340	146	151	156	161	166	171	176	181	187	192	197	202	207	212
1340 - 1350	142	147	152	158	163	168	173	178	183	188	193	198	203	208
1350 - 1360	139	144	149	154	159	164	169	174	179	184	189	194	199	204
1360 - 1370	136	141	146	151	156	161	166	171	176	180	185	190	195	200
1370 - 1380	132	137	142	147	152	157	162	167	172	177	182	187	192	197
1380 - 1390	129	134	139	144	149	153	158	163	168	173	178	183	188	193
1390 - 1400	126	130	135	140	145	150	155	160	164	169	174	179	184	189
1400 - 1410	122	127	132	137	141	146	151	156	161	166	170	175	180	185
1410 - 1420	119	124	128	133	138	143	147	152	157	162	167	171	176	181
1420 - 1430	115	120	125	130	134	139	144	149	153	158	163	167	172	177
1430 - 1440	112	117	121	126	131	136	140	145	150	154	159	164	168	173
1440 - 1450	109	113	118	123	127	132	137	141	146	151	155	160	164	169
1450 - 1460	105	110	115	119	124	128	133	138	142	147	151	156	161	165
1460 - 1470	102	106	111	116	120	125	129	134	138	143	148	152	157	161
1470 - 1480	99	103	108	112	117	121	126	130	135	139	144	148	153	157
1480 - 1490	95	100	104	109	113	118	122	126	131	135	140	144	149	153
1490 - 1500	92	96	101	105	109	114	118	123	127	132	136	140	145	149
1500 - 1510	88	93	97	101	106	110	115	119	123	128	132	137	141	145
1510 - 1520	85	89	94	98	102	107	111	115	120	124	128	133	137	141
1520 - 1530	81	86	90	94	99	103	107	112	116	120	125	129	133	137
1530 - 1540	78	82	87	91	95	99	104	108	112	116	121	125	129	133
1540 - 1550	75	79	83	87	91	96	100	104	108	113	117	121	125	129
1550 - 1560	71	75	80	84	88	92	96	100	105	109	113	117	121	125
1560 - 1570	68	72	76	80	84	88	93	97	101	105	109	113	117	121
1570 - 1580	64	68	72	77	81	85	89	93	97	101	105	109	113	117
1580 - 1590	61	65	69	73	77	81	85	89	93	97	101	105	109	113
1590 - 1600	57	61	65	69	73	77	81	85	89	93	97	101	105	109
1600 - 1610	54	58	62	66	70	74	78	82	86	90	94	97	101	105
1610 - 1620	50	54	58	62	66	70	74	78	82	86	90	94	97	101
1620 - 1630	47	51	55	59	62	66	70	74	78	82	86	90	93	97
1630 - 1640	43	47	51	55	59	63	66	70	74	78	82	86	90	93
1640 - 1650	40	44	48	51	55	59	63	67	70	74	78	82	86	89
1650 - 1660	37	40	44	48	52	55	59	63	67	70	74	78	82	85
1660 - 1670	33	37	40	44	48	52	55	59	63	66	70	74	78	81
1670 - 1680	30	33	37	41	44	48	52	55	59	63	66	70	73	77
1680 - 1690	26	30	33	37	41	44	48	51	55	59	62	66	69	73
1690 - 1700	23	26	30	33	37	40	44	48	51	55	58	62	65	69

Anlage 4 (Seite 16)

Wohngeld für vier zu berücksichtigende Haushaltsmitglieder

Belastung (§ 11) von monatlich mehr als ... Euro									
640 bis 650	650 bis 660	660 bis 670	670 bis 680	680 bis 690	690 bis 700	700 bis 710	710 bis 720	720 bis 730	730 bis 740
58	59	60	61	62	63	64	65	66	67
Euro									
248	254	259	265	270	276	281	287	292	298
245	250	255	261	266	272	277	282	288	293
241	246	251	257	262	268	273	278	284	289
237	242	247	253	258	263	269	274	279	285
233	238	243	249	254	259	265	270	275	280
229	234	239	245	250	255	260	266	271	276
225	230	235	241	246	251	256	261	267	272
221	226	231	237	242	247	252	257	262	268
217	222	227	233	238	243	248	253	258	263
213	218	223	228	234	239	244	249	254	259
209	214	219	224	229	234	240	245	250	255
205	210	215	220	225	230	235	240	245	250
201	206	211	216	221	226	231	236	241	246
198	202	207	212	217	222	227	232	237	242
194	198	203	208	213	218	223	228	232	237
190	194	199	204	209	214	218	223	228	233
186	190	195	200	205	210	214	219	224	229
182	186	191	196	201	205	210	215	220	224
178	182	187	192	196	201	206	211	215	220
174	178	183	188	192	197	202	206	211	216
170	174	179	184	188	193	197	202	207	211
166	170	175	179	184	189	193	198	202	207
162	166	171	175	180	184	189	193	198	202
158	162	167	171	176	180	185	189	194	198
154	158	163	167	171	176	180	185	189	194
150	154	159	163	167	172	176	180	185	189
146	150	154	159	163	167	172	176	180	185
142	146	150	155	159	163	168	172	176	180
138	142	146	150	155	159	163	168	172	176
134	138	142	146	151	155	159	163	167	172
130	134	138	142	146	150	155	159	163	167
126	130	134	138	142	146	150	155	159	163
122	126	130	134	138	142	146	150	154	158
117	122	126	130	134	138	142	146	150	154
113	117	121	125	129	133	137	141	145	149
109	113	117	121	125	129	133	137	141	145
105	109	113	117	121	125	129	133	137	141
101	105	109	113	117	121	125	128	132	136
97	101	105	109	113	116	120	124	128	132
93	97	101	104	108	112	116	120	123	127
89	93	97	100	104	108	111	115	119	123
85	89	92	96	100	103	107	111	115	118
81	84	88	92	95	99	103	106	110	114
77	80	84	88	91	95	98	102	106	109
73	76	80	83	87	91	94	98	101	105

noch Wohngeld für vier zu berücksichtigende Haushaltsmitglieder

Fortsetzung von Seite 13

bei einem Zwölftel des Gesamteinkommens (§ 13 Abs. 2) von mehr als – bis	bei einer zu berücksichtigenden Miete oder													
	0 bis 480	480 bis 490	490 bis 500	500 bis 510	510 bis 520	520 bis 530	530 bis 540	540 bis 550	550 bis 560	560 bis 570	570 bis 580	580 bis 590	590 bis 600	600 bis 610
	1 - 41	42	43	44	45	46	47	48	49	50	51	52	53	54
	Euro													
1700 - 1710		12	15	19	23	26	30	33	37	40	44	47	51	54
1710 - 1720			12	15	19	22	26	29	33	36	40	43	47	50
1720 - 1730				12	15	19	22	26	29	33	36	40	43	46
1730 - 1740					12	15	19	22	25	29	32	36	39	43
1740 - 1750						12	15	18	22	25	28	32	35	39
1750 - 1760							11	15	18	21	25	28	31	35
1760 - 1770								11	14	18	21	24	27	31
1770 - 1780									10	14	17	20	23	27
1780 - 1790										10	13	16	19	23
1790 - 1800												12	16	19
1800 - 1810													12	15
1810 - 1820														11
1820 - 1830														
1830 - 1840														
1840 - 1850														
1850 - 1860														
1860 - 1870														
1870 - 1880														
1880 - 1890														
1890 - 1900														

Anlage 4 (Seite 18) Wohngeld für vier zu berücksichtigende Haushaltsmitglieder

Belastung (§ 11) von monatlich mehr als ... Euro												
610 bis 620	620 bis 630	630 bis 640	640 bis 650	650 bis 660	660 bis 670	670 bis 680	680 bis 690	690 bis 700	700 bis 710	710 bis 720	720 bis 730	730 bis 740
55	56	57	58	59	60	61	62	63	64	65	66	67
Euro												
58	61	65	69	72	76	79	83	86	90	93	97	100
54	57	61	64	68	71	75	78	82	85	89	92	96
50	53	57	60	64	67	71	74	78	81	84	88	91
46	49	53	56	60	63	66	70	73	77	80	83	87
42	45	49	52	55	59	62	65	69	72	76	79	82
38	41	45	48	51	55	58	61	65	68	71	74	78
34	37	40	44	47	50	54	57	60	63	67	70	73
30	33	36	40	43	46	49	53	56	59	62	66	69
26	29	32	35	39	42	45	48	51	55	58	61	64
22	25	28	31	34	38	41	44	47	50	53	57	60
18	21	24	27	30	33	36	40	43	46	49	52	55
14	17	20	23	26	29	32	35	38	41	44	48	51
10	13	16	19	22	25	28	31	34	37	40	43	46
		12	15	18	21	24	27	30	33	36	38	41
			10	13	16	19	22	25	28	31	34	37
					12	15	18	21	24	27	29	32
						11	13	16	19	22	25	28
								12	15	18	20	23
									10	13	16	19
											11	14

Wohngeld für fünf zu berücksichtigende Haushaltsmitglieder

Bei fünf zu berücksichtigenden Haushaltsmitgliedern beträgt das Wohngeld monatlich

bei einem Zwölftel des Gesamteinkommens (§ 13 Abs. 2) von mehr als	bis	bei einer zu berücksichtigenden Miete oder													
		0 bis 90	90 bis 100	100 bis 110	110 bis 120	120 bis 130	130 bis 140	140 bis 150	150 bis 160	160 bis 170	170 bis 180	180 bis 190	190 bis 200	200 bis 210	210 bis 220
		1	2	3	4	5	6	7	8	9	10	11	12	13	14
		Euro													
0	350	62	72	81	91	100	110	119	129	138	148	157	167	176	186
350	360	61	71	80	90	99	109	118	128	137	147	156	166	175	184
360	370	60	70	79	89	98	108	117	126	136	145	155	164	174	183
370	380	60	69	78	88	97	106	116	125	135	144	153	163	172	182
380	390	59	68	77	87	96	105	115	124	133	143	152	161	171	180
390	400	58	67	76	86	95	104	114	123	132	141	151	160	169	179
400	410	57	66	75	84	94	103	112	122	131	140	149	159	168	177
410	420	56	65	74	83	93	102	111	120	130	139	148	157	167	176
420	430	55	64	73	82	92	101	110	119	128	138	147	156	165	174
430	440	54	63	72	81	90	100	109	118	127	136	145	155	164	173
440	450	53	62	71	80	89	98	108	117	126	135	144	153	162	171
450	460	52	61	70	79	88	97	106	115	125	134	143	152	161	170
460	470	51	60	69	78	87	96	105	114	123	132	141	150	159	168
470	480	50	59	68	77	86	95	104	113	122	131	140	149	158	167
480	490	49	58	67	76	85	94	103	112	121	130	139	148	157	166
490	500	48	57	66	75	84	93	101	110	119	128	137	146	155	164
500	510	47	56	65	74	82	91	100	109	118	127	136	145	154	163
510	520	46	55	64	72	81	90	99	108	117	126	134	143	152	161
520	530	45	54	62	71	80	89	98	107	115	124	133	142	151	160
530	540	44	53	61	70	79	88	97	105	114	123	132	140	149	158
540	550	43	52	60	69	78	87	95	104	113	122	130	139	148	157
550	560	42	50	59	68	77	85	94	103	111	120	129	138	146	155
560	570	41	49	58	67	75	84	93	101	110	119	127	136	145	153
570	580	40	48	57	66	74	83	91	100	109	117	126	135	143	152
580	590	39	47	56	64	73	82	90	99	107	116	125	133	142	150
590	600	38	46	55	63	72	80	89	97	106	115	123	132	140	149
600	610	37	45	54	62	71	79	88	96	105	113	122	130	139	147
610	620	35	44	52	61	69	78	86	95	103	112	120	129	137	146
620	630	34	43	51	60	68	77	85	94	102	110	119	127	136	144
630	640	33	42	50	59	67	75	84	92	101	109	117	126	134	143
640	650	32	41	49	57	66	74	82	91	99	108	116	124	133	141
650	660	31	40	48	56	65	73	81	90	98	106	115	123	131	140
660	670	30	38	47	55	63	72	80	88	96	105	113	121	130	138
670	680	29	37	46	54	62	70	79	87	95	103	112	120	128	136
680	690	28	36	44	53	61	69	77	85	94	102	110	118	127	135
690	700	27	35	43	51	60	68	76	84	92	101	109	117	125	133
700	710	26	34	42	50	58	66	75	83	91	99	107	115	124	132
710	720	25	33	41	49	57	65	73	81	90	98	106	114	122	130
720	730	24	32	40	48	56	64	72	80	88	96	104	112	120	128
730	740	22	30	38	47	55	63	71	79	87	95	103	111	119	127
740	750	21	29	37	45	53	61	69	77	85	93	101	109	117	125
750	760	20	28	36	44	52	60	68	76	84	92	100	108	116	124
760	770	19	27	35	43	51	59	67	75	82	90	98	106	114	122
770	780	18	26	34	42	49	57	65	73	81	89	97	105	113	120
780	790	17	25	32	40	48	56	64	72	80	87	95	103	111	119
790	800	16	23	31	39	47	55	62	70	78	86	94	102	109	117

Fortsetzung siehe Seite 7

Anlage 5 (Seite 2)

Wohngeld für fünf zu berücksichtigende Haushaltsmitglieder

Belastung (§ 11) von monatlich mehr als ... Euro															
220 bis 230	230 bis 240	240 bis 250	250 bis 260	260 bis 270	270 bis 280	280 bis 290	290 bis 300	300 bis 310	310 bis 320	320 bis 330	330 bis 340	340 bis 350	350 bis 360	360 bis 370	370 bis 380
15	16	17	18	19	20	21	22	23	24	25	26	27	28	29	30
Euro															
195	205	214	224	233	243	252	262	271	281	290	300	309	319	328	338
194	203	213	222	232	241	251	260	270	279	289	298	307	317	326	336
192	202	211	221	230	240	249	258	268	277	287	296	306	315	324	334
191	200	210	219	229	238	247	257	266	275	285	294	304	313	322	332
190	199	208	218	227	236	246	255	264	274	283	292	302	311	320	330
188	197	207	216	225	235	244	253	263	272	281	290	300	309	318	328
187	196	205	214	224	233	242	251	261	270	279	289	298	307	316	326
185	194	204	213	222	231	240	250	259	268	277	287	296	305	314	324
184	193	202	211	220	230	239	248	257	266	276	285	294	303	312	322
182	191	200	210	219	228	237	246	255	265	274	283	292	301	310	320
181	190	199	208	217	226	235	244	254	263	272	281	290	299	308	317
179	188	197	206	215	224	234	243	252	261	270	279	288	297	306	315
178	187	196	205	214	223	232	241	250	259	268	277	286	295	304	313
176	185	194	203	212	221	230	239	248	257	266	275	284	293	302	311
174	183	192	201	210	219	228	237	246	255	264	273	282	291	300	309
173	182	191	200	209	218	227	236	244	253	262	271	280	289	298	307
171	180	189	198	207	216	225	234	243	252	260	269	278	287	296	305
170	179	188	196	205	214	223	232	241	250	259	267	276	285	294	303
168	177	186	195	204	212	221	230	239	248	257	265	274	283	292	301
167	176	184	193	202	211	220	228	237	246	255	263	272	281	290	299
165	174	183	192	200	209	218	227	235	244	253	262	270	279	288	297
164	172	181	190	199	207	216	225	233	242	251	260	268	277	286	294
162	171	179	188	197	206	214	223	232	240	249	258	266	275	284	292
161	169	178	186	195	204	212	221	230	238	247	256	264	273	281	290
159	168	176	185	193	202	211	219	228	236	245	254	262	271	279	288
157	166	175	183	192	200	209	217	226	234	243	252	260	269	277	286
156	164	173	181	190	198	207	216	224	233	241	250	258	267	275	284
154	163	171	180	188	197	205	214	222	231	239	248	256	265	273	282
153	161	170	178	186	195	203	212	220	229	237	246	254	263	271	279
151	159	168	176	185	193	202	210	218	227	235	244	252	260	269	277
149	158	166	175	183	191	200	208	216	225	233	242	250	258	267	275
148	156	165	173	181	190	198	206	215	223	231	240	248	256	265	273
146	155	163	171	179	188	196	204	213	221	229	238	246	254	262	271
145	153	161	169	178	186	194	202	211	219	227	236	244	252	260	269
143	151	159	168	176	184	192	201	209	217	225	234	242	250	258	266
141	150	158	166	174	182	191	199	207	215	223	231	240	248	256	264
140	148	156	164	172	181	189	197	205	213	221	229	238	246	254	262
138	146	154	163	171	179	187	195	203	211	219	227	236	244	252	260
137	145	153	161	169	177	185	193	201	209	217	225	233	241	250	258
135	143	151	159	167	175	183	191	199	207	215	223	231	239	247	255
133	141	149	157	165	173	181	189	197	205	213	221	229	237	245	253
132	140	148	155	163	171	179	187	195	203	211	219	227	235	243	251
130	138	146	154	162	170	177	185	193	201	209	217	225	233	241	249
128	136	144	152	160	168	176	183	191	199	207	215	223	231	239	247
127	134	142	150	158	166	174	182	189	197	205	213	221	229	236	244
125	133	141	148	156	164	172	180	187	195	203	211	219	226	234	242

noch Wohngeld für fünf zu berücksichtigende Haushaltsmitglieder

bei einem Zwölftel des Gesamteinkommens (§ 13 Abs. 2) von mehr als – bis	bei einer zu berücksichtigenden Miete oder													
	380 bis 390	390 bis 400	400 bis 410	410 bis 420	420 bis 430	430 bis 440	440 bis 450	450 bis 460	460 bis 470	470 bis 480	480 bis 490	490 bis 500	500 bis 510	510 bis 520
	31	32	33	34	35	36	37	38	39	40	41	42	43	44
	Euro													
0 - 350	347	357	366	376	385	395	404	414	423	433	442	452	461	471
350 - 360	345	355	364	374	383	393	402	412	421	431	440	449	459	468
360 - 370	343	353	362	372	381	390	400	409	419	428	438	447	456	466
370 - 380	341	351	360	369	379	388	398	407	416	426	435	444	454	463
380 - 390	339	348	358	367	377	386	395	405	414	423	433	442	451	461
390 - 400	337	346	356	365	374	384	393	402	412	421	430	440	449	458
400 - 410	335	344	354	363	372	381	391	400	409	418	428	437	446	456
410 - 420	333	342	351	361	370	379	388	398	407	416	425	435	444	453
420 - 430	331	340	349	358	368	377	386	395	404	414	423	432	441	450
430 - 440	329	338	347	356	365	374	384	393	402	411	420	429	439	448
440 - 450	327	336	345	354	363	372	381	390	400	409	418	427	436	445
450 - 460	324	334	343	352	361	370	379	388	397	406	415	424	434	443
460 - 470	322	331	340	349	359	368	377	386	395	404	413	422	431	440
470 - 480	320	329	338	347	356	365	374	383	392	401	410	419	428	437
480 - 490	318	327	336	345	354	363	372	381	390	399	408	417	426	435
490 - 500	316	325	334	343	352	361	370	379	387	396	405	414	423	432
500 - 510	314	323	332	341	349	358	367	376	385	394	403	412	421	430
510 - 520	312	321	329	338	347	356	365	374	383	391	400	409	418	427
520 - 530	310	318	327	336	345	354	363	371	380	389	398	407	415	424
530 - 540	307	316	325	334	343	351	360	369	378	386	395	404	413	422
540 - 550	305	314	323	331	340	349	358	366	375	384	393	401	410	419
550 - 560	303	312	321	329	338	347	355	364	373	382	390	399	408	416
560 - 570	301	310	318	327	336	344	353	362	370	379	388	396	405	414
570 - 580	299	307	316	325	333	342	351	359	368	376	385	394	402	411
580 - 590	297	305	314	322	331	340	348	357	365	374	383	391	400	408
590 - 600	294	303	312	320	329	337	346	354	363	371	380	389	397	406
600 - 610	292	301	309	318	326	335	343	352	360	369	377	386	395	403
610 - 620	290	299	307	316	324	332	341	349	358	366	375	383	392	400
620 - 630	288	296	305	313	322	330	339	347	355	364	372	381	389	398
630 - 640	286	294	302	311	319	328	336	345	353	361	370	378	387	395
640 - 650	283	292	300	309	317	325	334	342	350	359	367	376	384	392
650 - 660	281	290	298	306	315	323	331	340	348	356	365	373	381	390
660 - 670	279	287	296	304	312	321	329	337	345	354	362	370	379	387
670 - 680	277	285	293	302	310	318	326	335	343	351	359	368	376	384
680 - 690	275	283	291	299	308	316	324	332	340	349	357	365	373	382
690 - 700	272	281	289	297	305	313	322	330	338	346	354	362	371	379
700 - 710	270	278	286	295	303	311	319	327	335	344	352	360	368	376
710 - 720	268	276	284	292	300	308	317	325	333	341	349	357	365	373
720 - 730	266	274	282	290	298	306	314	322	330	338	346	355	363	371
730 - 740	263	272	280	288	296	304	312	320	328	336	344	352	360	368
740 - 750	261	269	277	285	293	301	309	317	325	333	341	349	357	365
750 - 760	259	267	275	283	291	299	307	315	323	331	339	347	354	362
760 - 770	257	265	273	280	288	296	304	312	320	328	336	344	352	360
770 - 780	254	262	270	278	286	294	302	310	318	325	333	341	349	357
780 - 790	252	260	268	276	284	291	299	307	315	323	331	339	346	354
790 - 800	250	258	266	273	281	289	297	305	312	320	328	336	344	351

Anlage 5 (Seite 4)

Wohngeld für fünf zu berücksichtigende Haushaltsmitglieder

Belastung (§ 11) von monatlich mehr als ... Euro															
520 bis 530	530 bis 540	540 bis 550	550 bis 560	560 bis 570	570 bis 580	580 bis 590	590 bis 600	600 bis 610	610 bis 620	620 bis 630	630 bis 640	640 bis 650	650 bis 660	660 bis 670	670 bis 680
45	46	47	48	49	50	51	52	53	54	55	56	57	58	59	60
Euro															
480	490	499	509	518	528	537	547	556	566	575	585	594	604	613	623
478	487	497	506	516	525	535	544	554	563	573	582	591	601	610	620
475	485	494	504	513	522	532	541	551	560	570	579	588	598	607	617
473	482	491	501	510	520	529	538	548	557	567	576	585	595	604	614
470	479	489	498	507	517	526	536	545	554	564	573	582	592	601	610
467	477	486	495	505	514	523	533	542	551	561	570	579	589	598	607
465	474	483	493	502	511	520	530	539	548	558	567	576	585	595	604
462	471	481	490	499	508	518	527	536	545	555	564	573	582	592	601
460	469	478	487	496	506	515	524	533	542	552	561	570	579	588	598
457	466	475	484	494	503	512	521	530	539	549	558	567	576	585	594
454	463	473	482	491	500	509	518	527	536	546	555	564	573	582	591
452	461	470	479	488	497	506	515	524	533	543	552	561	570	579	588
449	458	467	476	485	494	503	512	521	531	540	549	558	567	576	585
446	455	464	473	482	491	500	509	519	528	537	546	555	564	573	582
444	453	462	471	480	489	498	507	516	525	534	542	551	560	569	578
441	450	459	468	477	486	495	504	513	522	530	539	548	557	566	575
438	447	456	465	474	483	492	501	510	519	527	536	545	554	563	572
436	445	453	462	471	480	489	498	507	516	524	533	542	551	560	569
433	442	451	460	468	477	486	495	504	513	521	530	539	548	557	565
430	439	448	457	466	474	483	492	501	510	518	527	536	545	553	562
428	436	445	454	463	471	480	489	498	506	515	524	533	541	550	559
425	434	442	451	460	469	477	486	495	503	512	521	530	538	547	556
422	431	440	448	457	466	474	483	492	500	509	518	526	535	544	552
420	428	437	446	454	463	472	480	489	497	506	515	523	532	541	549
417	426	434	443	451	460	469	477	486	494	503	512	520	529	537	546
414	423	431	440	449	457	466	474	483	491	500	508	517	526	534	543
412	420	429	437	446	454	463	471	480	488	497	505	514	522	531	539
409	417	426	434	443	451	460	468	477	485	494	502	511	519	528	536
406	415	423	431	440	448	457	465	474	482	491	499	508	516	524	533
403	412	420	429	437	445	454	462	471	479	488	496	504	513	521	530
401	409	417	426	434	443	451	459	468	476	484	493	501	510	518	526
398	406	415	423	431	440	448	456	465	473	481	490	498	506	515	523
395	404	412	420	428	437	445	453	462	470	478	487	495	503	511	520
392	401	409	417	426	434	442	450	459	467	475	483	492	500	508	516
390	398	406	414	423	431	439	447	456	464	472	480	488	497	505	513
387	395	403	412	420	428	436	444	452	461	469	477	485	493	502	510
384	392	401	409	417	425	433	441	449	458	466	474	482	490	498	506
381	390	398	406	414	422	430	438	446	454	463	471	479	487	495	503
379	387	395	403	411	419	427	435	443	451	459	468	476	484	492	500
376	384	392	400	408	416	424	432	440	448	456	464	472	480	488	496
373	381	389	397	405	413	421	429	437	445	453	461	469	477	485	493
370	378	386	394	402	410	418	426	434	442	450	458	466	474	482	490
368	376	383	391	399	407	415	423	431	439	447	455	463	471	479	486
365	373	381	388	396	404	412	420	428	436	444	452	459	467	475	483
362	370	378	386	393	401	409	417	425	433	441	448	456	464	472	480
359	367	375	383	390	398	406	414	422	430	437	445	453	461	469	476

noch Wohngeld für fünf zu berücksichtigende Haushaltsmitglieder

bei einem Zwölftel des Gesamteinkommens (§ 13 Abs. 2) von mehr als – bis	bei einer zu berücksichtigenden Miete oder													
	680 bis 690	690 bis 700	700 bis 710	710 bis 720	720 bis 730	730 bis 740	740 bis 750	750 bis 760	760 bis 770	770 bis 780	780 bis 790	790 bis 800	800 bis 810	810 bis 820
	61	62	63	64	65	66	67	68	69	70	71	72	73	74
	Euro													
0 - 350	632	642	651	661	670	680	690	699	709	718	728	737	747	756
350 - 360	629	639	648	658	667	677	686	696	705	714	724	733	743	752
360 - 370	626	636	645	654	664	673	683	692	702	711	720	730	739	749
370 - 380	623	632	642	651	660	670	679	689	698	707	717	726	736	745
380 - 390	620	629	638	648	657	666	676	685	695	704	713	723	732	741
390 - 400	616	626	635	644	654	663	672	682	691	700	710	719	728	738
400 - 410	613	623	632	641	650	660	669	678	687	697	706	715	725	734
410 - 420	610	619	629	638	647	656	665	675	684	693	702	712	721	730
420 - 430	607	616	625	634	644	653	662	671	680	690	699	708	717	726
430 - 440	604	613	622	631	640	649	659	668	677	686	695	704	714	723
440 - 450	600	609	619	628	637	646	655	664	673	682	692	701	710	719
450 - 460	597	606	615	624	633	643	652	661	670	679	688	697	706	715
460 - 470	594	603	612	621	630	639	648	657	666	675	684	693	702	712
470 - 480	591	600	609	618	627	636	645	654	663	672	681	690	699	708
480 - 490	587	596	605	614	623	632	641	650	659	668	677	686	695	704
490 - 500	584	593	602	611	620	629	638	647	656	665	673	682	691	700
500 - 510	581	590	599	608	616	625	634	643	652	661	670	679	688	697
510 - 520	578	586	595	604	613	622	631	640	648	657	666	675	684	693
520 - 530	574	583	592	601	610	618	627	636	645	654	663	671	680	689
530 - 540	571	580	589	597	606	615	624	633	641	650	659	668	676	685
540 - 550	568	576	585	594	603	611	620	629	638	646	655	664	673	681
550 - 560	564	573	582	591	599	608	617	625	634	643	652	660	669	678
560 - 570	561	570	579	587	596	605	613	622	631	639	648	657	665	674
570 - 580	558	567	575	584	592	601	610	618	627	636	644	653	662	670
580 - 590	555	563	572	580	589	598	606	615	623	632	641	649	658	666
590 - 600	551	560	568	577	586	594	603	611	620	628	637	645	654	663
600 - 610	548	556	565	574	582	591	599	608	616	625	633	642	650	659
610 - 620	545	553	562	570	579	587	596	604	613	621	630	638	646	655
620 - 630	541	550	558	567	575	584	592	600	609	617	626	634	643	651
630 - 640	538	546	555	563	572	580	588	597	605	614	622	631	639	647
640 - 650	535	543	551	560	568	577	585	593	602	610	618	627	635	644
650 - 660	531	540	548	556	565	573	581	590	598	606	615	623	631	640
660 - 670	528	536	545	553	561	570	578	586	594	603	611	619	628	636
670 - 680	525	533	541	549	558	566	574	582	591	599	607	616	624	632
680 - 690	521	530	538	546	554	562	571	579	587	595	604	612	620	628
690 - 700	518	526	534	543	551	559	567	575	583	592	600	608	616	624
700 - 710	515	523	531	539	547	555	564	572	580	588	596	604	612	621
710 - 720	511	519	527	536	544	552	560	568	576	584	592	600	609	617
720 - 730	508	516	524	532	540	548	556	564	572	581	589	597	605	613
730 - 740	505	513	521	529	537	545	553	561	569	577	585	593	601	609
740 - 750	501	509	517	525	533	541	549	557	565	573	581	589	597	605
750 - 760	498	506	514	522	530	538	546	553	561	569	577	585	593	601
760 - 770	494	502	510	518	526	534	542	550	558	566	574	582	589	597
770 - 780	491	499	507	515	523	530	538	546	554	562	570	578	586	593
780 - 790	488	495	503	511	519	527	535	543	550	558	566	574	582	590
790 - 800	484	492	500	508	515	523	531	539	547	554	562	570	578	586

Belastung (§ 11) von monatlich mehr als ... Euro	
820 bis 830	830 bis 840
75	76
Euro	
766	775
762	771
758	768
754	764
751	760
747	756
743	752
739	749
736	745
732	741
728	737
724	733
721	730
717	726
713	722
709	718
705	714
702	711
698	707
694	703
690	699
686	695
683	691
679	687
675	684
671	680
667	676
663	672
660	668
656	664
652	660
648	656
644	652
640	649
636	645
633	641
629	637
625	633
621	629
617	625
613	621
609	617
605	613
601	609
597	605
594	601

noch Wohngeld für fünf zu berücksichtigende Haushaltsmitglieder

Fortsetzung von Seite 1

bei einem Zwölftel des Gesamteinkommens (§ 13 Abs. 2) von mehr als – bis	bei einer zu berücksichtigenden Miete oder													
	0 bis 90	90 bis 100	100 bis 110	110 bis 120	120 bis 130	130 bis 140	140 bis 150	150 bis 160	160 bis 170	170 bis 180	180 bis 190	190 bis 200	200 bis 210	210 bis 220
	1	2	3	4	5	6	7	8	9	10	11	12	13	14
	Euro													
800 - 810	14	22	30	38	46	53	61	69	77	84	92	100	108	116
810 - 820	13	21	29	37	44	52	60	67	75	83	91	98	106	114
820 - 830	12	20	28	35	43	51	58	66	74	81	89	97	105	112
830 - 840	11	19	26	34	42	49	57	65	72	80	88	95	103	111
840 - 850	10	17	25	33	40	48	56	63	71	78	86	94	101	109
850 - 860		16	24	31	39	47	54	62	69	77	85	92	100	107
860 - 870		15	23	30	38	45	53	60	68	75	83	91	98	106
870 - 880		14	21	29	36	44	51	59	66	74	81	89	96	104
880 - 890		13	20	28	35	43	50	57	65	72	80	87	95	102
890 - 900		11	19	26	34	41	49	56	63	71	78	86	93	101
900 - 910		10	18	25	32	40	47	55	62	69	77	84	92	99
910 - 920			16	24	31	38	46	53	60	68	75	83	90	97
920 - 930			15	22	30	37	44	52	59	66	74	81	88	96
930 - 940			14	21	28	36	43	50	57	65	72	79	87	94
940 - 950			12	20	27	34	41	49	56	63	70	78	85	92
950 - 960			11	18	26	33	40	47	54	62	69	76	83	90
960 - 970			10	17	24	31	39	46	53	60	67	74	82	89
970 - 980				16	23	30	37	44	51	59	66	73	80	87
980 - 990				14	21	29	36	43	50	57	64	71	78	85
990 - 1000				13	20	27	34	41	48	55	62	69	77	84
1000 - 1010				12	19	26	33	40	47	54	61	68	75	82
1010 - 1020				10	17	24	31	38	45	52	59	66	73	80
1020 - 1030					16	23	30	37	44	51	58	65	71	78
1030 - 1040					15	21	28	35	42	49	56	63	70	77
1040 - 1050					13	20	27	34	41	47	54	61	68	75
1050 - 1060					12	19	25	32	39	46	53	60	66	73
1060 - 1070					10	17	24	31	37	44	51	58	65	71
1070 - 1080						16	22	29	36	43	49	56	63	70
1080 - 1090						14	21	28	34	41	48	54	61	68
1090 - 1100						13	19	26	33	39	46	53	59	66
1100 - 1110						11	18	24	31	38	44	51	58	64
1110 - 1120						10	16	23	30	36	43	49	56	63
1120 - 1130							15	21	28	35	41	48	54	61
1130 - 1140							13	20	26	33	39	46	52	59
1140 - 1150							12	18	25	31	38	44	51	57
1150 - 1160							10	17	23	30	36	42	49	55
1160 - 1170								15	22	28	34	41	47	54
1170 - 1180								14	20	26	33	39	45	52
1180 - 1190								12	18	25	31	37	44	50
1190 - 1200								10	17	23	29	36	42	48
1200 - 1210									15	21	28	34	40	46
1210 - 1220									13	20	26	32	38	45
1220 - 1230									12	18	24	30	37	43
1230 - 1240									10	16	22	29	35	41
1240 - 1250										15	21	27	33	39

Fortsetzung siehe Seite 13

Anlage 5 (Seite 8) Wohngeld für fünf zu berücksichtigende Haushaltsmitglieder

Belastung (§ 11) von monatlich mehr als ... Euro															
220 bis 230	230 bis 240	240 bis 250	250 bis 260	260 bis 270	270 bis 280	280 bis 290	290 bis 300	300 bis 310	310 bis 320	320 bis 330	330 bis 340	340 bis 350	350 bis 360	360 bis 370	370 bis 380
15	16	17	18	19	20	21	22	23	24	25	26	27	28	29	30
Euro															
123	131	139	147	154	162	170	178	185	193	201	209	217	224	232	240
122	129	137	145	153	160	168	176	183	191	199	207	214	222	230	238
120	128	135	143	151	158	166	174	182	189	197	205	212	220	228	235
118	126	134	141	149	157	164	172	180	187	195	203	210	218	225	233
117	124	132	139	147	155	162	170	178	185	193	200	208	216	223	231
115	122	130	138	145	153	160	168	176	183	191	198	206	213	221	229
113	121	128	136	143	151	158	166	174	181	189	196	204	211	219	226
111	119	126	134	142	149	157	164	172	179	187	194	202	209	217	224
110	117	125	132	140	147	155	162	170	177	184	192	199	207	214	222
108	115	123	130	138	145	153	160	168	175	182	190	197	205	212	220
106	114	121	129	136	143	151	158	165	173	180	188	195	202	210	217
105	112	119	127	134	141	149	156	163	171	178	186	193	200	208	215
103	110	118	125	132	139	147	154	161	169	176	183	191	198	205	213
101	108	116	123	130	138	145	152	159	167	174	181	189	196	203	210
99	107	114	121	128	136	143	150	157	165	172	179	186	194	201	208
98	105	112	119	126	134	141	148	155	163	170	177	184	191	199	206
96	103	110	117	125	132	139	146	153	160	168	175	182	189	196	203
94	101	108	116	123	130	137	144	151	158	165	173	180	187	194	201
92	100	107	114	121	128	135	142	149	156	163	170	178	185	192	199
91	98	105	112	119	126	133	140	147	154	161	168	175	182	189	197
89	96	103	110	117	124	131	138	145	152	159	166	173	180	187	194
87	94	101	108	115	122	129	136	143	150	157	164	171	178	185	192
85	92	99	106	113	120	127	134	141	148	155	162	169	176	183	190
84	90	97	104	111	118	125	132	139	146	153	160	166	173	180	187
82	89	96	102	109	116	123	130	137	144	150	157	164	171	178	185
80	87	94	100	107	114	121	128	135	141	148	155	162	169	176	182
78	85	92	99	105	112	119	126	133	139	146	153	160	167	173	180
76	83	90	97	103	110	117	124	130	137	144	151	157	164	171	178
75	81	88	95	101	108	115	122	128	135	142	149	155	162	169	175
73	79	86	93	100	106	113	120	126	133	140	146	153	160	166	173
71	78	84	91	98	104	111	117	124	131	137	144	151	157	164	171
69	76	82	89	96	102	109	115	122	129	135	142	148	155	162	168
67	74	80	87	94	100	107	113	120	126	133	140	146	153	159	166
66	72	79	85	92	98	105	111	118	124	131	137	144	150	157	163
64	70	77	83	90	96	103	109	116	122	129	135	142	148	155	161
62	68	75	81	88	94	101	107	114	120	126	133	139	146	152	159
60	66	73	79	86	92	99	105	111	118	124	131	137	143	150	156
58	65	71	77	84	90	96	103	109	116	122	128	135	141	148	154
56	63	69	75	82	88	94	101	107	113	120	126	132	139	145	151
54	61	67	73	80	86	92	99	105	111	118	124	130	136	143	149
53	59	65	71	78	84	90	96	103	109	115	122	128	134	140	147
51	57	63	69	76	82	88	94	101	107	113	119	126	132	138	144
49	55	61	67	74	80	86	92	98	105	111	117	123	129	136	142
47	53	59	65	72	78	84	90	96	102	109	115	121	127	133	139
45	51	57	63	70	76	82	88	94	100	106	112	119	125	131	137

noch Wohngeld für fünf zu berücksichtigende Haushaltsmitglieder

bei einem Zwölftel des Gesamteinkommens (§ 13 Abs. 2) von mehr als	bis	bei einer zu berücksichtigenden Miete oder													
		380 bis 390	390 bis 400	400 bis 410	410 bis 420	420 bis 430	430 bis 440	440 bis 450	450 bis 460	460 bis 470	470 bis 480	480 bis 490	490 bis 500	500 bis 510	510 bis 520
		31	32	33	34	35	36	37	38	39	40	41	42	43	44
		Euro													
800	810	248	255	263	271	279	287	294	302	310	318	325	333	341	349
810	820	245	253	261	269	276	284	292	300	307	315	323	330	338	346
820	830	243	251	258	266	274	282	289	297	305	312	320	328	335	343
830	840	241	248	256	264	271	279	287	294	302	310	317	325	333	340
840	850	239	246	254	261	269	277	284	292	299	307	315	322	330	338
850	860	236	244	251	259	267	274	282	289	297	304	312	320	327	335
860	870	234	241	249	257	264	272	279	287	294	302	309	317	324	332
870	880	232	239	247	254	262	269	277	284	292	299	307	314	322	329
880	890	229	237	244	252	259	267	274	282	289	297	304	311	319	326
890	900	227	234	242	249	257	264	272	279	286	294	301	309	316	324
900	910	225	232	239	247	254	262	269	276	284	291	299	306	313	321
910	920	222	230	237	244	252	259	266	274	281	289	296	303	311	318
920	930	220	227	235	242	249	257	264	271	279	286	293	301	308	315
930	940	218	225	232	240	247	254	261	269	276	283	290	298	305	312
940	950	215	223	230	237	244	252	259	266	273	281	288	295	302	310
950	960	213	220	227	235	242	249	256	263	271	278	285	292	299	307
960	970	211	218	225	232	239	246	254	261	268	275	282	290	297	304
970	980	208	215	223	230	237	244	251	258	265	272	280	287	294	301
980	990	206	213	220	227	234	241	248	256	263	270	277	284	291	298
990	1000	204	211	218	225	232	239	246	253	260	267	274	281	288	295
1000	1010	201	208	215	222	229	236	243	250	257	264	271	278	285	292
1010	1020	199	206	213	220	227	234	241	248	255	262	269	276	283	290
1020	1030	196	203	210	217	224	231	238	245	252	259	266	273	280	287
1030	1040	194	201	208	215	222	229	236	242	249	256	263	270	277	284
1040	1050	192	199	205	212	219	226	233	240	247	254	260	267	274	281
1050	1060	189	196	203	210	217	223	230	237	244	251	258	264	271	278
1060	1070	187	194	200	207	214	221	228	234	241	248	255	262	268	275
1070	1080	185	191	198	205	212	218	225	232	239	245	252	259	266	272
1080	1090	182	189	196	202	209	216	222	229	236	243	249	256	263	269
1090	1100	180	186	193	200	206	213	220	226	233	240	247	253	260	267
1100	1110	177	184	191	197	204	210	217	224	230	237	244	250	257	264
1110	1120	175	181	188	195	201	208	214	221	228	234	241	248	254	261
1120	1130	172	179	186	192	199	205	212	218	225	232	238	245	251	258
1130	1140	170	177	183	190	196	203	209	216	222	229	235	242	248	255
1140	1150	168	174	181	187	194	200	207	213	220	226	233	239	245	252
1150	1160	165	172	178	185	191	197	204	210	217	223	230	236	243	249
1160	1170	163	169	176	182	188	195	201	208	214	220	227	233	240	246
1170	1180	160	167	173	179	186	192	199	205	211	218	224	230	237	243
1180	1190	158	164	170	177	183	190	196	202	209	215	221	228	234	240
1190	1200	155	162	168	174	181	187	193	199	206	212	218	225	231	237
1200	1210	153	159	165	172	178	184	191	197	203	209	216	222	228	234
1210	1220	150	157	163	169	175	182	188	194	200	207	213	219	225	231
1220	1230	148	154	160	167	173	179	185	191	198	204	210	216	222	228
1230	1240	145	152	158	164	170	176	182	189	195	201	207	213	219	225
1240	1250	143	149	155	161	167	174	180	186	192	198	204	210	216	223

Belastung (§ 11) von monatlich mehr als ... Euro															
520 bis 530	530 bis 540	540 bis 550	550 bis 560	560 bis 570	570 bis 580	580 bis 590	590 bis 600	600 bis 610	610 bis 620	620 bis 630	630 bis 640	640 bis 650	650 bis 660	660 bis 670	670 bis 680
45	46	47	48	49	50	51	52	53	54	55	56	57	58	59	60
Euro															
356	364	372	380	388	395	403	411	419	426	434	442	450	457	465	473
354	361	369	377	385	392	400	408	416	423	431	439	446	454	462	470
351	359	366	374	382	389	397	405	412	420	428	436	443	451	459	466
348	356	363	371	379	386	394	402	409	417	425	432	440	448	455	463
345	353	360	368	376	383	391	399	406	414	421	429	437	444	452	460
342	350	358	365	373	380	388	395	403	411	418	426	433	441	449	456
340	347	355	362	370	377	385	392	400	407	415	423	430	438	445	453
337	344	352	359	367	374	382	389	397	404	412	419	427	434	442	449
334	341	349	356	364	371	379	386	394	401	409	416	424	431	438	446
331	338	346	353	361	368	376	383	391	398	405	413	420	428	435	443
328	336	343	350	358	365	373	380	387	395	402	410	417	424	432	439
325	333	340	347	355	362	369	377	384	392	399	406	414	421	428	436
322	330	337	344	352	359	366	374	381	388	396	403	410	418	425	432
320	327	334	341	349	356	363	371	378	385	392	400	407	414	422	429
317	324	331	339	346	353	360	367	375	382	389	396	404	411	418	425
314	321	328	336	343	350	357	364	372	379	386	393	400	408	415	422
311	318	325	333	340	347	354	361	368	376	383	390	397	404	411	419
308	315	322	330	337	344	351	358	365	372	379	387	394	401	408	415
305	312	319	327	334	341	348	355	362	369	376	383	390	397	405	412
302	309	316	324	331	338	345	352	359	366	373	380	387	394	401	408
299	306	314	321	328	335	342	349	356	363	370	377	384	391	398	405
297	304	311	318	325	331	338	345	352	359	366	373	380	387	394	401
294	301	308	315	321	328	335	342	349	356	363	370	377	384	391	398
291	298	305	311	318	325	332	339	346	353	360	367	374	381	387	394
288	295	302	308	315	322	329	336	343	350	357	363	370	377	384	391
285	292	299	305	312	319	326	333	340	346	353	360	367	374	381	387
282	289	296	302	309	316	323	330	336	343	350	357	364	370	377	384
279	286	293	299	306	313	320	326	333	340	347	353	360	367	374	380
276	283	290	296	303	310	316	323	330	337	343	350	357	364	370	377
273	280	287	293	300	307	313	320	327	333	340	347	353	360	367	373
270	277	284	290	297	304	310	317	323	330	337	343	350	357	363	370
267	274	281	287	294	300	307	314	320	327	333	340	347	353	360	366
264	271	278	284	291	297	304	310	317	324	330	337	343	350	356	363
261	268	275	281	288	294	301	307	314	320	327	333	340	346	353	359
258	265	271	278	284	291	297	304	310	317	323	330	336	343	349	356
256	262	268	275	281	288	294	301	307	314	320	327	333	339	346	352
253	259	265	272	278	285	291	297	304	310	317	323	330	336	342	349
250	256	262	269	275	281	288	294	301	307	313	320	326	333	339	345
247	253	259	266	272	278	285	291	297	304	310	316	323	329	335	342
244	250	256	263	269	275	281	288	294	300	307	313	319	326	332	338
241	247	253	259	266	272	278	285	291	297	303	310	316	322	328	335
238	244	250	256	263	269	275	281	287	294	300	306	312	319	325	331
235	241	247	253	259	266	272	278	284	290	297	303	309	315	321	328
232	238	244	250	256	262	269	275	281	287	293	299	306	312	318	324
229	235	241	247	253	259	265	271	278	284	290	296	302	308	314	320

noch Wohngeld für fünf zu berücksichtigende Haushaltsmitglieder

bei einem Zwölftel des Gesamteinkommens (§ 13 Abs. 2) von mehr als - bis	bei einer zu berücksichtigenden Miete oder													
	680 bis 690	690 bis 700	700 bis 710	710 bis 720	720 bis 730	730 bis 740	740 bis 750	750 bis 760	760 bis 770	770 bis 780	780 bis 790	790 bis 800	800 bis 810	810 bis 820
	61	62	63	64	65	66	67	68	69	70	71	72	73	74
	Euro													
800 - 810	481	489	496	504	512	520	527	535	543	551	559	566	574	582
810 - 820	477	485	493	501	508	516	524	532	539	547	555	562	570	578
820 - 830	474	482	489	497	505	512	520	528	536	543	551	559	566	574
830 - 840	471	478	486	494	501	509	517	524	532	540	547	555	562	570
840 - 850	467	475	482	490	498	505	513	521	528	536	543	551	559	566
850 - 860	464	471	479	486	494	502	509	517	524	532	540	547	555	562
860 - 870	460	468	475	483	490	498	506	513	521	528	536	543	551	558
870 - 880	457	464	472	479	487	494	502	509	517	524	532	539	547	554
880 - 890	453	461	468	476	483	491	498	506	513	521	528	536	543	551
890 - 900	450	457	465	472	480	487	495	502	509	517	524	532	539	547
900 - 910	447	454	461	469	476	484	491	498	506	513	520	528	535	543
910 - 920	443	450	458	465	473	480	487	495	502	509	517	524	531	539
920 - 930	440	447	454	462	469	476	484	491	498	506	513	520	527	535
930 - 940	436	443	451	458	465	473	480	487	494	502	509	516	524	531
940 - 950	433	440	447	454	462	469	476	483	491	498	505	512	520	527
950 - 960	429	436	444	451	458	465	472	480	487	494	501	509	516	523
960 - 970	426	433	440	447	454	462	469	476	483	490	497	505	512	519
970 - 980	422	429	437	444	451	458	465	472	479	486	494	501	508	515
980 - 990	419	426	433	440	447	454	461	468	476	483	490	497	504	511
990 - 1000	415	422	429	436	444	451	458	465	472	479	486	493	500	507
1000 - 1010	412	419	426	433	440	447	454	461	468	475	482	489	496	503
1010 - 1020	408	415	422	429	436	443	450	457	464	471	478	485	492	499
1020 - 1030	405	412	419	426	433	440	446	453	460	467	474	481	488	495
1030 - 1040	401	408	415	422	429	436	443	450	457	463	470	477	484	491
1040 - 1050	398	405	412	418	425	432	439	446	453	460	466	473	480	487
1050 - 1060	394	401	408	415	422	428	435	442	449	456	463	469	476	483
1060 - 1070	391	398	404	411	418	425	431	438	445	452	459	465	472	479
1070 - 1080	387	394	401	407	414	421	428	434	441	448	455	462	468	475
1080 - 1090	384	390	397	404	411	417	424	431	437	444	451	458	464	471
1090 - 1100	380	387	393	400	407	414	420	427	434	440	447	454	460	467
1100 - 1110	377	383	390	397	403	410	416	423	430	436	443	450	456	463
1110 - 1120	373	380	386	393	399	406	413	419	426	432	439	446	452	459
1120 - 1130	369	376	383	389	396	402	409	415	422	429	435	442	448	455
1130 - 1140	366	372	379	386	392	399	405	412	418	425	431	438	444	451
1140 - 1150	362	369	375	382	388	395	401	408	414	421	427	434	440	447
1150 - 1160	359	365	372	378	385	391	398	404	410	417	423	430	436	443
1160 - 1170	355	362	368	374	381	387	394	400	407	413	419	426	432	439
1170 - 1180	352	358	364	371	377	384	390	396	403	409	415	422	428	435
1180 - 1190	348	354	361	367	373	380	386	392	399	405	412	418	424	431
1190 - 1200	345	351	357	363	370	376	382	389	395	401	408	414	420	426
1200 - 1210	341	347	353	360	366	372	379	385	391	397	404	410	416	422
1210 - 1220	337	344	350	356	362	368	375	381	387	393	400	406	412	418
1220 - 1230	334	340	346	352	358	365	371	377	383	389	396	402	408	414
1230 - 1240	330	336	342	349	355	361	367	373	379	386	392	398	404	410
1240 - 1250	327	333	339	345	351	357	363	369	375	382	388	394	400	406

Anlage 5 (Seite 12)

Wohngeld für fünf zu berücksichtigende Haushaltsmitglieder

Belastung (§ 11) von monatlich mehr als ... Euro	
820 bis 830	830 bis 840
75	76
Euro	
590	597
586	593
582	589
578	585
574	581
570	577
566	573
562	569
558	565
554	561
550	557
546	553
542	549
538	545
534	541
530	537
526	533
522	529
518	525
514	521
510	517
506	513
502	509
498	505
494	501
490	497
486	493
482	489
478	484
474	480
470	476
466	472
461	468
457	464
453	460
449	456
445	452
441	447
437	443
433	439
429	435
425	431
420	427
416	422
412	418

noch Wohngeld für fünf zu berücksichtigende Haushaltsmitglieder

Fortsetzung von Seite 7

bei einem Zwölftel des Gesamteinkommens (§ 13 Abs. 2) von mehr als – bis	bei einer zu berücksichtigenden Miete oder													
	0 bis 170	170 bis 180	180 bis 190	190 bis 200	200 bis 210	210 bis 220	220 bis 230	230 bis 240	240 bis 250	250 bis 260	260 bis 270	270 bis 280	280 bis 290	290 bis 300
	1 - 9	10	11	12	13	14	15	16	17	18	19	20	21	22
	Euro													
1250 - 1260		13	19	25	31	37	43	49	55	62	68	74	80	86
1260 - 1270		11	17	23	29	35	41	47	53	60	66	72	78	84
1270 - 1280			15	21	27	33	39	45	51	58	64	70	76	82
1280 - 1290			14	20	26	32	38	44	50	55	61	67	73	79
1290 - 1300			12	18	24	30	36	42	48	53	59	65	71	77
1300 - 1310			10	16	22	28	34	40	46	51	57	63	69	75
1310 - 1320				14	20	26	32	38	44	49	55	61	67	73
1320 - 1330				13	18	24	30	36	42	47	53	59	65	71
1330 - 1340				11	16	22	28	34	40	45	51	57	63	68
1340 - 1350					15	20	26	32	38	43	49	55	61	66
1350 - 1360					13	18	24	30	36	41	47	53	58	64
1360 - 1370					11	17	22	28	34	39	45	51	56	62
1370 - 1380						15	20	26	32	37	43	48	54	60
1380 - 1390						13	18	24	30	35	41	46	52	58
1390 - 1400						11	16	22	28	33	39	44	50	55
1400 - 1410							14	20	26	31	37	42	48	53
1410 - 1420							13	18	23	29	34	40	45	51
1420 - 1430							11	16	21	27	32	38	43	49
1430 - 1440								14	19	25	30	36	41	46
1440 - 1450								12	17	23	28	33	39	44
1450 - 1460								10	15	21	26	31	37	42
1460 - 1470									13	19	24	29	34	40
1470 - 1480									11	16	22	27	32	37
1480 - 1490										14	20	25	30	35
1490 - 1500										12	17	23	28	33
1500 - 1510										10	15	20	26	31
1510 - 1520											13	18	23	28
1520 - 1530											11	16	21	26
1530 - 1540												14	19	24
1540 - 1550												12	17	22
1550 - 1560													14	19
1560 - 1570													12	17
1570 - 1580													10	15
1580 - 1590														12
1590 - 1600														10
1600 - 1610														
1610 - 1620														
1620 - 1630														
1630 - 1640														
1640 - 1650														
1650 - 1660														
1660 - 1670														
1670 - 1680														
1680 - 1690														
1690 - 1700														

Fortsetzung siehe Seite 19

Anlage 5 (Seite 14)

Wohngeld für fünf zu berücksichtigende Haushaltsmitglieder

Belastung (§ 11) von monatlich mehr als ... Euro															
300 bis 310	310 bis 320	320 bis 330	330 bis 340	340 bis 350	350 bis 360	360 bis 370	370 bis 380	380 bis 390	390 bis 400	400 bis 410	410 bis 420	420 bis 430	430 bis 440	440 bis 450	450 bis 460
23	24	25	26	27	28	29	30	31	32	33	34	35	36	37	38
Euro															
92	98	104	110	116	122	128	134	141	147	153	159	165	171	177	183
90	96	102	108	114	120	126	132	138	144	150	156	162	168	174	180
88	94	100	106	112	118	124	130	136	142	148	154	160	166	172	178
85	91	97	103	109	115	121	127	133	139	145	151	157	163	169	175
83	89	95	101	107	113	119	125	131	136	142	148	154	160	166	172
81	87	93	99	104	110	116	122	128	134	140	146	152	158	163	169
79	85	90	96	102	108	114	120	126	131	137	143	149	155	161	167
76	82	88	94	100	106	111	117	123	129	135	140	146	152	158	164
74	80	86	92	97	103	109	115	121	126	132	138	144	149	155	161
72	78	84	89	95	101	106	112	118	124	129	135	141	147	152	158
70	76	81	87	93	98	104	110	115	121	127	133	138	144	150	155
68	73	79	85	90	96	102	107	113	119	124	130	136	141	147	153
65	71	77	82	88	93	99	105	110	116	122	127	133	139	144	150
63	69	74	80	85	91	97	102	108	113	119	125	130	136	141	147
61	66	72	78	83	89	94	100	105	111	116	122	127	133	139	144
59	64	70	75	81	86	92	97	103	108	114	119	125	130	136	141
56	62	67	73	78	84	89	95	100	106	111	117	122	128	133	139
54	60	65	70	76	81	87	92	98	103	108	114	119	125	130	136
52	57	63	68	73	79	84	90	95	100	106	111	117	122	127	133
50	55	60	66	71	76	82	87	92	98	103	109	114	119	125	130
47	53	58	63	69	74	79	85	90	95	101	106	111	117	122	127
45	50	56	61	66	71	77	82	87	93	98	103	108	114	119	124
43	48	53	58	64	69	74	79	85	90	95	100	106	111	116	121
40	46	51	56	61	67	72	77	82	87	93	98	103	108	113	119
38	43	48	54	59	64	69	74	80	85	90	95	100	105	111	116
36	41	46	51	56	62	67	72	77	82	87	92	98	103	108	113
34	39	44	49	54	59	64	69	74	79	85	90	95	100	105	110
31	36	41	46	51	57	62	67	72	77	82	87	92	97	102	107
29	34	39	44	49	54	59	64	69	74	79	84	89	94	99	104
27	32	37	42	47	52	57	62	67	72	76	81	86	91	96	101
24	29	34	39	44	49	54	59	64	69	74	79	84	89	94	99
22	27	32	37	42	47	51	56	61	66	71	76	81	86	91	96
20	25	29	34	39	44	49	54	59	64	68	73	78	83	88	93
17	22	27	32	37	41	46	51	56	61	66	71	75	80	85	90
15	20	25	29	34	39	44	49	53	58	63	68	73	77	82	87
13	17	22	27	32	36	41	46	51	55	60	65	70	75	79	84
10	15	20	24	29	34	39	43	48	53	58	62	67	72	76	81
	13	17	22	27	31	36	41	45	50	55	59	64	69	74	78
	10	15	20	24	29	33	38	43	47	52	57	61	66	71	75
		12	17	22	26	31	35	40	45	49	54	59	63	68	72
		10	15	19	24	28	33	37	42	47	51	56	60	65	69
			12	17	21	26	30	35	39	44	48	53	57	62	67
			10	14	19	23	28	32	37	41	46	50	55	59	64
				12	16	20	25	29	34	38	43	47	52	56	61
					13	18	22	27	31	36	40	44	49	53	58

noch Wohngeld für fünf zu berücksichtigende Haushaltsmitglieder

bei einem Zwölftel des Gesamteinkommens (§ 13 Abs. 2) von mehr als	bis	bei einer zu berücksichtigenden Miete oder													
		460 bis 470	470 bis 480	480 bis 490	490 bis 500	500 bis 510	510 bis 520	520 bis 530	530 bis 540	540 bis 550	550 bis 560	560 bis 570	570 bis 580	580 bis 590	590 bis 600
		39	40	41	42	43	44	45	46	47	48	49	50	51	52
		Euro													
1250	1260	189	195	201	207	213	220	226	232	238	244	250	256	262	268
1260	1270	186	192	198	205	211	217	223	229	235	241	247	253	259	265
1270	1280	184	190	196	202	208	214	220	226	232	238	244	250	256	262
1280	1290	181	187	193	199	205	211	217	223	229	234	240	246	252	258
1290	1300	178	184	190	196	202	208	214	219	225	231	237	243	249	255
1300	1310	175	181	187	193	199	205	211	216	222	228	234	240	246	252
1310	1320	172	178	184	190	196	202	207	213	219	225	231	237	243	248
1320	1330	170	175	181	187	193	199	204	210	216	222	228	234	239	245
1330	1340	167	173	178	184	190	196	201	207	213	219	225	230	236	242
1340	1350	164	170	175	181	187	193	198	204	210	216	221	227	233	239
1350	1360	161	167	172	178	184	190	195	201	207	212	218	224	230	235
1360	1370	158	164	170	175	181	187	192	198	204	209	215	221	226	232
1370	1380	155	161	167	172	178	184	189	195	200	206	212	217	223	229
1380	1390	153	158	164	169	175	181	186	192	197	203	208	214	220	225
1390	1400	150	155	161	166	172	177	183	189	194	200	205	211	216	222
1400	1410	147	152	158	163	169	174	180	185	191	196	202	208	213	219
1410	1420	144	149	155	160	166	171	177	182	188	193	199	204	210	215
1420	1430	141	147	152	157	163	168	174	179	185	190	196	201	206	212
1430	1440	138	144	149	154	160	165	171	176	181	187	192	198	203	208
1440	1450	135	141	146	151	157	162	168	173	178	184	189	194	200	205
1450	1460	133	138	143	148	154	159	164	170	175	180	186	191	196	202
1460	1470	130	135	140	146	151	156	161	167	172	177	183	188	193	198
1470	1480	127	132	137	143	148	153	158	164	169	174	179	185	190	195
1480	1490	124	129	134	140	145	150	155	160	166	171	176	181	186	192
1490	1500	121	126	131	136	142	147	152	157	162	168	173	178	183	188
1500	1510	118	123	128	133	139	144	149	154	159	164	169	175	180	185
1510	1520	115	120	125	130	136	141	146	151	156	161	166	171	176	181
1520	1530	112	117	122	127	133	138	143	148	153	158	163	168	173	178
1530	1540	109	114	119	124	129	134	139	145	150	155	160	165	170	175
1540	1550	106	111	116	121	126	131	136	141	146	151	156	161	166	171
1550	1560	103	108	113	118	123	128	133	138	143	148	153	158	163	168
1560	1570	101	105	110	115	120	125	130	135	140	145	150	155	160	164
1570	1580	98	103	107	112	117	122	127	132	137	142	146	151	156	161
1580	1590	95	100	104	109	114	119	124	129	133	138	143	148	153	158
1590	1600	92	97	101	106	111	116	121	125	130	135	140	145	149	154
1600	1610	89	94	98	103	108	113	117	122	127	132	136	141	146	151
1610	1620	86	91	95	100	105	109	114	119	124	128	133	138	143	147
1620	1630	83	88	92	97	102	106	111	116	120	125	130	134	139	144
1630	1640	80	85	89	94	99	103	108	112	117	122	126	131	136	140
1640	1650	77	82	86	91	95	100	105	109	114	118	123	128	132	137
1650	1660	74	79	83	88	92	97	101	106	111	115	120	124	129	133
1660	1670	71	76	80	85	89	94	98	103	107	112	116	121	125	130
1670	1680	68	73	77	82	86	91	95	100	104	109	113	118	122	127
1680	1690	65	70	74	78	83	87	92	96	101	105	110	114	119	123
1690	1700	62	67	71	75	80	84	89	93	97	102	106	111	115	120

Anlage 5 (Seite 16)

Wohngeld für fünf zu berücksichtigende Haushaltsmitglieder

Belastung (§ 11) von monatlich mehr als ... Euro															
600 bis 610	610 bis 620	620 bis 630	630 bis 640	640 bis 650	650 bis 660	660 bis 670	670 bis 680	680 bis 690	690 bis 700	700 bis 710	710 bis 720	720 bis 730	730 bis 740	740 bis 750	750 bis 760
53	54	55	56	57	58	59	60	61	62	63	64	65	66	67	68
Euro															
274	280	286	293	299	305	311	317	323	329	335	341	347	353	359	365
271	277	283	289	295	301	307	313	319	325	331	337	343	349	356	362
268	274	280	286	292	298	304	310	316	322	328	334	340	346	352	358
264	270	276	282	288	294	300	306	312	318	324	330	336	342	348	354
261	267	273	279	285	291	297	302	308	314	320	326	332	338	344	350
258	264	269	275	281	287	293	299	305	311	317	322	328	334	340	346
254	260	266	272	278	284	289	295	301	307	313	319	325	330	336	342
251	257	263	268	274	280	286	292	297	303	309	315	321	327	332	338
248	253	259	265	271	277	282	288	294	300	305	311	317	323	329	334
244	250	256	261	267	273	279	284	290	296	302	307	313	319	325	330
241	247	252	258	264	269	275	281	287	292	298	304	309	315	321	326
238	243	249	255	260	266	272	277	283	289	294	300	306	311	317	323
234	240	245	251	257	262	268	274	279	285	290	296	302	307	313	319
231	236	242	248	253	259	264	270	276	281	287	292	298	303	309	315
227	233	239	244	250	255	261	266	272	277	283	289	294	300	305	311
224	230	235	241	246	252	257	263	268	274	279	285	290	296	301	307
221	226	232	237	243	248	254	259	264	270	275	281	286	292	297	303
217	223	228	234	239	244	250	255	261	266	272	277	283	288	293	299
214	219	225	230	236	241	246	252	257	263	268	273	279	284	290	295
210	216	221	227	232	237	243	248	253	259	264	270	275	280	286	291
207	212	218	223	228	234	239	244	250	255	260	266	271	276	282	287
204	209	214	220	225	230	235	241	246	251	257	262	267	272	278	283
200	206	211	216	221	227	232	237	242	248	253	258	263	269	274	279
197	202	207	212	218	223	228	233	239	244	249	254	259	265	270	275
193	199	204	209	214	219	224	230	235	240	245	250	256	261	266	271
190	195	200	205	211	216	221	226	231	236	241	247	252	257	262	267
187	192	197	202	207	212	217	222	227	232	238	243	248	253	258	263
183	188	193	198	203	208	214	219	224	229	234	239	244	249	254	259
180	185	190	195	200	205	210	215	220	225	230	235	240	245	250	255
176	181	186	191	196	201	206	211	216	221	226	231	236	241	246	251
173	178	183	188	193	198	203	207	212	217	222	227	232	237	242	247
169	174	179	184	189	194	199	204	209	214	218	223	228	233	238	243
166	171	176	181	185	190	195	200	205	210	215	220	224	229	234	239
162	167	172	177	182	187	191	196	201	206	211	216	220	225	230	235
159	164	169	173	178	183	188	193	197	202	207	212	217	221	226	231
155	160	165	170	175	179	184	189	194	198	203	208	213	217	222	227
152	157	161	166	171	176	180	185	190	195	199	204	209	213	218	223
149	153	158	163	167	172	177	181	186	191	195	200	205	209	214	219
145	150	154	159	164	168	173	178	182	187	192	196	201	205	210	215
142	146	151	155	160	165	169	174	178	183	188	192	197	202	206	211
138	143	147	152	156	161	166	170	175	179	184	188	193	198	202	207
135	139	144	148	153	157	162	166	171	175	180	184	189	194	198	203
131	136	140	145	149	154	158	163	167	172	176	181	185	190	194	199
128	132	136	141	145	150	154	159	163	168	172	177	181	186	190	194
124	128	133	137	142	146	151	155	159	164	168	173	177	182	186	190

noch Wohngeld für fünf zu berücksichtigende Haushaltsmitglieder

bei einem Zwölftel des Gesamt-einkommens (§ 13 Abs. 2) von mehr als - bis	bei einer zu berücksichtigenden Miete oder Belastung (§ 11) von monatlich mehr als ... Euro							
	760 bis 770	770 bis 780	780 bis 790	790 bis 800	800 bis 810	810 bis 820	820 bis 830	830 bis 840
	69	70	71	72	73	74	75	76
	Euro							
1250 - 1260	372	378	384	390	396	402	408	414
1260 - 1270	368	374	380	386	392	398	404	410
1270 - 1280	364	370	376	382	388	394	400	406
1280 - 1290	360	366	372	378	384	390	396	402
1290 - 1300	356	362	368	374	380	385	391	397
1300 - 1310	352	358	364	370	375	381	387	393
1310 - 1320	348	354	360	366	371	377	383	389
1320 - 1330	344	350	356	361	367	373	379	385
1330 - 1340	340	346	352	357	363	369	375	381
1340 - 1350	336	342	348	353	359	365	371	376
1350 - 1360	332	338	344	349	355	361	366	372
1360 - 1370	328	334	340	345	351	357	362	368
1370 - 1380	324	330	335	341	347	352	358	364
1380 - 1390	320	326	331	337	343	348	354	359
1390 - 1400	316	322	327	333	338	344	350	355
1400 - 1410	312	318	323	329	334	340	345	351
1410 - 1420	308	314	319	325	330	336	341	347
1420 - 1430	304	310	315	321	326	332	337	342
1430 - 1440	300	306	311	317	322	327	333	338
1440 - 1450	296	302	307	312	318	323	329	334
1450 - 1460	292	298	303	308	314	319	324	330
1460 - 1470	288	294	299	304	309	315	320	325
1470 - 1480	284	290	295	300	305	311	316	321
1480 - 1490	280	285	291	296	301	306	312	317
1490 - 1500	276	281	287	292	297	302	307	312
1500 - 1510	272	277	283	288	293	298	303	308
1510 - 1520	268	273	278	283	289	294	299	304
1520 - 1530	264	269	274	279	284	289	295	300
1530 - 1540	260	265	270	275	280	285	290	295
1540 - 1550	256	261	266	271	276	281	286	291
1550 - 1560	252	257	262	267	272	277	282	287
1560 - 1570	248	253	258	263	268	273	277	282
1570 - 1580	244	249	254	259	263	268	273	278
1580 - 1590	240	245	250	254	259	264	269	274
1590 - 1600	236	241	245	250	255	260	265	269
1600 - 1610	232	236	241	246	251	256	260	265
1610 - 1620	228	232	237	242	247	251	256	261
1620 - 1630	224	228	233	238	242	247	252	256
1630 - 1640	219	224	229	233	238	243	247	252
1640 - 1650	215	220	225	229	234	238	243	248
1650 - 1660	211	216	220	225	230	234	239	243
1660 - 1670	207	212	216	221	225	230	234	239
1670 - 1680	203	208	212	217	221	226	230	235
1680 - 1690	199	203	208	212	217	221	226	230
1690 - 1700	195	199	204	208	213	217	221	226

noch Wohngeld für fünf zu berücksichtigende Haushaltsmitglieder

Fortsetzung von Seite 13

bei einem Zwölftel des Gesamteinkommens (§ 13 Abs. 2) von mehr als – bis	bei einer zu berücksichtigenden Miete oder													
	0 bis 350	350 bis 360	360 bis 370	370 bis 380	380 bis 390	390 bis 400	400 bis 410	410 bis 420	420 bis 430	430 bis 440	440 bis 450	450 bis 460	460 bis 470	470 bis 480
	1 - 27	28	29	30	31	32	33	34	35	36	37	38	39	40
	Euro													
1700 - 1710		11	15	20	24	28	33	37	42	46	50	55	59	63
1710 - 1720			13	17	21	26	30	34	39	43	47	52	56	60
1720 - 1730			10	14	19	23	27	32	36	40	44	49	53	57
1730 - 1740				12	16	20	24	29	33	37	42	46	50	54
1740 - 1750					13	17	22	26	30	34	39	43	47	51
1750 - 1760					10	15	19	23	27	31	36	40	44	48
1760 - 1770						12	16	20	24	29	33	37	41	45
1770 - 1780							13	17	22	26	30	34	38	42
1780 - 1790							10	15	19	23	27	31	35	39
1790 - 1800								12	16	20	24	28	32	36
1800 - 1810									13	17	21	25	29	33
1810 - 1820									10	14	18	22	26	30
1820 - 1830										11	15	19	23	27
1830 - 1840											12	16	20	24
1840 - 1850												13	17	21
1850 - 1860												10	14	17
1860 - 1870													11	14
1870 - 1880														11
1880 - 1890														
1890 - 1900														
1900 - 1910														
1910 - 1920														
1920 - 1930														
1930 - 1940														
1940 - 1950														
1950 - 1960														
1960 - 1970														
1970 - 1980														
1980 - 1990														
1990 - 2000														
2000 - 2010														
2010 - 2020														
2020 - 2030														
2030 - 2040														
2040 - 2050														
2050 - 2060														
2060 - 2070														
2070 - 2080														
2080 - 2090														
2090 - 2100														
2100 - 2110														
2110 - 2120														
2120 - 2130														
2130 - 2140														
2140 - 2150														

Fortsetzung auf Seite 23

Anlage 5 (Seite 20) — Wohngeld für fünf zu berücksichtigende Haushaltsmitglieder

Belastung (§ 11) von monatlich mehr als ... Euro															
480 bis 490	490 bis 500	500 bis 510	510 bis 520	520 bis 530	530 bis 540	540 bis 550	550 bis 560	560 bis 570	570 bis 580	580 bis 590	590 bis 600	600 bis 610	610 bis 620	620 bis 630	630 bis 640
41	42	43	44	45	46	47	48	49	50	51	52	53	54	55	56
Euro															
68	72	77	81	85	90	94	99	103	107	112	116	121	125	129	134
65	69	73	78	82	87	91	95	100	104	108	113	117	121	126	130
62	66	70	75	79	83	88	92	96	101	105	109	113	118	122	126
59	63	67	71	76	80	84	89	93	97	101	106	110	114	118	123
56	60	64	68	72	77	81	85	89	94	98	102	106	111	115	119
52	57	61	65	69	73	78	82	86	90	94	99	103	107	111	115
49	54	58	62	66	70	74	78	83	87	91	95	99	103	108	112
46	50	55	59	63	67	71	75	79	83	87	92	96	100	104	108
43	47	51	55	60	64	68	72	76	80	84	88	92	96	100	104
40	44	48	52	56	60	64	68	72	76	81	85	89	93	97	101
37	41	45	49	53	57	61	65	69	73	77	81	85	89	93	97
34	38	42	46	50	54	58	62	66	70	74	78	81	85	89	93
31	35	39	42	46	50	54	58	62	66	70	74	78	82	86	90
28	31	35	39	43	47	51	55	59	63	67	70	74	78	82	86
24	28	32	36	40	44	48	51	55	59	63	67	71	75	78	82
21	25	29	33	37	40	44	48	52	56	60	63	67	71	75	79
18	22	26	30	33	37	41	45	48	52	56	60	64	67	71	75
15	19	22	26	30	34	37	41	45	49	52	56	60	64	67	71
12	16	19	23	27	30	34	38	42	45	49	53	56	60	64	67
	12	16	20	23	27	31	34	38	42	45	49	53	56	60	64
		13	16	20	24	27	31	35	38	42	46	49	53	56	60
		10	13	17	20	24	28	31	35	38	42	46	49	53	56
			10	13	17	21	24	28	31	35	38	42	45	49	53
				10	14	17	21	24	28	31	35	38	42	45	49
					10	14	17	21	24	28	31	35	38	42	45
						10	14	17	21	24	28	31	34	38	41
							10	14	17	21	24	27	31	34	38
								10	14	17	20	24	27	30	34
									10	13	17	20	23	27	30
										10	13	16	20	23	26
											10	13	16	19	23
													12	16	19
														12	15
															11

noch Wohngeld für fünf zu berücksichtigende Haushaltsmitglieder

bei einem Zwölftel des Gesamteinkommens (§ 13 Abs. 2) von mehr als	bis	bei einer zu berücksichtigenden Miete oder													
		640 bis 650	650 bis 660	660 bis 670	670 bis 680	680 bis 690	690 bis 700	700 bis 710	710 bis 720	720 bis 730	730 bis 740	740 bis 750	750 bis 760	760 bis 770	770 bis 780
		57	58	59	60	61	62	63	64	65	66	67	68	69	70
		Euro													
1700	1710	138	142	147	151	156	160	164	169	173	178	182	186	191	195
1710	1720	134	139	143	147	152	156	160	165	169	174	178	182	187	191
1720	1730	131	135	139	144	148	152	157	161	165	169	174	178	182	187
1730	1740	127	131	136	140	144	148	153	157	161	165	170	174	178	183
1740	1750	123	128	132	136	140	145	149	153	157	161	166	170	174	178
1750	1760	120	124	128	132	136	141	145	149	153	157	162	166	170	174
1760	1770	116	120	124	128	133	137	141	145	149	153	158	162	166	170
1770	1780	112	116	120	125	129	133	137	141	145	149	153	158	162	166
1780	1790	109	113	117	121	125	129	133	137	141	145	149	153	158	162
1790	1800	105	109	113	117	121	125	129	133	137	141	145	149	153	157
1800	1810	101	105	109	113	117	121	125	129	133	137	141	145	149	153
1810	1820	97	101	105	109	113	117	121	125	129	133	137	141	145	149
1820	1830	94	98	102	105	109	113	117	121	125	129	133	137	141	145
1830	1840	90	94	98	102	106	109	113	117	121	125	129	133	137	141
1840	1850	86	90	94	98	102	105	109	113	117	121	125	129	133	136
1850	1860	82	86	90	94	98	102	105	109	113	117	121	124	128	132
1860	1870	79	82	86	90	94	98	101	105	109	113	117	120	124	128
1870	1880	75	79	82	86	90	94	97	101	105	109	112	116	120	124
1880	1890	71	75	79	82	86	90	93	97	101	105	108	112	116	119
1890	1900	67	71	75	78	82	86	89	93	97	100	104	108	112	115
1900	1910	64	67	71	75	78	82	85	89	93	96	100	104	107	111
1910	1920	60	64	67	71	74	78	81	85	89	92	96	99	103	107
1920	1930	56	60	63	67	70	74	77	81	85	88	92	95	99	102
1930	1940	52	56	59	63	66	70	73	77	81	84	88	91	95	98
1940	1950	49	52	56	59	63	66	69	73	76	80	83	87	90	94
1950	1960	45	48	52	55	59	62	65	69	72	76	79	83	86	90
1960	1970	41	44	48	51	55	58	61	65	68	72	75	79	82	85
1970	1980	37	41	44	47	51	54	57	61	64	68	71	74	78	81
1980	1990	33	37	40	43	47	50	53	57	60	63	67	70	73	77
1990	2000	30	33	36	39	43	46	49	53	56	59	63	66	69	72
2000	2010	26	29	32	36	39	42	45	49	52	55	58	62	65	68
2010	2020	22	25	28	32	35	38	41	45	48	51	54	57	61	64
2020	2030	18	21	25	28	31	34	37	40	44	47	50	53	56	60
2030	2040	14	17	21	24	27	30	33	36	40	43	46	49	52	55
2040	2050	11	14	17	20	23	26	29	32	35	38	42	45	48	51
2050	2060		10	13	16	19	22	25	28	31	34	37	40	44	47
2060	2070				12	15	18	21	24	27	30	33	36	39	42
2070	2080					11	14	17	20	23	26	29	32	35	38
2080	2090						10	13	16	19	22	25	28	31	34
2090	2100								12	15	18	21	23	26	29
2100	2110									11	13	16	19	22	25
2110	2120											12	15	18	21
2120	2130												11	13	16
2130	2140														12
2140	2150														

Anlage 5 (Seite 22)

Wohngeld für fünf zu berücksichtigende Haushaltsmitglieder

Belastung (§ 11) von monatlich mehr als ... Euro					
780 bis 790	790 bis 800	800 bis 810	810 bis 820	820 bis 830	830 bis 840
71	72	73	74	75	76
Euro					
199	204	208	213	217	221
195	200	204	208	213	217
191	195	200	204	208	213
187	191	195	200	204	208
183	187	191	195	200	204
178	183	187	191	195	199
174	178	183	187	191	195
170	174	178	182	186	191
166	170	174	178	182	186
161	166	170	174	178	182
157	161	165	169	173	177
153	157	161	165	169	173
149	153	157	161	164	168
144	148	152	156	160	164
140	144	148	152	156	160
136	140	144	147	151	155
132	135	139	143	147	151
127	131	135	139	142	146
123	127	131	134	138	142
119	123	126	130	134	137
115	118	122	125	129	133
110	114	117	121	125	128
106	110	113	117	120	124
102	105	109	112	116	119
97	101	104	108	111	115
93	96	100	103	107	110
89	92	96	99	102	106
84	88	91	95	98	101
80	83	87	90	93	97
76	79	82	86	89	92
71	75	78	81	84	88
67	70	74	77	80	83
63	66	69	72	75	79
58	62	65	68	71	74
54	57	60	63	66	70
50	53	56	59	62	65
45	48	51	54	57	60
41	44	47	50	53	56
37	40	42	45	48	51
32	35	38	41	44	47
28	31	34	36	39	42
23	26	29	32	35	38
19	22	25	27	30	33
15	17	20	23	26	28
10	13	16	18	21	24

noch Wohngeld für fünf zu berücksichtigende Haushaltsmitglieder

Fortsetzung von Seite 19

bei einem Zwölftel des Gesamteinkommens (§ 13 Abs. 2) von		bei einer zu berücksichtigenden Miete oder Belastung (§ 11) von monatlich mehr als ... Euro				
		0 bis 800	800 bis 810	810 bis 820	820 bis 830	830 bis 840
mehr als	bis	1-72	73	74	75	76
Euro						
2150	2160		11	14	17	19
2160	2170				12	15
2170	2180					10

Sachverzeichnis